PRINCIPIA ETHICA

Dados Internacionais de Catalogação na Publicação (CIP)
(Câmara Brasileira do Livro, SP, Brasil)

Moore, George Edward, 1873-1958.
Principia ethica / George Edward Moore; tradução Márcio Pugliesi,
Divaldo Roque de Meira. – São Paulo: Ícone, 1998.

Título original: Principia ethica.
ISBN 85-274-0536-9

1. Ética I. Título.

98-2729
CDD-170

Índices para catálogo sistemático:

1. Ética:Filosofia
170

GEORGE EDWARD MOORE

PRINCIPIA ETHICA

Tradução:
Márcio Pugliesi
Divaldo Roque de Meira

© Copyright 1998.
Ícone Editora Ltda

Tradução
Márcio Pugliesi
Divaldo Roque de Meira

Diagramação
Rosicler Freitas Teodoro

Digitação
Julia Ana Cerqueira Satel Cruz

Revisão
Rosa Maria Cury Cardoso
Antônio Carlos Tosta

Proibida a reprodução total ou parcial desta obra,
de qualquer forma ou meio eletrônico, mecânico,
inclusive através de processos xerográficos,
sem permissão expressa do editor
(Lei nº 5.988, 14/12/1973).

Todos os direitos reservados pela
ÍCONE EDITORA LTDA.
Rua das Palmeiras, 213 — Sta. Cecília
CEP 01226-010 — São Paulo — SP
Tels. (011)826-7074/826-9510

Cronologia

1872 – Em Trellek, País de Gales, a 10 de maio, nasce Bertrand A. W. Russell.

1873 – Nasce a 4 de novembro, em Londres, George Edward Moore.

1889 – Nasce a 26 de abril, em Viena, Ludwig J. J. Wittgenstein.

1890 – Bertrand Russell ingressa no Trinity College.

1892 – George Edward Moore, ingressa no Trinity College.

1899 – Publica The Nature of Moral Judgement
("Mind", VIII (1899), 176-193)

1903 – Publica *The refutation of Idealism*
("Mind", XII (1903), 433-453)
Principia Ethica, Cambridge University Press
Russell escreve *The Principles of Mathematics*.

1910-1913 – Russell e Whitehead publicam os *Principia Mathematica*.

1912 – Wittgenstein ingressa no Trinity College.

1916 – Casa-se com Dorothy Ely.

1919 – Publica *External and Internal Relations*, in Proceedings of the Aristotelian Society (1919-1920).

1921 – O Tractatus Logico-Philosophicus, de Wittgenstein, é publicado em *Annalen der Naturphilosophie*.

1922 – Publica *Philosophical Studies*, Kegan & Paul.

1924 – Publica *A defense of Common Sense* in Muirhead, J. H. – Contemporary British Philosophy, George Allen and Unwin Ltd., pp. 193-223 (2. séries).

1929 – Russell publica *Casamento e Moral*.

1930 – Wittgenstein escreve as *Observações Filosóficas*.

1932 – Russel publica *Educação e Ordem Social*.

1933-1935 – Wittgenstein escreve os *Cadernos Azul e Marron*.

1936 – Wittgenstein inicia, na Noruega, a redação das *Investigações Filosóficas*.

1942 – Publica *An Autobiography* in Schilpp, P. A. – *The Philosophy of G. E. Moore*, The Open Court Publishing Co., La Salle, Illinois, pp 3-39.

1950 – Russell recebe o Prêmio Nobel de Literatura.

1951 – Morre Wittgenstein a 24 de abril.

1953 – Publica *Some main problems in Philosophy*, George Allen & Unwin Ltd.

1958 – Morre a 24 de outubro em Cambridge.

Publicado pela primeira vez em 1903, **Principia Ethica** de G. E. Moore é reconhecido como o ponto de partida definitivo da ética teórica do século XX. Lytton Strachey declarou que a data da edição é "o início da Era da Razão". Maynard Keynes escreveu que era "melhor do que Platão". De início, a influência deste livro em grande parte se limitou ao Grupo de Bloomsbury, que o utilizou para sua celebração dos valores da arte e do amor; posteriormente, porém, o livro alcançou o reconhecimento generalizado que ainda retém, como um texto clássico de teoria ética analítica. É famosa a argumentação de Moore de que as teorias éticas anteriores foram culpadas da "falácia naturalista". Sua própria teoria, que visa evitar essa falácia, inclui uma discussão dos tipos de pensamento que possuem valor intrínseco, e os tipos de ação que temos de levar a termo.

O texto de **Principia Ethica** é aqui reeditado com o até então inédito Prefácio que Moore escreveu para uma segunda edição, planejada mas jamais completada.* Ainda que incompleto, descreve claramente o que Moore pensava sobre sua própria obra. O volume inclui também duas importantes peças de seus últimos escritos sobre ética, "Livre-arbítrio" e "A concepção do valor intrínseco" e uma nova introdução de Thomas Baldwin. Esta nova edição será leitura obrigatória para todos os professores universitários e estudantes da obra de Moore e, de um modo mais geral, de ética.

---

* Lembramos o leitor que nos Estados Unidos e Inglaterra, "edição" designa um texto corrigido ou ampliado; quando é mera reedição, não se emprega o termo, ao contrário do que acontece no Brasil, por exemplo, onde um livro pode chegar à 20ª "edição", tendo sempre o mesmo texto. (N. T.)

Índice

Introdução do editor 29
Nota do editor 57
Prefácio 59
Prefácio à segunda edição 65
Prefácio à primeira edição 95

CAPÍTULO I
O OBJETO DA ÉTICA

A

1. Para se definir a Ética precisamos descobrir o que é, ao mesmo tempo, comum e peculiar a todos os julgamentos éticos indubitáveis; 99

2. mas isso não porque concernem à conduta humana, mas, sim, por referirem a um certo predicado "bom" e seu oposto "mau", que podem ser aplicados tanto à conduta como a outras coisas 99

3. Os assuntos dos julgamentos de uma Ética científica não são, como os de alguns estudos, "coisas particulares"; 101

4. mas incluem todos os juízos *universais* que afirmam a relação de "bondade" com qualquer assunto e, conseqüentemente, incluem casuística 101

B

5. É preciso, porém, inquirir não apenas que coisas estão universalmente relacionadas com a bondade, mas também o que é esse predicado, ao qual estão relacionadas 103

6. e a resposta a esta questão é que ela é indefinível 103

7. ou simples: se por definição tomar-se a análise de um objeto de reflexão, somente objetos complexos podem ser definidos; .. 104

8. e nos três sentidos em que a "definição" pode ser usada, este é o mais importante 105

9. Portanto, o que é indefinível não é "o bom" ou tudo que sempre se predicou como "bom", mas este próprio predicado 106

10. "Bom", então, denota um simples e único objeto de pensamento entre inúmeros outros; mas este objeto tem sido comumente identificado com algum outro – uma falácia que pode ser chamada de "a falácia naturalista" 107

11. e que reduz o que é usado como um princípio fundamental da Ética, a uma tautologia ou a um enunciado a respeito do significado de uma palavra 108

12. A natureza desta falácia é facilmente reconhecível; 109

13. e, se fosse evitada, ficaria claro que as únicas alternativas para a aceitação de que o que é "bom" é indefinível, seriam a de que é complexa ou que não existe noção alguma peculiar à Ética – alternativas que só podem ser refutadas por um apelo à investigação mas que, ainda assim, podem ser refutadas 112

14. A "falácia naturalista", ilustrada pela doutrina de Bentham; e a importância de se evitar sua presença 114

C

15. As relações que os julgamentos éticos afirmam, como válidas universalmente, entre "bondade" e outras coisas, são de duas espécies: uma coisa pode ser afirmada como *sendo* boa em si mesma ou estar relacionada a algo que é bom por si mesmo – ser "bom como um meio" 117

16. Nossas investigações da última espécie de relação não podem esperar estabelecer mais que uma certa espécie de ação que será, *geralmente*, seguida pelo melhor dos resultados possíveis;... 118

17. mas uma relação da primeira espécie, se realmente verdadeira, será verdadeira em todos os casos. Todos os julgamentos éticos ordinários afirmam relações causais, mas são tratados, comumente, como se assim não fossem, porque as duas espécies de relação não são distinguidas 119

D

18. A investigação dos valores intrínsecos é complicada pelo fato de que o valor do todo pode ser diferente da soma dos valores de suas partes, ... 122

19. quando, então, a parte tem com o todo, uma relação que exibe uma diferença e semelhança igualmente importantes como os meios para o fim 124

20. O termo "totalidade orgânica" pode muito bem ser usado para denotar que um todo tem esta propriedade, uma vez que das duas outras propriedades usualmente por ele, denotadas 125

21. uma, que uma dependência causal recíproca, entre as partes, não tem necessária relação com esta 126

22. e a outra, sobre a qual muita ênfase foi colocada, não pode ser verdadeira, para qualquer espécie de todo, sendo uma concepção autocontraditória por confusão 128

23. Sumário do capítulo 131

CAPÍTULO II
ÉTICA NATURALISTA

24. Este e os dois capítulos seguintes apreciarão certas respostas propostas à segunda das questões éticas. *O que é o bom em si mesmo?*

As respostas propostas estão caracterizadas pelos fatos (1) de declararem *uma* espécie qualquer de coisa para ser, sozinha, boa em si mesma; e (2) que fazem isso porque supõem esta *uma* coisa para definir o significado de "bom" 133

25. Tais teorias podem ser divididas em dois grupos: (1) Metafísico, (2) Naturalista: e o segundo grupo pode ser subdividido em dois outros, *(a)* teorias que declaram algum objeto natural, diverso do prazer, em ser somente bom, *(b)* hedonismo. Este capítulo tratará de *(a)* 134

26. Definição do que significa "Naturalismo" 134

27. O argumento comum de que as coisas são boas porque são "naturais", pode envolver (1) a falsa proposição de que o "normal", como tal, é bom; 137

28. ou (2) a falsa proposição de que o "necessário", como tal, é bom 139

29. Mas um apelo *sistematizado* à Natureza prevalece agora, em conexão com o termo "Evolução". Um exame da Ética de Herbert Spencer ilustrará esta forma de Naturalismo 140

30. A teoria científica de Darwin, da "seleção natural", que causou principalmente, a voga atual do termo "Evolução" deve ser cuidadosamente distinguida de certas idéias, comumente associadas com esta expressão 141

31. A conexão de Spencer, de Evolução com Ética, parece demonstrar a influência da falácia naturalista; 142

32. mas Spencer é vago, quanto às relações de "prazer" e "evolução", e seu Naturalismo pode ser, principalmente, Hedonismo Naturalista 144

33. A discussão do terceiro capítulo do *Data of Ethics* (Elementos de Ética) serve para ilustrar estes dois pontos e demonstrar que

Spencer está em grande confusão em relação aos princípios fundamentais da Ética 145

34. Três pontos de vista possíveis, quanto à relação da Evolução com a Ética, se distinguem do ponto de vista naturalista, proposto para confinar o nome "Ética Evolucionista". Em qualquer desses três pontos de vista, a relação seria sem importância e o ponto de vista "Evolucionista", que o torna importante, envolve uma dupla falácia 148

35. Sumário do capítulo 151

CAPÍTULO III
HEDONISMO

36. A prevalência do hedonismo é devida, principalmente, à falácia naturalista 153

37. O hedonismo pode ser definido como a doutrina de que "o prazer é o único bem": esta doutrina sempre foi sustentada pelos hedonistas e usada por eles como um princípio ético fundamental, embora seja, comumente, confundido com outros 155

38. O método seguido neste capítulo consistirá em expor as razões comumente oferecidas para a verdade do hedonismo e em expor as razões, o bastante para demonstrá-las falsas, mediante uma crítica da J. S. Mill & H. Sidgwick 156

A

39. Mill declara que "A felicidade é a única coisa desejável como um fim", e insiste que "Questões de fins extremados não se conformam à prova direta"; 157

40. mesmo assim, ele oferece uma prova da primeira proposição que consiste (1) na falaciosa confusão de "desejável" com "desejado 159

13

41. (2) uma tentativa de mostrar que nada além do prazer é desejado 160

42. A teoria de que nada além do prazer é desejado parece dever-se em grande parte a uma confusão entre a *causa* e o *objeto* do desejo: o prazer não é, certamente, o único *objeto* do desejo, e mesmo que esteja, sempre, entre as *causas* do desejo, esse fato não tentaria ninguém a pensá-lo como um bem 161

43. As tentativas de Mill para conciliar sua doutrina de que o prazer é o único objeto de desejo, com a admissão de que outras coisas são desejadas, pela absurda declaração de que o que é um meio para a felicidade é "uma parte" da felicidade 163

44. Resumo do argumento de Mill e da minha crítica 165

B

45. Devemos, agora, considerar o princípio do hedonismo como uma "intuição", como tem sido claramente reconhecido apenas pelo prof. Sidgwick. Que esse princípio seja incapaz de qualquer*prova*, não é razão alguma, em si, para insatisfação 166

46. Assim, começando por considerar que as coisas são boas por si mesmas, deixamos para trás a refutação do naturalismo e ingressamos na segunda divisão das questões éticas 169

47. A doutrina de Mill de que alguns prazeres são superiores "em qualidade " a outros, implica tanto em que (1) julgamentos dos fins devem ser "intuições"; 169

48. e (2) que o prazer não é o único bem 171

49. O prof. Sidgwick evitou as confusões feitas por Mill: ao considerar seus argumentos, poderemos, portanto, considerar meramente a questão "É o prazer o único bem? 172

50. O prof. Sidgwick, primeiramente, tenta demonstrar que nada fora da existência humana pode ser bom. Apresentam-se razões para se duvidar disso 173

51. Então, ele parte para uma proposição muito mais importante, a de que nenhuma parte da existência humana, exceto o prazer, é desejável 176

52. Porém, *prazer* deve se distinguir de *consciência do prazer,* e (1) é claro que quando assim distinguido, prazer não é o único bem; 178

53. e (2) pode ser igualmente claro que a consciência do prazer não é o único bem, se formos igualmente cuidadosos em distingui-la do que a acompanha usualmente 180

54. Dos dois argumentos do prof. Sidgwick para um ponto de vista oposto, o segundo é igualmente compatível com a suposição de que o prazer é um mero *critério* do que é *certo*; 182

55. e no seu primeiro argumento, o apelo à intuição reflexiva, ele falha em não expressar a questão claramente (1) ao não reconhecer o princípio das *unidades orgânicas*; 182

56. e (2) ele deixa de enfatizar que o acordo que ele tenta demonstrar, entre juízos hedonistas e os do senso comum, apenas se mantém para os *juízos dos meios*: juízos hedonistas dos fins são flagrantemente paradoxais 184

57. Concluo, pois, que uma intuição reflexiva, se precauções adequadas forem tomadas, concordará com o senso comum de que é um absurdo considerar-se a mera consciência do prazer como o único bem 185

C

58. Resta considerar o egoísmo e o utilitarismo. É importante distinguir o primeiro como a doutrina de que "meu próprio prazer é o único bem", da doutrina, oposta do Altruísmo, de que buscar meu próprio prazer, exclusivamente, é correto *como um meio* 186

59. O egoísmo é indefensável, sendo autocontraditório: não percebe que, quando declaro uma coisa como sendo meu próprio bem, devo estar declarando-a *absolutamente boa* ou, então, completamente não-boa 187

60. Esta confusão é salientada, adiante, pelo exame do ponto de vista contrário do prof. Sidgwick; 189

61. e é demonstrado, por conseqüência dessa confusão, sua representação da "relação do egoísmo racional com a benevolência racional" como "o mais profundo problema de Ética", e sua posição de que se requer uma certa hipótese para "tornar a Ética racional" tão grosseiramente errônea 191

62. A mesma confusão existe na tentativa de se inferir utilitarismo do hedonismo psicológico, como comumente sustentado e. g., por Mill 193

63. O egoísmo, propriamente dito, parece também dever sua plausibilidade à confusão com o egoísmo, como uma doutrina de meios 194

64. Certas ambigüidades na concepção do utilitarismo são apresentadas; aponta-se (1) que, como uma doutrina do fim a ser buscado, é finalmente refutada pela contestação do hedonismo, e (2) que, enquanto os argumentos mais comumente oferecidos a seu favor poderiam, no máximo, apenas demonstrá-lo como uma oferta ao *critério* correto da ação certa, são bem insuficientes, até para essa finalidade 195

65. Sumário do capítulo 197

CAPÍTULO IV
ÉTICA METAFÍSICA

A

66. O termo "Metafísica" é definido como se referindo, primeiramente, a qualquer objeto do conhecimento que não seja parte da Natureza – não existe no tempo como um objeto da percepção; porém, desde que os metafísicos, não contentes em salientarem a verdade a respeito de tais entidades, sempre supuseram que o que não existe na Natureza deve, no mínimo *existir*, o termo refere-se também a uma suposta "realidade supra-sensível": 199

67. e por "Ética Metafísica" entendo aqueles sistemas que sustentam ou implicam que a resposta à questão "O que é Bom?" depende logicamente da resposta a "Qual a natureza da realidade supra-sensível?". Todos esses sistemas envolvem obviamente a mesma falácia – a "falácia naturalista" –, pelo uso da qual o naturalismo foi também definido 201

68. A Metafísica, no tratar com uma "realidade supra-sensível", pode ter uma relação com a Ética *prática* (1) se sua realidade supra-sensível for concebida como algo futuro, que nossas ações podem afetar; e (2) desde que ela prove que *toda* proposição da Ética prática é falsa, se puder demonstrar que uma realidade eterna é a única coisa real ou a única coisa boa. A maioria dos pensadores metafísicos, acreditando em uma realidade da última espécie, sugerem, assim, a completa falsidade de cada proposição prática, embora falhem por não verem que sua Metafísica, conseqüentemente, contradiz sua Ética 203

B

69. Mas a teoria, pela qual defino Ética metafísica, *não* é que a Metafísica tem uma relação lógica com a questão envolvendo a Ética *prática* – "Que efeitos minha ação produzirá?" – mas que ela tem tal relacionamento com a questão ética fundamental "O que é bom por si mesmo?". Essa teoria foi refutada pela prova, no Cap. I, de que a *falácia naturalista* é uma falácia: resta apenas discutir certas confusões que parecem dar-lhe plausibilidade 206

70. Uma tal fonte de confusão parece residir na falha em distinguir entre a proposição "Isto é bom", quando ela signifique "Esta coisa existente é boa", e a mesma proposição, quando significa "A existência desta *espécie* de coisa seria boa"; 206

71. e outra parece residir na falha em distinguir entre o que *sugere* uma verdade, ou é a *causa* de a conhecermos, e aquela da qual depende *logicamente*, ou que é uma *razão* para acreditar nela: no primeiro sentido, a ficção tem uma relação mais importante com a Ética do que a Metafísica pode ter 208

C

72. Mas uma fonte mais importante de confusão parece residir na suposição de que "ser bom" é idêntico à posse de alguma propriedade supra-sensível que está, também, envolvida na definição de "realidade" 209

73. Uma causa dessa suposição parece ser o preconceito lógico de que todas as proposições são do tipo mais familiar – aquelas em que o sujeito e o predicado são ambos existentes 211

74. Todavia, proposições éticas não podem ser reduzidas a esse tipo; em particular, elas estão obviamente por ser distinguidas 213

75. (1) das Leis Naturais; com que uma das mais famosas doutrinas de Kant as confunde 213

76. e (2) dos Comandos; com o que foram confundidas, por Kant e outros 215

D

77. Esta última confusão é uma das fontes da moderna doutrina predominante de que "ser bom" é idêntico a "ser desejado"; mas o prevalecimento dessa doutrina parece dever-se, principalmente, a outras causas. Tentarei demonstrar, relativamente a esta doutrina, (1) quais são os erros principais que parecem ter conduzido à sua adoção; e (2) que, ao lado disso, a Metafísica da Volição dificilmente pode ter a mais leve ligação lógica com a Ética 215

78. (1) Tem-se dito comumente, desde Kant, que a "bondade" tem a mesma relação com o Querer ou o Sentir, que "verdade" ou "realidade" têm com a Cognição: que o método adequado à Ética é descobrir o que está *implícito* (emplaied) no Querer ou Sentir, exatamente como, segundo Kant, o método adequado para a Metafísica foi descobrir o que está implícito na Cognição 216

79. As relações atuais entre "bondade" e Querer ou Sentir, de onde esta falsa doutrina é inferida, parece ser principalmente (a) a relação *causal* consistente no fato de que só por reflexão sobre as experiências do Querer e Sentir é que nos tornamos cientes das distinções éticas; (b) o fato de que uma cognição da bondade está talvez *sempre* incluída em certas espécies do Desejar (Willing) e Sentir (Feeling), e é *geralmente* acompanhada por eles; 217

80. mas de nenhum desses fatos *psicológicos* infere-se que "ser bom" é idêntico a ser desejado ou sentido, de uma certa maneira: a suposição de que deva ser assim é um exemplo da contradição fundamental da moderna Epistemologia – a contradição envolvida tanto em distinguir como em identificar o *objeto* e o *ato* do Pensamento, a "verdade" em si mesma e seu suposto *critério*: 218

81. e, uma vez que esta analogia entre Volição e Cognição seja aceita, a visão de que proposições éticas têm uma referência essencial ao Querer ou Sentir é reforçada por outro erro, com respeito à natureza da Cognição – o erro de supor que a "percepção" denota *meramente* um certo modo de conhecer um objeto, que na verdade inclui a asserção de que o objeto é também verdadeiro 220

82. O argumento dos últimos três §§ é recapitulado, salientando-se (1) que Volição e Sentimento *não* são análogos à Cognição, (2) que, mesmo que fossem, ainda assim "ser bom" não poderia *significar* "ser desejado ou sentido de certa maneira" 221

83. (2) Se "ser bom" e "ser desejado" não são *idênticos*, então o último só poderia ser um critério do primeiro; e, a fim de mostrar que é assim, deveríamos estabelecer *independentemente* que muitas coisas seriam boas – quer dizer, estabelecer a maioria de nossas conclusões éticas, antes que a Metafísica da Volição pudesse, possivelmente, nos dar a mínima assistência 223

84. O fato de escritores metafísicos, como Green, tentarem basear a Ética em Volição, sem sequer tentar essa investigação independente, demonstra que eles começaram da falsa assunção de que bondade é *idêntica* a ser desejado, e portanto que seus raciocínios éticos não têm valor algum 224

85. Resumo do capítulo 225

CAPÍTULO V
A ÉTICA EM RELAÇÃO À CONDUTA

86. A questão a ser discutida neste capítulo deve ser claramente distinguida das duas questões já discutidas até aqui: (1) Qual a natureza da proposição: "Isto é bom por si mesmo?" 229

87. e (2) Que coisas são boas por si mesmas? ao que demos uma resposta, decidindo que o prazer não é a única coisa boa em si mesma 231

88. Neste capítulo trataremos do *terceiro* objeto da investigação ética: especificamente, respostas às perguntas "Que conduta é um *meio* para bons resultados?" ou, "o que devemos fazer?". Essa é a questão da Ética *prática*, e sua resposta envolve uma afirmação de conexão *causal* 232

89. Demonstra-se que as afirmações "Esta ação está certa" ou "é meu dever" são equivalentes à afirmação de que o resultado total da ação em questão será o melhor possível 233

90. e o resto do capítulo tratará de certas conclusões que a primeira é (1) que o Intuicionismo está enganado; vez que nenhuma proposição relativa ao dever pode ser auto-evidente 235

91. Está claro que não podemos esperar provar qual, entre todas as ações que nos é possível executar em todas as ocasiões, produzirá o melhor resultado total: descobrir o que é nosso "dever" neste sentido estrito, é impossível. Todavia, é possível demonstrar qual, entre as ações que temos a *possibilidade* de fazer, produzirá o melhor resultado 235

92. A distinção feita no último parágrafo continua ainda a ser explicada; e se insiste em que tudo que a Ética tem feito ou pode fazer não é determinar deveres absolutos, mas indicar, entre poucas alternativas, aquela possível sob *certas* circunstâncias, que terá os melhores resultados 236

93. (3) Mesmo esta última tarefa é imensamente difícil, e nenhuma prova adequada de que os resultados totais de uma ação são superiores aos de outra já foi mostrada. Pois (a) nós só podemos calcular resultados existentes dentro de um futuro comparativamente próximo. Devemos, portanto, assumir que nenhum resultado da mesma ação, no infinito futuro, reverterá o equilíbrio – uma suposição que, talvez, possa ser, mas certamente não tem sido justificada; 238

94. e (b) até, decidir que, de quaisquer duas ações, uma tem um resultado melhor que a outra *no futuro imediato*, é muito difícil; e é muito improvável, e quase impossível provar, que qualquer ação particular é, *em todos os casos*, melhor como meio que sua provável alternativa. Regras de dever, mesmo nesse senso estrito, no máximo apenas podem ser *gerais* verdades 240

95. Mas (c) a maioria das ações mais aprovadas universalmente pelo senso comum pode, talvez, ser mostrada geralmente melhor como meio que qualquer provável alternativa, pelos seguintes princípios. (1) Relativamente a algumas regras, pode ser mostrado que a sua observância geral seria útil em qualquer estado da sociedade, em que os instintos para preservar e propagar a vida e possuir propriedade eram tão fortes como parecem sempre ser; e essa utilidade pode ser mostrada, independentemente de uma visão correta do que é bom por si mesmo, desde que a observância é um meio para coisas que são uma condição necessária à obtenção de *quaisquer* grandes bens em quantidades consideráveis 241

96. (2) Outras regras são tais que sua observância geral somente pode ser mostrada como sendo útil, como meio de preservação da sociedade, sob condições mais ou menos temporárias: se alguma delas pode ser como útil em todas as sociedades, isso pode apenas ser feito demonstrando sua relação causal com coisas boas ou más em si mesmas e que não são, geralmente, reconhecidas como tais 243

97. É claro que regras de classe (1) podem, *também*, ser justificadas pela existência de tais condições temporárias como justificam aquelas de classe (2); e entre tais condições temporárias devem ser consideradas as assim chamadas sanções 244

98. Desta forma, pois, deve ser possível provar a utilidade *geral*, para o presente, dessas ações, que em nossa sociedade são geralmente reconhecidas como dever e geralmente praticadas; mas parece bem duvidoso que um juízo conclusivo possa ser estabelecido para qualquer mudança proposta no costume social, sem uma investigação independente de que coisas são boas ou más em si mesmas 245

99. E (d) se considerarmos a diversa questão de como um indivíduo singular poderia decidir a agir (α) em casos em que a utilidade *geral* da ação em questão é certa, (β) em outros casos: parece existir razão para se pensar que, com respeito a (α), quando a regra geralmente útil é também geralmente observada, ele deve *sempre* se conformar a ela; mas estas razões não são conclusivas, se a observância geral *ou* a utilidade geral é desejada: 247

100. e que (β) em todos os outros casos, as regras de ação não devem ser seguidas, de modo algum, porém o indivíduo deve considerar quais os bens positivos, que *ele*, em suas circunstâncias particulares, parece efetivamente ser capaz de efetuar, e quais os males a evitar 249

101. (4) Segue-se ademais, que a distinção denotada pelos termos "dever" e "conveniência" expediency não é, primeiramente, ética: quando perguntamos "isto é mesmo conveniente?" estamos perguntando, precisamente, a mesma questão de quando perguntamos "Este é o meu dever?", isto é, "É este o meio para o melhor possível?" "Deveres" são distinguidos principalmente por características não-éticas (1) que muita gente é, freqüentemente, tentada a evitar, (2) cujos efeitos mais proeminentes afetam mais aos outros que ao agente, (3) que excitam sentimentos morais: tanto quanto *são* distinguidos por uma peculiaridade ética, isso não é que sejam peculiarmente úteis à ação, mas que eles são peculiarmente úteis à sanção 252

102. A distinção entre "dever" e "interesse" é, também, no principal, a mesma distinção não-ética: mas o termo "interessado" também se refere a um predicado ético distinto – que uma ação é do *meu interesse* assevera, somente, que terá o melhor efeito possível de uma espécie particular, não que seus efeitos totais serão os melhores possíveis 254

103. (5) Podemos notar, ademais, que as virtudes não devem ser definidas como disposições boas em si mesmas: não são, necessariamente, mais que disposições para executar ações geralmente boas como meios, e destas, para a maior parte, só aquelas classificadas como "deveres" de acordo com a seção (4). Segue-se que decidir quando uma disposição é ou não "virtuosa" envolve a difícil investigação causal, discutida na seção (3); e o que é uma virtude em um estado da sociedade pode não o ser em outro 255

104. Segue-se, também, que não temos razão para presumir, como tem sido feito comumente, que o exercício da virtude na execução dos *deveres* é um bem por si mesmo – menos, ainda, que seja o único bem: 257

105. e, se considerarmos o valor intrínseco desse exercício, surgirá (1) que, na maioria dos casos, não existe valor, e (2) que mesmo os casos em que existe, algum valor está longe de construir o único bem. A verdade da última proposição é, geral e inconsistentemente implicada mesmo por aqueles que negam; 258

106. mas, a fim de decidir o valor intrínseco da virtude, devemos distinguir três espécies diferentes de disposição, cada qual assim chamada comumente e afirmada como sendo a única espécie merece-

dora do nome. Assim, (a) o simples hábito inconsciente de cumprir deveres, que é o tipo mais comum, não tem qualquer valor intrínseco; os moralistas cristãos estão corretos ao sugerirem que a simples "correção externa" não tem valor intrínseco, embora estejam errados em dizer que não é, portanto "virtuosa", visto implicar que isso não tem valor, nem mesmo como um meio: 259

107. (b) que a virtude consiste numa disposição para ter e que por ela ser movida por um sentimento de amor para com as conseqüências realmente boas de uma ação, e de ódio pelas verdadeiramente más. Isto tem um certo valor intrínseco, mas esse valor pode variar enormemente em grau: 261

C

108. finalmente, (c) que a virtude consiste em "consciência", isto é, a disposição de não agir, em certos casos, crermos e sentirmos que nossa ação está certa, isso parece ter algum valor intrínseco: o valor deste sentimento tem sido peculiarmente enfatizado pela ética cristã, mas, certamente não é, como Kant nos levaria a pensar, a única coisa de valor ou sempre boa, mesmo como meio 262

109. Resumo do capítulo 264

CAPÍTULO VI
O IDEAL

110. Por um estado "ideal" de coisas pode-se entender (1) o *Summum Bonum* ou o melhor absoluto, ou (2) o melhor que as leis da natureza permitem existir neste mundo, ou (3) qualquer coisa, enormemente boa em si mesma: este capítulo ocupar-se-á, principalmente, com o que é ideal no sentido (3) – respondendo a questão fundamental da Ética 267

111. mas uma resposta correta a essa questão é um passo essencial para uma visão correta do que é "ideal" nos sentidos (1) e (2) 268

112. A fim de obter uma resposta correta à questão "O que é bom em si mesmo?", devemos considerar que valor as coisas teriam se existissem absolutamente por si mesmas; 270

113. e, se usarmos esse método, é óbvio que a afeição pessoal e o prazer estético incluem, decididamente, os bens maiores com os quais estamos acostumados 271

114. Se começarmos por considerar I. *Prazeres Estéticos*, está claro (1) que neles existe sempre, essencialmente, alguma de uma grande variedade de diferentes emoções, embora tais emoções possam ter pouco valor "por si mesmas": 272

115. e (2) que uma cognição das qualidades realmente belas é igualmente essencial e tem, igualmente, pouco valor por si mesma 273

116. Mas (3) admitindo-se que a combinação apropriada desses dois elementos é sempre um bem considerável, podendo ser um bem enorme, podemos perguntar onde a isso se *acrescenta uma crença verdadeira na existência do objeto de cognição*, o todo então formado não é, ainda assim, muito mais valioso 275

117. Penso que essa questão devia ser respondida afirmativamente; mas, a fim de assegurar que este julgamento seja correto, devemos distingui-lo cuidadosamente 276

118. dos dois julgamentos: (a) de que o conhecimento é valioso *como um meio*, (b) que onde o objeto de cognição é, ele mesmo, uma coisa boa, sua existência, por certo, se soma ao valor de todo o estado de coisas 278

119. se, porém, tentarmos evitar o condicionamento por esses dois fatos, ainda parece que a mera crença verdadeira pode ser uma condição essencial ao grande valor 279

120. Assim, conseguimos um terceiro constituinte essencial de muitos bens importantes, e, desta forma, somos capazes de justificar (1) a atribuição de valor ao *conhecimento*, acima e além de seu valor como um meio, e (2) a intrínseca superioridade da apreciação adequada de um objeto real, além da apreciação de um igualmente valioso objeto de mera imaginação: emoções dirigidas para objetos reais podem assim, mesmo que o objeto seja inferior, reclamar eqüidade com os prazeres mais altamente imaginativos........280

121. Finalmente, com respeito aos *objetos* de cognição, essenciais a essas unidades, good wholes é da competência da Estética analisar sua natureza: basta ser destacado aqui (1) que, chamando-os *belos*, queremos dizer que possuem esta relação a um todo *bom*; e (2) que eles são, na maior parte, por si mesmos totalidades complexas, de tal forma que a contemplação admiradora do todo excede grandemente o valor da soma dos valores da contemplação admiradora das partes............282

122. Com respeito ao II. *Afecção Pessoal*, o objeto, aqui, não só é meramente belo como bom em si mesmo; parece porém que a apreciação do que é, portanto, bom em si mesmo, por exemplo, as qualidades mentais de uma pessoa, não é, certamente, em si mesma, um bem tão grande como o todo formado pela combinação com ela de uma apreciação da beleza corporal; é duvidoso que isso seja, mesmo, tão grande bem como a mera apreciação da beleza corporal; mas é certo que a combinação de ambos é um bem muito maior que qualquer um deles, isoladamente 284

123. Segue-se, do que se disse, que temos toda razão em supor que a cognição de *qualidades materiais*, e até a sua existência, é um constituinte essencial do Ideal ou *Summum Bonum*: existe, apenas uma frágil possibilidade de que não se incluam nele 286

124. Deve-se, ainda, considerar males positivos e bens mistos. I. *Males* podem ser divididos em três classes, especificamente 289

125. (1) males que consistem no amor, ou admiração, ou prazer no que é mau ou feio, ...290

126. (2) males que consistem no ódio ou desgosto com o que é bom ou belo 292

127. e (3) a consciência de dor intensa: isso parece ser a única coisa, imensamente boa ou má, que não envolve tanto a cognição como a emoção dirigidas a seu objeto; assim, não é análogo ao prazer com respeito ao seu valor intrínseco, enquanto parece, também, em nada somar à vileza de uma totalidade, *como um todo*, no qual se combina com outra coisa ruim, onde quer que o prazer some para a bondade de um todo, em que se combina com outra coisa boa; 293

128. mas o prazer e a dor são completamente análogos no sentido de que o prazer de forma alguma aumenta sempre, e a dor, de forma alguma diminui sempre o valor total de um *todo* no qual se incluem: o inverso é com freqüência verdadeiro 294

129. A fim de considerar II. *Bens mistos*, devemos, primeiro, distinguir entre (1) o valor de um *todo* como um *todo*, e (2) seu valor no *todo* ou valor total: (1) igual a diferença entre (2) e a soma dos valores das partes. Em vista desta distinção, temos, então: 295

130. (1) Que a mera combinação de dois ou mais males jamais é positivamente boa *no total*, embora isso possa, certamente, ter grande valor intrínseco *como um todo* 296

131. mas (2) Que um todo inclua uma cognição de algo mau ou feio pode, assim mesmo, ser um grande bem positivo *no todo*: a maioria das virtudes, que tenham algum valor intrínseco, parece ser desta espécie, p. ex. (a) a coragem e compaixão, e (b) excelência moral, tudo isso são exemplos do ódio e do desprezo ao que é mau ou feio 297

132. porém, parece não haver razão para se pensar que, onde o objeto do mal *existe*, o estado total de coisas é sempre positivamente bom, *no todo*, embora a existência do mal possa somar ao seu valor *como um todo* 299

133. Conseqüentemente, (1) nenhum mal atualmente existente é necessário ao Ideal, (2) a contemplação dos males imaginários é-lhe necessária, e (3) onde males já existam, a existência de virtudes mistas tem um valor independente, tanto de suas conseqüências como pelo valor que têm em comum com a própria apreciação de males imaginários 300

134. Observações finais 301

135. Resumo do capítulo 303

INTRODUÇÃO DO EDITOR

No início de 1992 Timothy Moore doou à Biblioteca da Universidade de Cambridge uma grande coleção dos escritos filosóficos de seu pai. Tal coleção inclui um substancioso manuscrito (isto é, um original) intitulado "Prefácio à Segunda Edição", o qual, ainda que incompleto, é de considerável interesse intrínseco. Quando examinei esse manuscrito, cujo conteúdo havia sido descrito fazia algum tempo pelo Dr. C. Lewy (em sua conferência "G. E. Moore e a falácia naturalista"[1]), eu sugeri à Cambridge University Press que eles deveriam cogitar de incluir o texto, um dia, numa nova edição de *Principia Ethica*. Revelou-se que, por outras razões, já estavam considerando a possibilidade de uma nova edição; assim, ficariam felizes de darem à edição um significado adicional incluindo o prefácio até então inédito. Revelou-se também que, por coincidência, a editora Routledge estava planejando editar uma nova seleção dos escritos filosóficos de Moore, a qual se concentraria em seus escritos metafísicos[2]. Assim, parecia que valeria a pena ampliar a nova edição de *Principia Ethica* numa coleção parecida dos escritos éticos de Moore mediante a inclusão de importantes peças de seus últimos escritos sobre ética, que, de outra forma, definhariam inéditos – o capítulo "Livre-arbítrio" de seu livro *Ethics* e seu texto sobre "A concepção de valor intrínseco", de seus *Philosophical Studies*. Há uma íntima conexão temática entre o inédito "Prefácio à Segunda Edição" e "A concepção de valor intrínseco", de forma que é especialmente válido incluir ambos neste volume.

---

1. *Proceedings of the British Academy L* (1964). pp. 251-62.
2. *G. E. Moore: Selected Writings*, T. R. Baldwin (org.). Londres, Routledge, 1993.

Obviamente, Moore tentou escrever o novo prefácio para publicar uma segunda edição de *Principia Ethica*. Moore abandonou a tentativa, e a reedição do livro em 1922, com apenas algumas correções de texto, não foi considerada uma segunda edição. Os parágrafos iniciais do prefácio deixam implícito que, de fato, Moore tinha chegado a cogitar de uma substancial revisão do próprio texto, o que é confirmado por uma carta que ele escreveu à Cambridge University Press, em novembro de 1921, na qual afirma que "em última instância, abandonei a idéia de tentar preparar uma segunda edição de meu *Principia Ethica*, baseado em que as correções necessárias para fazer com que o livro represente minhas atuais opiniões seriam tão numerosas que nada, a não ser um livro totalmente novo, ser-me-ia satisfatório".[3] Ainda que eu não tenha localizado nenhuma correspondência relativa ao prefácio aqui publicado, presumo que o projeto de escrevê-lo deva ter ocorrido a Moore no final de 1921, quando ele abandonou a tarefa de revisar o livro todo; ele deve ter tido a esperança de que assim poderia indicar os pontos que achava ser a discussão, no livro, insatisfatória, ao mesmo tempo em que também esclarecia as proposições que ainda achava serem "verdadeiras, no essencial" e "dignas de serem enfatizadas". O estado de incompletude do original mostra que, ao final, Moore não achava que pudesse levar a uma conclusão satisfatória nem mesmo esse limitado projeto, de forma que abandonou completamente e simplesmente acrescentou ao Prefácio um par de sentenças à primeira edição quando ela foi reimpressa, em 1922. Lendo o novo prefácio, por conseguinte, deve-se ter em mente que Moore explicitamente decidira não publicá-lo. Ainda que ele seja um inestimável guia para seus derradeiros pensamentos sobre a teoria ética, ele – por assim dizer – não o afirma claramente logo de início.

I

Principia Ethica foi publicado em outubro de 1903. Lytton Strachey, amigo de Moore, leu-o imediatamente e lhe escreveu, cheio de entusiasmo:

> Penso que seu livro não apenas arrasou e estilhaçou todos os que escreveram sobre ética, de Aristóteles e Cristo a Herbert Spencer e Mr. Bradley, não só estabeleceu os verdadeiros fundamentos da Ética, não só deixou toda a filosofia moderna *bafouée** – que me parecem realizações menores comparadas

---

3. A carta é conservada no arquivo da Cambridge University Press, na biblioteca da Universidade de Cambridge.

* Rebaixada. Em francês, no original. (N. T.)

com o estabelecimento deste Método que brilha como uma espada entre as linhas. É o método científico deliberadamente aplicado, pela primeira vez, ao Raciocínio... Posso datar de outubro de 1903 o início da Era da Razão.[4]

É pouco provável que possamos agora compartilhar o hiperbólico entusiasmo de Strachey, mas Principia Ethica continua sendo um dos tratados éticos fundamentais deste século – importante tanto pela concepção da teoria ética que propõe como pela celebração do valor da Arte e do Amor. Primeiro, a influência do livro ficou em grande parte restrita ao círculo de amigos e discípulos de Moore, tais como Lytton Strachey, Leonard Woolf e Maynard Keynes, que já estavam familiarizados com as linhas gerais de sua posição. Mas, após a reedição do livro em 1922, quando a influência da filosofia idealista de F. H. Bradley e outros desvanecia-se rapidamente, o livro de Moore foi reconhecido como um texto clássico de teoria ética analítica.

Moore tinha já trinta anos quando saiu o livro. Estava chegando ao final de sua posição de Prize Fellow (detentor de bolsa de estudos concedida como prêmio,) no Trinity College, em Cambridge, onde tinha anteriormente estudado Ciências Clássicas e Moral (quer dizer, Filosofia) como bacharelando, formando-se em 1896 com Honras de Primeira Classe na Segunda Parte da Trípode de Ciências Morais. Naquela época, um caminho para os que aspiravam a seguir uma carreira acadêmica era obter um "prize", isto é, bolsa, em sua faculdade, a atribuição da qual baseava-se nas dissertações apresentadas pelos candidatos. Assim, Moore submeteu a exame uma dissertação ao Trinity College um ano depois de se formar, em 1897. Não teve sucesso nessa ocasião, mas gastou o ano seguinte reescrevendo tal dissertação e apresentou a versão revista em 1898, quando obteve uma bolsa de seis anos.

A maior parte do texto de Moore para ambas as dissertações sobreviveu[5], e, como sugere o título (comum) de ambas – "A Base Meta-

---

4. Carta de L. Strachey a Moore, 11 de outubro de 1903; a carta está entre os papéis de Moore na biblioteca da Universidade de Cambridge.

5. Estão na biblioteca do Trinity College, em Cambridge. O mais antigo texto de Moore, "Freedom" (*Mind n.s.* 7, 1898, pp. 179-204) é tirado da dissertação de 1897 e indica o conteúdo da última, embora Moore tenha introduzido algumas alterações ao preparar o texto para publicação. Seu texto seguinte, "The Nature of Judgment" (*Mind n.s. 8.* 1899, pp. 176-93) foi tirado da dissertação de 1898, e a comparação com "Freedom" mostra o radical desenvolvimento da metafísica de Moore nessa época. Ambos os textos estão reeditados em *G. E. Moore, The Early Essays*, T. Regan (org.). Filadélfia, Temple University Press, 1986.

física da Ética" –, elas podem ser encaradas como o ponto inicial de um projeto intelectual que culmina nos *Principia Ethica*. Realmente, ambas iniciam com uma introdução na qual Moore critica o que ele chama de "a falácia implícita em todas as definições empíricas do bem" – linha de pensamento a qual, reelaborada em termos da "falácia naturista", é um dos temas centrais de *Principia Ethica*. Mas as dissertações diferem radicalmente no concernente aos pressupostos segundo os quais é conduzida a crítica das teorias de valor empíricas ou naturalistas. Na dissertação de 1897 Moore está muito contente por aceitar a tese idealista de que o mundo familiar empírico e espácio-temporal é uma teia de aparências embasadas numa realidade intemporal que transcende nossas percepções; e ele até sustenta que há uma necessária conexão entre essa realidade transcendente e o valor. Um ano depois, porém, ele tinha perdido sua fé em qualquer realidade transcendente e com seu modo de propiciar uma base metafísica para a ética. Contudo, Moore não resvala para um realismo que a tudo abarque, que teria acarretado uma teoria empírica (ou naturalista) do valor. Em vez disso, pelo menos em, sua teoria ética, conserva um resíduo de seu idealismo anterior adotando uma concepção semiplatônica de valores como objetos abstratos desligados da realidade empírica, mas, não obstante, tão reais quanto qualquer objeto empírico (ver *Principia Ethica*, § 66). De acordo com esta nova posição, destarte, o engano comum tanto à teoria empírica como à idealista da ética está em que, integrando valores éticos em teorias não-éticas mais amplas (empíricas ou metafísicas), elas falham em fazer justiça à característica realidade abstrata desses valores.

Essas dissertações iniciais lançaram os alicerces sobre os quais Moore articula sua metafísica do valor em *Principia Ethica*. O estágio seguinte no desenvolvimento de seu pensamento pode ser visto no texto de um curso em forma de conferências que ele deu em Londres no final de 1898, logo após ter recebido sua bolsa, sob o título "Os Elementos de Ética com uma abertura para uma apreciação da Filosofia Moral de Kant". Moore escreveu por antecipação cada palestra e subseqüentemente fez com que as mesmas fossem datilografadas visando trabalhar nelas para chegar a um livro; esse texto sobrevive[6], e foi publicado recentemente

---

6. Existem duas cópias dele entre os papéis de Moore na biblioteca da Universidade de Cambridge. Esses papéis também incluem agora o texto manuscrito das subseqüentes conferências de Moore (primavera de 1899) sobre a filosofia moral de Kant. Eles abrangem o mesmo campo, de um modo muito parecido com o da dissertação de 1898.

com o título *The Elements of Ethics*[7]. Em 1902, os responsáveis pela Cambridge University Press concordaram em publicar uma edição revista dessas conferências, e *Principia Ethica* é manifestamente o resultado desse processo de revisão (as atas da editora relativas ao fato referem-se ao livro proposto como "Moore: Principles of Ethics")[8]. Boa parte do texto dos primeiros três capítulos do último livro é simplesmente tomado *verbatim* das primeiras conferências, ainda que os últimos três capítulos do livro difiram significativamente do conteúdo das primeiras conferências. Acrescentei, em apêndice à presente edição, um guia relativo ao relacionamento entre os dois textos. Ele mostra quais parágrafos do *Principia Ethica* são genuinamente novos (significativamente, a famosa "questão aberta", argumento do § 13, é nova) e como Moore, nos *Principia Ethica*, sobrepôs diretamente passagens que ocorriam em diferentes conferências em *The Elements of Ethics* – uma característica do texto de *Principia Ethica*, especialmente do capítulo 1, que contribui indiscutivelmente para sua dificuldade.

Enquanto estava se bacharelando em Cambridge, Moore estabeleceu contato regular com Henry Sidgwick, então professor de Filosofia em Cambridge e bolsista no Trinity College. Moore compareceu às conferências de Sidgwick e chegou mesmo a escrever para ele alguns ensaios sobre tópicos familiares como "Egoísmo e altruísmo" e "A relação da razão com a ação moral"[9]. Mas as relações entre eles nunca foram muito íntimas: Sidgwick era então um cidadão (faleceu em 1900) e Moore considerou as palestras dele "um tanto quanto enfadonhas"[10]. Apesar disso, Moore estudou a obra-prima de Sidgwick, *The Methods of Ethics*[11], muito acuradamente e nos *Principia Ethica* há muito mais referências a esta obra do que a qualquer outro livro. Efetivamente, os dois temas centrais dos *Principia Ethica* são desenvolvimentos de linhas de pensa-

---

7. *The Elements Ethics*, T. Regan (org.). Filadélfia, Temple University Press, 1991.

8. O assunto foi discutido em 12 de março de 1902 e novamente em 12 de abril de 1902. As minutas dos Síndicos são mantidas na biblioteca da Universidade de Cambridge.

9. Estes ensaios estão preservados, com os comentários da Sidgwick à margem deles, entre os papéis de Moore na biblioteca da Universidade de Cambridge.

10. G. E. Moore, "An Autobiography", p. 16, em *The Philosophy of G. E. Moore*, P. A, Schilpp (org.) (3ª edição, La Salle, Open Court, 1968).

11. Esse livro foi publicado pela primeira vez em 1874; Sidgwick revisou o texto repetidas vezes, e a edição final, a sétima, foi publicada postumamente em 1907 (Londres, Macmillan).

mento já presentes em *The Methods of Ethics*[12]. A tese de Moore de que quase todos os teóricos éticos anteriores tinham sido culpados de falácia, a "falácia naturalista" de tentar definir bondade, é um desenvolvimento da tese de Sidgwick de que o conceito de razão prática é a marca característica, mas indefinível, do pensamento ético[13]. Similarmente, o "utilitarismo ideal" não-hedonístico de Moore[14], no sentido de que temos sempre de agir de tal maneira que nossa ação tenha as melhores conseqüências possíveis, não sendo elas apenas as conseqüências que maximizam o prazer, é um desenvolvimento da observação de Sidgwick de que um cômputo utilitário da obrigação, que ele endossava, precisa ser suplementado por uma especificação intuicionista dos fins ideais da ação[15].

A despeito desse íntimo relacionamento intelectual, contudo, seria um erro encarar *Principia Ethica* apenas como uma reafirmação de posições já prefiguradas em *The Methods of Ethics*. Porque o estilo dos dois livros é muito diferente: onde Moore basicamente se preocupa em articular uma tese metafísica relativa às condições dos valores éticos, que ele assume terem significação absolutamente fundamental para a teoria ética, Sidgwick não estava muito interessado na metafísica do valor. Ele queria propiciar um vigamento conceitual segundo o qual poderia fazer justiça tanto às nossas convicções morais comuns como ao bom senso e à sistematização das exigências da razão reflexiva. Ademais, se bem que Moore e Sidgwick estivessem de acordo no que diz respeito à irredutibilidade dos conceitos éticos, eles divergiam agudamente no tópico do relacionamento entre esses conceitos e os fins humanos. Onde Moore nega que conceitos tais como bondade tenham seja lá qual for referência essencial para as metas humanas, Sidgwick define a bondade de um possível resultado em termos de suas implicações para as metas de agentes humanos racionais[16]. Este desacordo é manifesta-

---

12. Em sua resenha aguda, e não totalmente desfavorável de *Principia Ethica* (*Mind n.s. 13*, 1904, pp. 254-61), Bosanquet notou o quanto Moore devia a Sidgwick.

13. *The Methods of Ethics*, 7ª ed., Livro I, cap. III.

14. A frase "utilitarismo ideal" na verdade vem da obra do contemporâneo de Moore Hastings Rashdall – cf. *The Theory of Good and Evil* (Oxford, Clarendon, 1907), p. 84. Rashdall, que também tinha sido discípulo de Sidgwick, alude resumidamente a *Principia Ethica*, mas deixa claro que, mesmo que suas opiniões se pareçam com as de Moore, ele tinha chegado à sua posição independentemente.

15. *The Methods of Ethics*, 7ª ed., pp. 400 ss.

16. *The Methods of Ethics*, 7ª ed., pp. 109-12. À luz desta passagem acaba não ficando claro, depois de tudo, por que Moore inocentou Sidgwick da acusação de falácia naturalista.

mente notório em suas discussões sobre o egoísmo: enquanto Sidgwick sustentava que o conflito entre egoísmo e altruísmo, entre a perseguição daquilo que é bom para alguém e daquilo que é bom em si mesmo, é uma "das mais profundas questões de ética"[17], Moore sustentava que a questão toda não era senão uma teia de confusões, eis que não existe concepção coerente do que seja simplesmente bom para alguém (Principia Ethica §§ 59-62).

II

Moore dedica os primeiros quatro capítulos de *Principia Ethica* à identificação de uma falácia, a "falácia naturalista", a qual, proclama ele, mina quase todas as teorias éticas anteriores (as exceções sendo as de Sidgwick e a de Platão). A linha de argumento de Moore nesses capítulos era, e continua sendo, muito influente. De um modo geral, os contemporâneos e os sucessores de Moore estavam persuadidos por ele de que existe uma profunda brecha (se não uma autêntica "falácia") nas mais tradicionais teorias éticas "naturalistas ". Nem todos estavam igualmente persuadidos de que a abstrata concepção platônica de valor, que Moore adiantou em lugar das rejeitadas teorias naturalistas, é, em si mesma, sustentável: parecia questionável tanto sob o fundamento metafísico como sob o epistemológico. Assim, uma reação comum era discutir um pressuposto que, afirmava-se, é partilhado tanto por Moore como pelos teóricos que ele critica, de que os julgamentos éticos simulam caracterizar alguma realidade definida, cuja obtenção os dota de suas condições de verdade. Em vez disso, propõe-se, os julgamentos éticos devem ser encarados como exprimindo, fundamentalmente, certas emoções ou atitudes[18].

Não é aqui o lugar para discutirmos essas posições, que ainda atraem amplo apoio. Assinalo apenas que elas são o produto de um processo dialético que tem suas origens nos escritos de Moore, em particular, em sua alegação de que outros teóricos foram culpados de falácia – a falácia naturalista. Mas, o que vem a ser essa falácia? Como Moore torna dolorosamente claro no "Prefácio à Segunda Edição", não há uma res-

---

17. *The Methods of Ethics*, 7ª ed., p. 110, n° 1.
18. O texto clássico aqui é de C. L. Stevenson, *Ethics and Language* (New Haven, Yale University Press, 1944); cf. também R. M. Hare, *The Language of Morals* (Oxford, Clarendon, 1952).

posta simples para esta pergunta; porque na discussão da falácia naturalista nos *Principia Ethica* ele desliza entre três diferentes teses que uma pessoa se compromete com a falácia (1) "identificando G" (bondade [*goodness*], que Moore assume ser o conceito ético fundamental)" com algum predicado diferente de G", ou (2) "identificando G com algum predicado *analisável*", ou (3) "identificando G com algum predicado *natural* ou *metafísico*" ("Prefácio à Segunda Edição"). Como Moore também reconhece, fazer a primeira destas três acusações é acusar o oponente de negar uma tautologia trivial. Dado que esta é uma acusação gratuita, e sendo improvável que tenha o significado que a acusação da falácia naturalista está destinada a ter, as teses significativas associadas à alegação da falácia naturalista são que a bondade não é analisável e que não é um "predicado natural ou metafísico". Moore reconhece que estes temas são independentes, mas também observa que eles podem ser combinados na tese de que a bondade "não é completamente analisável em termos de propriedades naturais ou metafísicas"; e a negação disto pode ser atribuída a uma incumbência da falácia naturalista.

Ao considerar a posição de Moore, penso que é melhor deixar de lado essas teses, dado que são independentes umas das outras. Mas, antes de prosseguirmos, precisamos deixar claro o que se quer exprimir com toda essa história de "bondade". Moore reconhece no "Prefácio à Segunda Edição" que no próprio *Principia Ethica* sua discussão disso foi insatisfatória e explica aqui que, antes de mais nada, estava preocupado com a avaliação dos possíveis estados do assunto visando determinar que ações alguém deva executar. Ao discutir tais avaliações Moore distingue entre o julgamento de que um estado de coisas é "bom em si mesmo" (ou "intrinsecamente bom") e o julgamento de que um estado é "bom como meio" e "bom como uma parte". Mas, desde que ele admite que esses últimos três julgamentos são diretamente redutíveis ao anterior, é com o conceito de *bom em si mesmo, ou valor intrínseco*, tal como empregado na avaliação dos estados de coisas, que Moore está basicamente preocupado. Pode-se sentir que ao concentrar atenção neste conceito uma importante pressuposição ética nele se inseriu, qual seja, uma descrição utilitária de obrigação, que ameaça restringir o escopo da tese de Moore relativa à não-analisabilidade do valor ético das teorias utilitárias. Parece-me que, no entanto, a despeito de não haver dúvida de que o próprio Moore conduz sua discussão dentro de uma amplamente utilitária perspectiva, pode-se pôr entre parênteses essa pressuposição neste estágio de discussão, dado que nenhum informe específico da determinação de obrigações pela avaliação de possíveis estados de coisas é, na verdade, sequer exigido.

A tese de que a bondade não é analisável é, pois, uma tese sobre a natureza da avaliação de possíveis estados de coisas, no sentido de que o conteúdo dessas avaliações não pode ser apreendido dentro de alguma teoria mais ampla que – aberta ou tacitamente – não empregue avaliações entre seus princípios básicos. No "Prefácio à Segunda Edição" Moore considera duas maneiras de desafiar essa tese: primeiro, ao afirmar que o conteúdo dessas avaliações pode ser dado por meio de uma avaliação das obrigações do sujeito; segundo, sustentando-se que pode ser dado dentro de uma teoria – isenta de valor – psicológica, sociológica ou teológica. O primeiro desses desafios pode parecer que está pondo o carro adiante dos bois, uma vez que julgamentos relativos ao valor intrínseco de estados de coisas supõe-se que possibilitassem a um agente determinar o que ele deveria fazer, antes de que o contrário; mas podem-se salvar as aparências, até certo ponto, mediante uma distinção entre obrigações *prima facie* (que serão tomadas para dar o conteúdo dos julgamentos de valor intrínseco) e obrigações que tudo incluem (que são, então, determinadas pelas relevantes obrigações *prima facie*). Não precisamos, todavia, nos preocupar muito com esse desafio à tese de Moore, dado que ele deixa claro no referido "Prefácio" que, na medida em que é permitido que o conceito de obrigação (ou *certo* ou *dever*) é um conceito ético, ele não encara essa espécie de avaliação como colocando uma séria ameaça à sua tese, que estava basicamente preocupada com a impossibilidade de se analisar os conceitos éticos em termos de sua não-eticidade.

São, então, desafios desta segunda espécie que Moore está fundamentalmente preocupado em rejeitar: sua tese da impossibilidade de se analisar a bondade é uma tese segundo a qual o conteúdo do pensamento ético é irredutível. Antes de considerarmos a razão de Moore para negar que semelhante avaliação seja possível, no entanto, vale a pena ressaltar que a questão diz respeito à nitidez do conteúdo dos julgamentos éticos; não preocupa a possibilidade de derivarem eles de premissas não-éticas. Esta última questão está bem relacionada com Hume, e a possibilidade, ou não, de derivar "deve" de "é". Na literatura crítica, a negação de Hume de que qualquer derivação deste tipo seja possível, às vezes se combinou com a tese de Moore de que a bondade não é analisável. Mas a teoria de Moore mostra que essa confluência é um engano, pelo menos como antecipação de um argumento ulterior: porque, ainda que Moore sustentasse ser não-analisável o valor intrínseco, ele também combinou a sua visão utilitarista ideal da obrigação com a tese de que o valor intrínseco de um estado de coisas depende de suas propriedades naturais, e ele encarava essa dependência como repensando sobre necessárias conexões entre propriedades naturais e valor intrínseco. Assim, para Moore, é possível derivar um "deve" de um "é".

O famoso argumento de Moore a favor da não-analisabilidade da bondade é que, seja lá qual for a análise oferecida (por exemplo que pensar que algo é bom é pensar que satisfará desejos de alguém), achamos que ainda podemos vincular significância substantiva à pergunta sobre se um estado de coisas que satisfaça a análise realmente possui valor intrínseco (por exemplo, uma condição que satisfaz os desejos de alguém é, ipso facto, boa?) – ao passo que, se essa análise fosse correta, essa pergunta deveria nos chocar como uma pergunta trivial sobre a verdade de uma tautologia[19]. Este argumento levanta tópicos difíceis relativos aos critérios de aceitabilidade de uma proposta análise conceitual – ninguém quer afirmar que uma análise tenha de nos chocar como trivial se temos de aceitá-la[20]. Penso, contudo, que até certo ponto podemos nos esquivar destes tópicos admitindo, em favor de Moore, que se uma análise conceitual for correta, então, uma vez que a tenhamos encontrado, deve vir a nos parecer inteiramente adequado guiarmos os nossos pensamentos e julgamentos de acordo com tal análise conceitual, mesmo que de início a análise nos pareça pouco evidente; e a objeção de Moore às análises propostas de valores intrínsecos é exatamente que não nos consideramos capazes de nos deslocarmos em direção a essa assimila-

---

19. Como assinalou Rashdall (*The Theory of Good and Evil*, vol. I, p. 135, n° 1), o argumento referente à não-analisabilidade dos conceitos éticos, que Moore emprega sem reconhecer, tinha sido usado por Sidgwick, que o atribuía ao moralista do século XVIII Richard Price (cf. os *Outlines of the History of Ethics*, de Sidgwick (Londres, Macmillan, 5ª ed., 1902), pp. 224-6).

20. O próprio Moore concentrou sua atenção nesses tópicos formulando em seus escritos posteriores o "paradoxo da análise", que realmente parece implicar que uma análise, se for para ser verdadeira, precisa ser trivial: cf C. H. Langford, "The Notion of Analysis in Moore's Philosophy", in *The Philosophy of G. E. Moore*, esp. p. 323 e, de Moore, "A Reply to my Critics", no mesmo volume, esp. pp. 665-6. Para uma discussão recente do paradoxo, cf. T. Baldwin, G. E. Moore (Londres, Routledge, 1990), pp. 208-14.

ção reflexiva delas. O conceito de valores intrínsecos parece ser tal que podemos persistentemente reinserir sérias perguntas sobre valor intrínseco no âmago de uma teoria que simula oferecer uma visão reduzida deles.

Até aqui o argumento diz respeito só à fenomenologia do pensamento ético, e Moore se satisfaz nos Principia Ethica em basear sua argumentação neste ponto. A crítica de Moore enfatizará que mais precisa ser dito para mostrar que esta fenomenologia não é meramente uma ilusão – o resíduo não reconhecido, talvez, de crença religiosa; e a ética do século XX em sua teoria contém diversas tentativas de propiciar uma descrição de conceitos éticos que mostre por que a tese de Moore é correta[21]. Não tentarei discutir aqui tais tentativas, além de indicar rapidamente o tópico que penso ser básico em qualquer tentativa de darmos substância à tese de Moore concernente à irredutibilidade de julgamentos de valor intrínseco. Semelhante tentativa deve, penso eu, começar pelo reconhecimento de que esses julgamentos estão ligados a julgamentos sobre a natureza da vida humana, dizendo respeito em especial aos propósitos e interesses gerais que fornecem os elementos e a estrutura do senso de uma pessoa sobre sua própria identidades. Esta tese, bem que reconheço, não é a maneira como o próprio Moore pensa sobre valor intrínseco; mas todas as avaliações admitem um ponto de vista influente que nos dá os critérios pelos quais são avaliadas as coisas que devem ser avaliadas, e dado que o próprio Moore especifica os seus julgamentos de valor intrínseco como aqueles que determinam o que devem fazer os agentes humanos, é a perspectiva de agentes humanos se perguntando sobre como conduzirem a vida deles que informa os julgamentos de Moore. Logo, a tese da irredutibilidade está centrada na afirmação de que não existe uma compreensão abrangente e totalmente gratuita dos fins da vida humana (dos quais, digamos, "a consecução máxima dos desejos" poderia ser um simples exemplo, por referência aos quais o conteúdo de julgamentos de valor intrínseco pode ser articulado. Porque se houvesse semelhante entendimento, então, para aqueles que o tenham plenamente internalizado, a análise implícita de julgamentos de valor intrínseco (por exemplo que pensar que algo é bom é simplesmente pensar esse algo como capaz de satisfazer desejos) careceria do significado aparente que Moore proclama ser inescapável. Ora,

---

21. O mais conhecido é a tese de R. M. Hare de que o pensamento ético é nitidamente *prescritivo*; cf. *The Language of Morals*, p. 30.

eu não penso que, do jeito que as coisas são, nós possuamos semelhante compreensão, dado que nossa autocompreensão é, na verdade, em grande parte alcançada mediante identificações sociais e compromissos individuais, os quais incorporam em si mesmos julgamentos de valor. São esses julgamentos de valor que, do jeito como são as coisas, tornam possível a espécie de distanciamento reflexivo referente a pretensas análises para as quais o argumento fenomenológico de Moore chama a atenção. Mas não se segue do fato de que este é o modo como as coisas são para nós agora que assim devam ser (nem – mais importante ainda – que é assim que elas sempre foram). Conseqüentemente, agora me parece que, para estabelecer a tese de Moore relativamente à não-analisabilidade de valor intrínseco como a verdade conceitual que ele admitia ser, se preciso mostrar ser uma verdade conceitual que a perspectiva de um agente humano deliberante seja informada por uma autocompreensão que incorpore em si mesma julgamentos de valor. Se isto pode ser demonstrado e, se assim for, com base em quais pressupostos, são perguntas que deixo em aberto aqui.

A outra tese importante cuja negação Moore descreveu como incumbência da falácia naturalista é que a bondade não é nem uma propriedade natural nem metafísica. Propriedades "metafísicas" são aquelas que abrangem referência a alguma suposta entidade metafísica, tal como Deus. Podemos pôr isto de lado, dado que a tese interessante, e polêmica, é que a bondade não é uma propriedade "natural". Moore, penso, tem três visões diferentes do que uma propriedade deve ser para ser natural. Já assinalei que em *Principia Ethica* ele associa seu antinaturalismo com uma posição platônica de acordo com a qual verdades fundamentais relativas à bondade, como as verdades aritméticas, não dizem respeito a coisas cuja existência é espácio-temporal; e isto pareceria implicar que propriedade natural é aquela tal que todas as verdades que a envolvem dizem mesmo respeito ao mundo espácio-temporal. Mas também aqui ele chega ao assunto de outra maneira. Ao tentar elucidar a maneira como a bondade, ao contrário da cor amarela, não é uma propriedade natural, um problema que ele enfrenta é que ele também sustenta que abstração universal, a propriedade de ser amarelo, é simplesmente não-empírica ou não-natural, como a bondade; assim sendo, nada de diferenciador pode ser afirmado sobre a bondade, a este respeito. Igualmente, assim como alguns objetos naturais são amarelos, assim alguns são bons; assim, não constitui marca de bondade que ele, o amarelo, falte em instâncias naturais. De que maneira, então, a bondade é distinta? Moore afirma que enquanto as propriedades naturais de um objeto são *partes* independentes dele, as quais "dão ao objeto toda a substância que ele tem" (*Principia Ethica*, § 26, cf. § 73), sua bondade não é desta maneira uma parte independente dele, e é este fato relativo à bondade que, em *Principia Ethica*, ele toma como sendo constitutivo do fato de não ser uma propriedade natural. Esta é uma posição peculiar que leva a outros aspectos parciais ou totais de metafísica de Moore no momento (que ele abandonou sem problemas logo depois); admite, porém, reinterpretação, como a visão de que é distinta da bondade, que é uma propriedade essencialmente derivada, que depende de outras propriedades do bom estado de coisas, e como tal (logo veremos) vem a ocupar um lugar proeminente nas posteriores reflexões éticas de Moore. Mas nessas últimas reflexões Moore não considera essa característica como definidora de que a bondade não é uma propriedade natural; em vez disso, no "Prefácio à Segunda Edição", depois de reconhecer que não dá conta satisfatoriamente do que deve ter uma propriedade para ser natural em *Principia Ethica*, ele diz que a melhor posição que agora pode oferecer é que uma propriedade é natural onde ela for uma "propriedade com a qual é assunto das ciências naturais ou da psicologia lidar".

Como reconhece Moore, essa terceira afirmação não é plenamente satisfatória, pois precisa ser complementada por uma afirmação sobre o que é que torna uma ciência "natural" e por uma demonstração de que não é exatamente o assunto adequado da psicologia lidar com a bondade – o que não é, provavelmente, uma tarefa fácil. Mas existe uma simples modificação que evita essas dificuldades, ao mesmo tempo em que se permanece fiel ao espírito da sugestão de Moore, qual seja, que para uma propriedade ser natural ela deve ser *causal* – isto é, ser tal que sua presença, em condições adequadas, produza certos efeitos. Muitos filósofos contemporâneos argumentaram que todas as propriedades genuínas são, desta maneira, causais[22]; mas não precisamos aqui nos preocupar com essa questão, pois, com esta visão do que deve ter uma propriedade para ser natural, evitamos a necessidade de especificar quais ciências são naturais, e argumentar que a própria psicologia não se preocupa com o que seja bondade, ou valor intrínseco. Em lugar disso, a tese antinaturalista de Moore referente à bondade é agora interpretada como

---

22. Cf, S. Shoemaker, "Causality and Properties" in *Identity, Cause, and Mind* (Cambridge, Cambridge University Press, 1984).

a tese de que a bondade, ou valor intrínseco, não é uma propriedade causal, e isto, ainda que não trivial, realmente parece correto. Porque, a despeito do título do "Trípode de Ciências Morais" de Cambridge que Moore estudou[23], não temos ciência que se preocupe com os papéis causais de valor intrínseco. É no máximo na teologia que somos propensos a encontrar afirmações tais como que o bem tem o poder de triunfar, ao final, sobre o mal; mas mesmo isto dificilmente é uma asserção causal, e, de qualquer forma, tem de superar dúvidas céticas induzidas pelo tradicional problema do mal.

Parece-me portanto que, com base nesta interpretação, a tese antinaturalista de Moore relativa à bondade é correta. Mas como é que isso se relaciona com outras interpretações na tese antinaturalista? Consideremos primeiro a interpretação platonista: se a bondade é uma abstração da propriedade platônica, deve-lhe então faltar o poder de produzir mudanças no mundo espácio-temporal; assim, a interpretação platônica implica na interpretação acausal. Mas o inverso não se mantém. Por exemplo, a tese de que o valor intrínseco não é uma propriedade causal pode ser combinada com a opinião (à qual aludi ao discutir a tese de que a bondade não é analisável) de que os julgamentos de valor intrínseco fazem referência às preocupações e aos interesses de agentes humanos perguntando-se como devem agir. Mas essa última opinião sobre o valor intrínseco implica que perguntas sobre o valor intrínseco de estados de coisas não são totalmente abstraídas de todas as trivialidades na maneira como a tese platonista exige.

Essa conclusão implica que dois dos componentes do antinaturalismo de Moore não são equivalentes. As questões tornam-se até mais complicadas quando se introduz a terceira interpretação, a qual emerge da tese de Moore em *Principia Ethica*, de que, ao contrário das propriedades naturais de uma coisa, seu valor intrínseco não é uma "parte" dele independente, substancial. Quando isso é riscado da linguagem total/parcial da metafísica, não parece lá tão diferente da posição apresentada no "Prefácio à Segunda Edição" e "A concepção de valor intrínseco", no sentido de que o valor intrínseco de um estado de coisas não pertence à natureza intrínseca do estado, ainda que dependa de sua natureza intrínseca; por conseguinte, me concentrarei nesta formulação. O termo-

---

23. O termo "ciências morais" na verdade vem de J. S. Mill em seu *System of Logic* (Livro VI) e significa simplesmente "ciências humanas".

chave aqui é "intrínseco"; as explanações de Moore sobre o seu uso não são transparentes (especialmente no "Prefácio à Segunda Edição"), mas parece razoavelmente claro (mormente em função dos termos com os quais ele o contrasta – "externo" e "contingente") que as considerações de modo são preeminentes; "intrínseco" implica "essencial". "Intrínseco" com freqüência também implica "não-relacional", e podemos, penso, assumir que a concepção de Moore da "natureza intrínseca" de algo têm suas implicações assim como a essencialista. Pode-se pôr em dúvida se realmente os estados de coisas têm "naturezas intrínsecas" neste sentido; mas penso que podemos nos aproximar o suficiente da posição de Moore pensando nos poderes causais inerentes a um estado de coisas como constituindo sua "natureza intrínseca", dado que são não-relacionais e essenciais, se é que algo é. Com essa visão da natureza intrínseca de um estado de coisas, podemos agora interpretar a tese de Moore de que o valor intrínseco de um estado não pertence à sua natureza intrínseca como a tese de que o valor intrínseco não é uma propriedade causal – tese com que já nos deparamos e já vimos que temos boa razão para aceitar.

Que dizer, no entanto, sobre o que há de intrínseco no valor intrínseco? E a tese de Moore, de que isso depende tão-somente da natureza intrínseca daquilo que tem valor? Se assumirmos que a dependência de valor intrínseco emerge de conexões necessárias entre aspectos da natureza intrínseca do estado e de seu valor intrínseco (como Moore proclama em "The Conception of Intrinsic Value"), segue-se então que o valor intrínseco de um estado em si mesmo deve ser tão essencial e não-relacional quanto sua natureza intrínseca. Essa conclusão, penso, nos conduz de novo ao filão do antinaturalismo de Moore que estive ansioso por separar da negação de que o valor intrínseco é uma propriedade causal, a essência da concepção platônica de valor. Porque essas supostamente necessárias conexões, e a necessidade implícita de valor intrínseco propriamente dito, são incoerentes com a tese de que o valor intrínseco de um estado de coisas depende das preocupações e interesses de agentes a deliberarem como agir, pelo menos se a identidade dessas preocupações e interesses for tida como contingente. Na verdade, o próprio Moore usa esse ponto precisamente para argumentar contra todas as concepções "subjetivas" de valor intrínseco ("A concepção de valor intrínseco"). Assim, a despeito de vir a sugerir mais abaixo que há uma opção ulterior aqui, não é fora de propósito supor que, com vistas a dar sentido a essas necessárias conexões, tem-se de invocar a concepção abstrata de valor e, por conseguinte, concluir que, ao final, as três correntes, os três segmentos do antinaturalismo de Moore realmente se encaixam – o anticausalismo, o platonismo e o essencialismo.

Ainda que essa conclusão dê substância à coerência da crítica de Moore do naturalismo ético, a maneira pela qual é atingida levanta uma questão que Moore nunca confronta adequadamente – quer dizer, se ele tem de dar sua interpretação essencialista à "intrinsicalidade" do valor intrínseco (ou, de modo equivalente, se ele está certo ao supor que a dependência do valor em relação à natureza é uma questão de necessárias conexões). Porque há uma maneira de se cogitar sobre o valor intrínseco que não exige, diante dele, tais pressupostos. Prontamente distinguimos entre coisas que são desejadas *pelo que são em si mesmas* e coisas desejadas somente pelas suas conseqüências, sem introduzir quaisquer pensamentos essencialistas na primeira categoria. De forma semelhante, portanto, podemos distinguir entre estados valiosos pelo que são em si mesmos, e estados valiosos por suas conseqüências, sem pressupostos essencialistas. Porque, assim como as coisas que são desejadas por seu próprio valor são coisas que se crê serem compatíveis com o conteúdo dos desejos correntes de alguém, podemos aceitar que estados intrinsecamente valiosos são estados que têm características que se adequam aos interesses daqueles que têm a capacidade de valorizá-los.

Dada esta concepção de valor intrínseco, continua sendo verdade que o valor intrínseco de uma condição depende de suas outras ("naturais") características; sustenta-se agora, porém, que essa dependência "resulta, talvez, das preocupações e interesses daqueles com capacidade de a valorizarem. Confessadamente, dada alguma especificação determinada destas, será não-contingente que condições são intrinsecamente valiosas e quais não são; mas não é isso que Moore tinha em mente. Mesmo assim, pode-se atingir a tese essencialista de Moore deste ponto de partida supondo-se que verdades concernentes aos interesses humanos são em si mesmas verdades necessárias; e isso, então, propicia uma maneira de reconciliar duas correntes do antinaturalismo de Moore sem um compromisso com a corrente abstrata de Platão, ainda que igualmente se possa considerar que a concepção implícita de psicologia moral é na verdade fortemente platônica. O ponto importante aqui, no entanto, é que a corrente essencialista da posição antinaturalista de Moore pode ser elaborada, um tanto quanto paradoxalmente, como se apoiando numa forte tese essencialista relativa à natureza humana. Visto que Moore não aborda o assunto desta maneira, claro, ela não formula sua posição nestes termos; na verdade, ele certamente teria repudiado qualquer reelaboração deste quilate, dado que envolve a espécie de psicologia racionalista que ele próprio desaprovava na filosofia de Kant. Mas, sem tal psicologia, duvido muito da defensibilidade de seu essencialismo com relação ao valor intrínseco.

III

Nos dois últimos capítulos de *Principia Ethica* Moore afasta da metafísica de valor a tarefa de arranjar uma teoria ética substantiva, dando um balanço do que devemos fazer (capítulo V), e das principais espécies de coisas que têm valor intrínseco (capítulo VI). Os capítulos anteriores têm sido, deste ângulo, preliminares essenciais para essa tarefa; eis que ele assume que só aqueles com uma compreensão dos conceitos fundamentais de ética podem estar em posição de propiciar uma teoria ética adequadamente "científica" (§ 5 *Principia Ethica*) – que seu título newtoniano sugere que ele a tal aspira. No entanto, a ordem dos capítulos V e VI é em si mesma estranha, pois alguém poderia pensar que para saber como precisamos agir primeiro necessitamos conhecer quais espécies de coisas têm valor intrínseco. Como veremos, contudo, ainda que em princípio Moore possa reconhecer este ponto, ele pensa que na prática não precisamos nem necessitamos, nem poderíamos fazer uso mais sério dele, este último conhecimento determinando o que temos de fazer.

O que Moore nos diz sobre a obrigação é fundamentalmente utilitário (ou "conseqüencialista"): em qualquer situação, a ação que produzirá a melhor condição do Universo é aquela que *temos* de executar (ou é *a ação certa*, ou é nosso dever – Moore não faz distinção entre estes conceitos). Em *The Elements Ethics* adiantou este princípio como um princípio necessário mas sintético, destarte reconhecendo dois conceitos éticos fundamentais – valor intrínseco e obrigação[24]. No entanto, em *Principia Ethica*, Moore usa o princípio utilitarista para definir a obrigação em termos de valor intrínseco (§ 89). Em sua resenha sobre *Principia Ethica* Russel argumentou que isto era um engano, dado que alguém poderia prontamente empregar o próprio argumento de Moore da não-

---

24. *Elements of Ethics*, p. 118.

analisabilidade do valor intrínseco contra sua proposta análise de obrigação, e Moore imediatamente aceitou o fato[25]. Assim, em escritos subseqüentes, ele reverte a sua posição anterior[26].

O argumento direto de Moore em prol de seu princípio utilitarista é que é evidente por si mesmo que *"se conhecêssemos que o efeito de uma dada ação realmente seria tornar o mundo, como um todo, pior do que seria se houvéssemos agido diferentemente, certamente seria errado fazermos tal ação"*[27]. Os críticos de Moore a isto responderam de variadas maneiras[28]. A mais convincente objeção, penso eu, argumenta que a combinação do princípio utilitarista com a concepção de Moore de valor intrínseco implica que a avaliação moral da conduta de um agente deve ser conduzida a partir de um ponto de vista inteiramente neutro, que não leva em conta as responsabilidades ou os privilégios característicos do agente; enquanto que, do ponto de vista diametralmente oposto, questões de *dever e obrigação, certo e errado* (entre as quais significativas distinções podem ser feitas) são determinadas basicamente pelas responsabilidades particulares de agentes, as quais comumente derivam de relacionamentos específicos com outros (por exemplo, parentesco, cidadania, confiabilidade)[29]. Mas essa questão é ainda encarniçadamente discutida, e não tentarei prosseguir aqui o debate[30].

As razões de Moore para pensar que ele nos pode contar em linhas gerais o que devemos fazer, antecipando-se à especificação de quais espécies de coisas são intrinsecamente valiosas, começa de uma tese cética. Admite que saber adequadamente o que alguém deve fazer exige detalhado conhecimento das conseqüências de todas as ações disponíveis para determinada pessoa; considerando que ele também admite que carecemos desse conhecimento, segue-se que "jamais temos razão alguma para supormos que uma ação é nosso dever" (§ 91). Tudo a que podemos aspirar, portanto, é uma compreensão de segunda qualidade

---

25. Cf., de Moore, "A Reply to my Critics" in *The Philosophy of G. E.* Moore, p. 558.
26. CF. *Ethics* (2ª ed., Londres, Oxford University Press, 1966), pp. 28-9.
27. *Ethics*, pp. 93-4.
28. Sir W. D. Ross foi um notável crítico deste aspecto da teoria de Moore, se bem que tivesse grande simpatia pela metafísica geral do valor de Moore. Cf. *The Right and the Good* (Oxford, Clarendon, 1930).
29. Cf. T. Nagel, *The View from Nowhere* (Oxford, Clarendon, 1986), caps. IX, X.
30. Discuto o debate de maneira mais ampla em Baldwin, *Moore: Selected Writings*, cap. 4. Para um bom exemplo de contribuições recentes, cf. J. Glover (org.), *Utilitarianism and its Critics* (Londres, Collier Macmillan, 1990).

de quais ações "são geralmente melhores como meios do que qualquer alternativa provável" (§ 95). E Moore pensa que podemos identificar a maioria de tais ações sem conhecimento detalhado de valor intrínseco. Isto porque – argumenta – no que diz respeito à maioria das regras de moral convencional, "Segundo uma opinião geralmente admitida, parece certo que a preservação da sociedade civilizada, à qual essas regras são necessárias para que vigore, é necessária para a existência, seja lá em qual extensão for, de qualquer coisa que se possa sustentar ser boa em si mesma" (§ 95). Assim, Moore se desloca de um ceticismo moral arrebatador, para um conservantismo moral um tanto quanto não questionador; a linha de pensamento é paradoxal, ainda que não não-familiar na tradição cética.

Como enfatizou Tom Regan, há uma exceção para esse conservantismo[31]. Onde se manifesta uma questão prática que não se enquadre numa regra convencional, cuja utilidade geral possa ser defendida, Moore realmente favorece a consideração individual do valor das conseqüências de possíveis cursos de ação. Uma vez combinado este ponto com a especificação de Moore das espécies de coisas que têm valor intrínseco, há potencial para opções morais radicalmente incomuns. Mas onde quer que haja uma regra geral adequadamente defensível, Moore é tão rigoroso como qualquer moralista tradicional: "Parece, então, que com relação a qualquer regra que seja geralmente útil, podemos asseverar que deve ela sempre ser observada" (§ 99). Mas, ainda assim, como Russel observou, este princípio dá origem a um conflito dentro da teoria de Moore: por um lado, podemos estar bem certos de que haverá casos nos quais a observância de semelhante regra não produz o melhor resultado possível, e a visão utilitária da obrigação de Moore implica que em tais casos não temos de observar a regra: por outro lado, Moore também nos conta que, como jamais podemos saber de antemão quais são estes casos, temos de seguir a regra mesmo nestes casos. O conflito surge do fato de que em *Principia Ethica* Moore endossa tanto uma visão "objetiva" da obrigação, segundo a qual nossas obrigações são determinadas pelos fatos objetivos de nossa situação, e uma visão "subjetiva", de acordo com a qual nossas obrigações são determinadas por nossas crenças sobre

---

31. T. Regan, *Bloomsbury's Prophet* (Filadélfia, Temple University Press, 1986). Infelizmente, Regan deixa de perceber que esta categoria e só uma exceção à linha geral de argumentos de Moore, daí por que representa impropriamente Moore como oferecendo uma "defesa radical da liberdade do indivíduo".

nossa situação: toda vez que essas crenças são equivocadas, as duas visões se separarão. Uma vez este conflito tendo sido trazido para sua atenção, Moore optou, em seu livro de 1912, *Ethics*, pela visão objetiva, e considerou a visão subjetiva como uma visão sobre se a conduta de um agente era digna de louvor ou de censura[32]. Se bem que seja fácil ver por que Moore queria reter o conceito objetivo de obrigação, já que ele permite uma avaliação crítica de julgamentos referentes a obrigações muito mais rapidamente do que a visão subjetiva, a conclusão cética, dados os pressupostos de Moore, de que na maior parte do tempo não sabemos o que temos de fazer, é agora inevitável; e seu impacto não é lá muita coisa mitigado admitindo-se que, não obstante, podemos dizer, de um modo geral, quais ações serão dignas de louvor ou de censura. Penso que Moore teria feito melhor em preservar os julgamentos "deve" como a forma pela qual se apresentam as conclusões práticas para um sujeito, enquanto mantinha algum outro conceito (por exemplo, *certo e errado*) para a avaliação objetiva de ações.

Tendo resolvido, pelo menos para sua própria satisfação, essa disputa objetivo/subjetivo referente à obrigação, Moore foi em frente em sua *Ethics* para discutir uma objeção "extremamente séria e fundamental" à sua teoria: a questão da liberdade de vontade. Este capítulo veio a se tornar uma discussão clássica do assunto e é aqui reproduzido. Este é um tópico que, na verdade, Moore havia discutido em sua primeira dissertação de bolsa de estudos de 1897[33]. Parte desse material reaparece em *The Elements of Ethics*, incluindo uma conferência sobre o livre-arbítrio na qual ele argumenta tanto que o determinismo está certo como que é incompatível com o Livre-arbítrio. Não há, porém, indícios deste material em *Principia Ethica*, provavelmente porque Moore veio a rejeitar o argumento kantiano em favor do determinismo que ele havia anteriormente utilizado.

Na *Ethics* Moore aborda o assunto de uma maneira singular, apresentando o determinismo como uma séria ameaça à sua teoria utilitária. De fato, normalmente os utilitarianos sustentavam que a posição deles não tem compromissos nessa área, uma vez que, se apenas uma ação é possível para um agente, então, *ipso facto*, isto é o melhor possível e, por conseguinte, é aquela a ação que o agente deve levar a termo. A

---

32. *Ethics*, p. 100.
33. O texto de Moore de 1898 "Freedom", em Ethics, contém a maior parte dessa discussão inicial.

ansiedade de Moore brota do fato de que ele define sua posição utilitária com respeito à classe de ações que é possível um agente desempenhar se ele assim o escolher; e depois Moore interpreta uma crítica determinista como a que sustenta, primeiro, que nem todas as ações que o agente pode realizar se ele assim escolheu são ações que o agente poderia desempenhar fosse como fosse (realmente, o determinista sustentaria que só a ação efetivamente levada a cabo preenche essa condição), e, em segundo lugar, que a teoria utilitária deveria ser aplicada não à mais ampla classe de possíveis ações de Moore, mas para a mais restrita classe daquelas que são totalmente possíveis. É bastante claro que há agora um conflito entre a posição determinista e a posição utilitária de Moore; menos claro é que a posição utilitária precisava assumir o compromisso que Moore introduziu sub-repticiamente nela. Entretanto, certamente há áreas de preocupação moral em que são inevitáveis as ansiedades sobre o determinismo, de modo mais notório no que diz respeito à justiça do louvor e da censura, que, no geral, se assume como dependendo de ser possível para o agente que tenha agido de modo diverso; e a discussão de Moore pode ser prontamente redirecionada para se voltar para esta preocupação, à qual ele também alude, rapidamente.

O cerne do capítulo de Moore volta-se para o estabelecimento de que o sentido em que nos preocupamos sobre se um agente poderia ter agido de modo diverso é apreendido, por uma análise condicional sua, como a proposição que *ele teria agido de modo diverso, houvesse ele escolhido,* a qual é coerente com a verdade da tese dos deterministas de que, num certo sentido *absoluto*, o agente não poderia ter procedido de outra maneira. Se isto está certo, então, quer cheguemos à questão por referência a questão da justiça do louvor ou da censura, ou mediante referência à pergunta de Moore sobre qual concepção de possibilidade é relevante para determinar nossas obrigações, Moore terá estabelecido a tese compatibilizadora de que a verdade do determinismo não é uma séria ameaça à nossa teoria moral.

O próprio Moore reconhece que podem surgir dúvidas sobre a suficiência de sua análise condicional – em particular, sobre se ela não exige a condição posterior de que o agente poderia ter optado diferentemente[34]. Pois, se esta exigência for permitida, então parece ficar aberto

---

34. Consta desta edição. Esse tipo de objeção foi eficientemente estimulado por R. Chrisholm; cf. "Human Freedom and the Self" *in Free Will*, G. Watson (org.) (Oxford, Oxford University Press, 1982).

o caminho para o determinista objetar que o agente poderia ter escolhido de maneira diversa. Moore sugere que esta objeção pode ser encarada reintroduzindo-se sua análise condicional – talvez tudo que se queira exprimir ao se dizer que o agente poderia ter escolhido de modo diferente é que o agente assim deveria ter escolhido, se ele tivesse escolhido fazer a escolha. Mas isto parece artificial e é, seja lá como for, vulnerável à mesma espécie de objeção (ele poderia ter optado por assim escolher?). Assim, se esta linha de pensamento for seguida, é preferível adotar a sugestão de Frankfurt de que, em lugar da condição ulterior de que o agente poderia ter escolhido de modo diferente, poder-se-ia exigir que a escolha do agente fosse livre no sentido de que era uma escolha que ele queria fazer[35].

O capítulo de Moore provocou uma famosa resposta de J. L. Austin, na qual este argumentava que Moore tinha compreendido mal as complexidades que aguardam a atribuição de capacidades tais como a capacidade de proceder de modo diverso[36]. Austin provavelmente estava certo sobre o tópico das capacidades em geral, mas não está claro se sua tese prejudica seriamente a posição de Moore[37]. Um desafio mais recente à posição de Moore vem daqueles que argumentam que a pressuposição de que importa vitalmente (quer seja para uma teoria utilitária ou para a justiça do louvor e censura), se o agente poderia ter ou não agido de outra forma, é um equívoco[38]. Porque, sem essa pressuposição, não mais fica claro que significado geral a discussão de Moore tem. Minha própria opinião é mesmo que os críticos de Moore estejam certos ao argumentarem que a tese familiar de que o agente poderia ter procedido de entra forma deveria ser substituída (pelo menos dentro da teoria da responsabilidade) pela condição causal de que a ação do agente foi produto de sua própria livre escolha, não se segue que a discussão de Moore esteja completamente fora do alvo. Porque ela pode ser reinterpretada como propiciando uma justificação, dentro do contexto de uma teoria causal de responsabilidade, por uma concepção de possibilidade prática que parece essencial para nossas deliberações práticas[39].

---

35. Cf. H. Frankfurt, "Freedom of the Will and the concept of a Person", *in Free Will*, G. Watson (org.).
36. Cf. "Ifs and Cans", republicado nos Philosophical Papers de Austin (Oxford, Clarendon, 3ª ed., 1979).
37. Cf. D. Pears, "lfs and Cans", em suas *Questions in the Philosophy of Mind* (Londres, Duckworth, 1975).
38. A afirmação clássica deste argumento é de H. Frankfurt em "Alternate Possibilities and Moral Responsibility", *Journal of Philosophy* 66 (1969), pp. 829-39.
39. Cf, Baldwin, pp. 142 ss.

IV

Em sua autobiografia Moore diz que "o plano todo do último capítulo de *Principia* formou-se inicialmente numa conversa com um amigo"[40]. Como fica implícito por esta observação, este capítulo é diferente da conferência final comparável de *The Elements of Ethics*, na qual muito pouco Moore diz sobre a constituição de "O Ideal", isto é, as espécies de coisas com valor intrínseco[41]. Em vez disso, o território de experiências para muitas das idéias apresentadas nesse capítulo foi propiciado pelas discussões no clube fechado de discussões de Cambridge, o "Os Apóstolos", que Moore dominava, naquela época. Os textos escritos por Moore para essas discussões foram preservados, e deles, e de outros ensaios que lhes são contemporâneos, também de Moore,[42] pode-se vê-lo a desenvolver os temas que parecem juntos nas partes finais de *Principia Ethica* – a crítica dos valores cristãos e da ética aristotélica da virtude (§§ 103-8) e a celebração dos valores da arte e do amor (§§ 113-23).

A discussão de Moore tem renome devido à sua tese de que "De longe as coisas mais valiosas que podemos conhecer ou imaginar, são certos estados de consciência, que podem ser grosseiramente descritos como os prazeres do intercurso humano e o desfrute dos objetos belos" (§ 113). Foi esta a tese que os discípulos e amigos de Moore no Grupo de Bloomsbury mantiveram em seu coração e pela qual tentaram pautar suas vidas – negligenciando às vezes a defesa feita por Moore da moralidade convencional no capítulo anterior. Como diz Keynes, os valores de Moore se tornaram – para ele e seus amigos – uma "religião" – "o abrir-se de um novo céu na terra[43]. Mesmo na perspectiva de 1938, quando podia bem ver as limitações dessa "religião", Keynes ainda podia escrever que "O Novo Testamento é um livro para políticos, comparado com a espiritualidade do capítulo de Moore sobre 'O Ideal'. Não conheço nada que se lhe compare desde Platão. E é melhor do que Platão porque está totalmente livre de *ilusão*"[44].

---

40. *The Philosophy of G. E. Moore*, p. 25. O amigo poderia ter sido R. A. Ainsworth.
41. Se bem que ele realmente faça uma breve menção ao valor do amor e da beleza – *The Elements of Ethics*, p. 192.
42. Em *Moore: G. E. Moore and the Cambridge Apostles* (Londres, Weidenfeld & Nicholson, 1979), Paul Levy nos dá um vívido relato sobre essa sociedade e o papel de Moore nela.
43. J. M. Keynes "My Early Beliefs" em *Two Memoirs*, reeditado em seus *Collected Writings X* (Londres, Macmillan, 1972), p. 435; v. também C. Bell, *Civilisation* (Londres, Chatto & Windus, 1928), esp. cap. IV; P. Levy, *Moore and the Cambrigde Apostles*.
44. Keynes, "My Early Beliefs", p. 444.

De fato, os valores de Moore não eram de modo algum novidade completa: a tese de que a arte é intrinsecamente valiosa é fundamental para todo o movimento romântico, e McTaggart durante algum tempo argumentos em favor do supremo valor do amor, um valor que é, de qualquer modo, de destaque nos escritos de Platão e do Cristianismo. O que era novo era a inserção feita por Moore desses ideais na arquitetura de um utilitarismo ético que normalmente se teria admitido lhes ser oposto (ainda que a qualificação qualitativa de J. S. Mill dos prazeres possa ser interpretada como uma tentativa na mesma direção[45].) Isto porque neste contexto Moore não precisava rodear sua defesa destes valores com a metafísica idealista que usualmente os acompanhava[46], e que parecia sobrecarregá-los com compromissos indesejáveis (é isto, concluo eu, o que Keynes tinha em mente quando elogia Moore, na passagem acima citada, por ser "totalmente livre de *ilusão*"). O resultado foi que todos aqueles que se sentiam desencantados com as tediosas e duvidosas preocupações de poder e política imperial encontraram em Moore um advogado para a forma de vida cuja busca era tanto desligada dessas preocupações como, assim mesmo, totalmente justificável, dado que, nos termos de Moore, seus ideais "foram em última instância o objetivo da ação humana e o único critério de progresso social" (§ 113). Antes da Primeira Guerra Mundial esse evangelho apelava primariamente para os artistas e intelectuais de Bloomsbury; mas no período pós-guerra, quando para muitos parecia que a política era inelutavelmente corruptora, a mensagem de Moore – especialmente da forma como ampliaram escritores tais como E. M. Forster – tinha um apelo muito mais amplo.

Se bem que os ideais de Moore não sejam inteiramente novos, o fato de ele os apresentar como "estados de consciência" merece alguma atenção. Porque há um significativo contraste com o tratamento do valor da arte dentro do movimento romântico: enquanto os românticos ressaltaram o valor da atividade artística criadora, Moore concentra-se na apreciação passiva de obras de arte, em "prazeres estéticos". Aqui a posição de Moore liga-se à tese mais ampla de que as únicas coisas com valor intrínseco são estados de consciência prazerosos. Em *Principia Ethica*, como veremos, Moore não aceita esta tese mais ampla; mesmo assim, sob sua influência o Grupo de Bloomsbury adotou-a e ele pró-

---

45. J. S. Mill, *Utilitarianism*, M. Warnock (org.) (Londres, Fontana, 1962), cap. 2.

46. Cf., por exemplo, a referência de Bradley ao valor da arte em *Ethical Studies* (2ª ed., Oxford, Clarendon, 1927), pp. 222-3.

prio explicitamente a endossou em *Ethics* (p. 129 da ed. inglesa). O que poderia ter levado Moore e seus amigos a adotarem esta posição? Uma frase que Moore usa apenas uma vez em *Principia Ethica*, quando está apresentando seus bens ideais na seção 113, é, penso, sugestiva: ele as denomina "coisas que têm valor *simplesmente por elas mesmas*"[47]. Isso porque essa frase implica que, ao considerar quais coisas têm valor implícito, devemos ter em mente o fato de que sua avaliação se dá da perspectiva de um sujeito consciente, cujos estados (ao contrário dos estados do mundo externo) são coisas que o sujeito "tem"; e se introjetarmos essa pressuposição referente ao valor *intrínseco*, então poderá aparecer como óbvio que são apenas os estados prazerosos de consciência que podem ter valor *intrínseco* positivo – outros estados de coisas terão valor somente como meio de desfrute de tais estados. Ademais, uma vez tendo sido rejeitado o hedonismo puro, pela boa razão de que o valor de um prazer depende do valor daquilo que naquele prazer se considera (§ 112[48]), é muito tentador pensar que os elevados prazeres da amizade e da apreciação estética têm uma condição especial.

Esta é, pois, minha reconstrução da rota de Moore em direção a seu ideal. Mas duas qualificações, de diferentes espécies, precisam ser imediatamente chamadas à cena. Primeiro, em *Principia Ethica* Moore argumenta explicitamente contra a opinião de que são apenas os estados de consciência que têm valor intrínseco (§ 50). O argumento de Moore é corporificado em seu famoso experimento-pensamento de que se compararmos a existência pura e simples "totalmente afastada de qualquer possível contemplação por seres humanos" de um mundo lindo ("imagine-o tão lindo quanto você possa") com a do "mais feio mundo que se possa concebivelmente imaginar" ("imagine-o simplesmente um monte de sujeira"), sentimo-nos propensos a concluir que é intrinsecamente melhor que o lindo mundo exista do que o feio – ainda que Moore agregue somente um "grande valor tão pequeno a ponto de ser desprezível" à existência do mundo lindo (§ 113). Não se oferece argumento em prol desta conclusão, além da apresentação do pensamento-experiência pro-

---

47. Posteriormente Moore usou esta frase para elucidar a bondade intrínseca – cf. "Is Goodness a Quality", reeditado nos *Philosophical Papers de Moore* (Londres, George Allen & Unwin, 1959), pp. 94-5.
48. Esta maneira de colocar de modo drástico a questão simplifica o pensamento de Moore, mas sem seria injustiça para com ele.

priamente dito; assim sendo, não fica claro o que induziu Moore a mudar depois de opinião sobre este assunto, exceto talvez o fato de ele reconhecer que a simples existência de uma linda palavra não é alguma coisa que possivelmente poderia ser "digna de se possuir *simplesmente pelo que ela é em si mesma*".

A segunda observação a ser feita sobre o debate em torno da tese posterior de Moore, de que são só certos estados prazerosos de consciência que possuem valor intrínseco positivo (um debate, devo ressaltar, não levado adiante pelo próprio Moore), é que na verdade não é mais persuasivo do que pensamento-experimento anterior de Moore para a conclusão contrária. Porque naquele debate a conclusão foi tirada da hipótese de que questões de valor intrínseco devem ser consideradas da perspectiva de um sujeito consciente; e é correto, penso, objetar que a conclusão em questão não se segue dessa hipótese. O que realmente dela se segue é que aquelas características da vida humana cuja obtenção satisfaz os interesses constitutivos de um sujeito consciente são intrinsecamente valiosos para tal sujeito, mas eles não precisam ser simplesmente estados de consciência. Na verdade, em qualquer concepção razoável de vida humana, é mais provável que eles incluam a própria atividade artística e relacionamentos amistosos com outros do que as passivas "apreciações estéticas e afeições pessoais" de Moore, que ameaçam idealizar uma forma solipsista de vida[49]. Ademais, desta perspectiva não há razão para excluir outros supostos valores intrínsecos, tais como a realização da individualidade que J. S. Mill tão elevadamente valorizou, e valores com uma dimensão política essencial, tais como cidadania numa democrática nação-Estado. Os ideais de Moore de Arte e Amor não têm muito que os recomende, ainda que não só como estados de consciência; mas não há razão para considerá-los por si sós como "a finalidade racional, em última instância, da ação humana".

---

49. Como uma exploração deste tema, pode-se ler o romance de Virginia Woolf *Waves*.

V

Tentei selecionar nesta introdução alguns dos temas de *Principia Ethica* que continuam sendo de interesse permanente, referentes tanto à metafísica geral do valor como a questões essenciais sobre obrigação moral e ideais pessoais. É óbvio que muitos outros temas há no livro que merecem detida atenção e reflexão crítica, tais como seu tratamento da "ética metafísica", seu "princípio de unidades orgânicas" e sua concepção de intuição ética. Minha seleção representa aqueles temas que encaro como a mais importante contribuição de Moore à teoria ética – outras pessoas adotariam sem dúvida outros pontos de vista. Deve ficar claro de minha exposição que em nenhum destes temas que identifiquei subscrevo integralmente a posição de Moore. Tal fato, no entanto, não deve ser confundido, isto porque expressar uma atitude crítica em relação ao trabalho de outro filósofo não é manifestar o julgamento de que seu trabalho não é importante. Pelo contrário, é precisamente pela análise em detalhe do que parece certo e do que parece errado nos escritos de outro filósofo que se mostra que se leva a sério sua obra. Passamos em silêncio por sobre aquilo que julgamos desimportante. Porque é da essência da filosofia que o progresso no assunto venha dialeticamente – então, pensando através das posições de outros, somos capazes de desenvolver linhas de argumentação que nos possibilitam ultrapassar as posições deles. Esta tese um tanto hegeliana pode parecer em pendência com a filosofia de Moore; mas, na verdade, sua própria prática o manifesta repetidas vezes. Em seus escritos iniciais, o filósofo que ele mais encarniçadamente critica e que, mesmo assim, mais a sério leva, é Kant; Moore desenvolve sua própria teoria ética (e sua metafísica ideal) precisamente decidindo-se sobre onde Kant estava enganado. Nos textos posteriores de Moore, Russel ocupa uma posição similar; de um lado, Moore diz em sua autobiografia: "fui mais influenciado por ele do que por qualquer outro filósofo isolado"[50]; mas ele igualmente reconhece: "minhas conferências sobre o que ele escreveu têm sido sempre, em parte, críticas"[51].

Os principais contribuintes da filosofia são, destarte, não apenas aqueles cujos pontos de vista repetimos (se é que verdadeiramente o fazemos). São apenas mais como aqueles que pela primeira vez articu-

---

50. *The Philosophy of G. E. Moore*, p. 16.
51. *Idem, ibidem.*

lam posições e argumentos que anteriormente, na melhor das hipóteses, estavam apenas semi-expressos e os quais, uma vez plenamente manifestados, podem ser encarados como tendo mais em seu favor (mesmo quando não estamos de acordo com eles). Escritos dessa espécie desafiam-nos a identificar as razões de nosso desacordo, a acharmos nossos próprios argumentos para nossa própria posição. O valor duradouro de *Principia Ethica* é o de ser uma obra desta espécie. Moore aqui nos dá uma formulação clássica de uma ampla gama de posições correlatas, abrangendo a condição da teoria ética, a irredutibilidade dos conceitos éticos, as objeções às teorias naturalistas de valor, a natureza da obrigação moral e os critérios para decisão na incerteza, o papel dos ideais pessoais na teoria moral e assim por diante. Nenhum pensador sério poderia concordar in totum com a posição de Moore; mas não é este o problema – o "Prefácio à Segunda Edição" mostra o quanto Moore era crítico em relação a si mesmo, em relação a muitos aspectos de suas posições iniciais. A realização de Moore é antes o fato de ter dado o ponto de partida definitivo para a teoria ética do século XX.

NOTA DO EDITOR

O prefácio a seguir, até então não publicado, é aqui reproduzido com a gentil permissão do Bibliotecário da Universidade e de Timothy Moore. Assim como com a maioria dos originais de Moore, há muita coisa apagada (cancelada) e inserções, que segui, ao preparar este texto, apenas com uma exceção, que é explicada numa nota ao texto. No envelope que continha o manuscrito, havia umas poucas outras páginas que parecem pertencer a rascunhos iniciais do texto. Elas não são reproduzidas aqui, pois parece provável que Moore as tenha rejeitado, e não acrescentam nada de significativo ao texto principal. Entre os textos de Moore existem também dois outros originais que parecem ser tentativas de produzir um prefácio, se bem que ambos sejam incompletos e nem sequer tenham um título. Num deles Moore submete suas discussões de definições nas seções 6-9 de *Principia Ethica* (incluindo a conhecida discussão sobre a definição de "cavalo") a uma completa análise crítica, na qual ele se condena por incoerências, confusões e "erros monstruosos". O outro manuscrito está mais diretamente preocupado com a teoria ética. Moore discute aqui a espécie de bondade com a qual estava basicamente preocupado em *Principia Ethica*, e os temas principais desta discussão em grande parte se assemelham aos do texto aqui reproduzido. Os principais pontos de diferença são: (1) ele aqui define explicitamente G (a espécie de bondade em questão) em termos de seu relacionamento com o certo e o errado; (2) ele assevera que G é uma propriedade intrínseca de estados de coisas que a possuem, mesmo que, diz ele, não seja a única espécie de bondade que seja, por conseguinte, intrínseca; (3) ele argumenta, com certo grau de detalhamento, que sua tese de que G é intrínseca e incompatível com a opinião de que G é, em diversos sentidos, "subjetiva".

Prefácio

George Edward Moore nasceu em Londres a 4 de novembro de 1873 e já em 1892 ingressou no Trinity College da Universidade de Cambridge. Esta foi o principal centro da filosofia analítica inglesa e do neo-realismo e o estudante que ali chegara para estudar letras clássicas; a conselho do também estudante Bertrand Russell, terminou por aplicar-se à filosofia e influenciar toda uma geração de pensadores de primeira plana. Com a publicação em 1899 de *The Nature of Moral Judgement ("Mind" VIII* (1899), p. 176-193) e, em 1903 de *The Refutation of Idealism ("Mind" XII* (1903), p. 433-453) e, ainda, no mesmo ano, dos *Principia Ethica*, pela Cambridge University Press, passou a ocupar um importante espaço nas discussões de sua época, em particular, por combater as especulações dos hegelianos ingleses (v. g. J.M.E. McTaggart e F. H. Bradley). Em seu *The Refutation of Idealism*, Moore procurou dar um novo fundamento à gnoseologia e na obra que ora prefaciamos, busca um novo fundamento para a moral. Em sua autobiografia publicada em Schilpp, P. A. – *The Philosophy of G. E. Moore* (Cambridge University Press, 1968, p. 14) falando sobre qual seria seu principal estímulo para filosofar acaba por expressar a preocupação que nortearia seu trabalho: *"I do not think that the world or the sciences would ever suggested to me any philosophical problems. What has suggested philosophical problems to me is things wich other philosophers have said about the world or the sciences.*

In many problems suggested in this way i have been (and still i am) very keenly interested – the problems in question being mainly of two sorts, namely, first the problem of trying to get really clear as to what on earth a given philosopher meant by something wich he said, and, secondly, the problem of discovering if what he meant was true, or, alternatively, was false. I think i have been trying to solve problems of this sort all my life, and i certainly have not been nearly so succesful in solving them as i should have liked to be." (N. E. "Não acredito que o mundo ou as ciências jamais tenham sugerido quaisquer problemas filosóficos para mim. O que me sugeriu problemas filosóficos foram as coisas que outros filósofos disseram sobre o mundo ou as ciências.

Estive (e ainda estou) profundamente interessado em muitos problemas sugeridos deste moro, sendo estes, principalmente, de dois tipos; primeiro – o problema de tornar efetivamente claro seja lá o que for que queria dizer qualquer filósofo ao dizer o que disse e, em segundo lugar, o problema de descobrir se o que significava era verdadeiro ou, alternativamente, falso. Penso que tentei resolver problemas deste tipo durante toda minha vida e certamente não fui tão exitoso em resolvê-los como gostaria.")

Moore não deseja criar filosofia, apenas criticar a existente. Não busca problemas na realidade, nem em torno do fundamento desta. Antes de formular questões sobre a realidade faz-se necessário indagar acerca do significado das perguntas formuladas, vez que é possível não seja a realidade a gerar problemas filosóficos, mas a, assim denominada, linguagem filosófica.

F. H. Bradley preocupava-se com a natureza e o significado da realidade, Moore com a natureza e o significado das proposições. Resolvida esta primeira tarefa torna-se necessário perfazer uma segunda: buscar razões que suportem o significado pelos filósofos através de suas proposições. Apenas então tornar-se-ia possível decidir acerca da veracidade ou falsidade das teorias filosóficas. Moore pretende obter à filosofia um status de cientificidade através da fixação de um critério que permita distinguir entre as diferentes teorias, aquelas dotadas de veracidade. Não nos parece, como a muitos, que tenha esse filósofo pretendido extirpar a metafísica dos domínios da filosofia. Em apoio a esta assertiva basta consultar-se o capítulo quarto da presente obra em que afirma: *"Os metafísicos têm, portanto, o grande mérito de insistir que nosso conhecimento não se confina às coisas que podemos tocar, ver e sentir... Reconheceram e insistiram que há, ou podem haver, objetos de conhecimento que não existem no tempo ou que, pelo menos, não podemos perceber e, ao reconhecerem a possibilidade destes como objeto de investigação prestaram, deve-se admitir, um serviço à humanidade."*

Ademais, esta dualidade de objetos (aqueles captados pelos sentidos e os outros que se manifestam independentemente do tempo e da via sensível) constituirá uma preocupação constante na obra de nosso autor que buscará resolvê-la através do neo-realismo, tarefa que, segundo nos parece, não logrou completar com êxito. Insistiu, sempre, que o objeto da filosofia era clarificar conceitos e não descobri-los, era lidar com significado e não com a verdade e, ainda, que seu temário vinculava-se ao pensamento ou linguagem mais que aos fatos. Entretanto, também, jamais deixou de advertir que nenhuma análise deixa de fundar-se sobre princípios teóricos. Almeja surpreender o significado da realidade tal que se manifesta ao senso comum e na linguagem coloquial, sem mesmo preocupar-se na elaboração de uma linguagem especializada que lhe sirva de substrato para a análise. A rigor, pode-se dizer que o movimento de Moore opõe-se àquele da maioria dos filósofos: estes últimos preocuparam-se em desautorizar a linguagem corrente, de modo mais ou menos sutil, o primeiro buscou ao contrário, mostrar que este é o mais profundo e elementar dos enganos: a linguagem ordinária, de fato, ofereceria suficiente clareza e mesmo veracidade, ao passo que aquela dos filósofos, especialmente dos idealistas, requereria explicitação.

Os requisitos de clareza e razões de sustentação nos enunciados filosóficos, a distinção entre verdade e significado de uma proposição mais a defesa sistemática das verdades expostas pelo senso comum constituíram, inequivocamente, preciso e vigoroso ataque ao idealismo dominante na cultura filosófica de então, que se caracterizava pela busca de uma concepção geral do universo e do homem a partir de um contexo em que realidade e pensamento uniam-se misteriosamente. Seu ataque àquele que acredita um pressuposto básico do idealismo, a identidade entre ser real e ser percebido consiste, por certo, em mais um rude golpe àquela corrente filosófica. Em seu *The Nature of Judgement (Mind, vol. 8, 1899, p. 176 a 193)* Moore sustentará que o *conceito (o universal meaning* de Bradley) não comparticipa do conteúdo da idéia como fato mental, em suas próprias palavras: *"The concept is not a mental fact, nor any part of a mental fact. Identity of content is presupposed in any reasoning; and to explain the identity of content between two facts by supposing that content to be a part of the content of some third fact, must involve a vicious circle" (p. 179)* (N.E. – "O conceito não é um fato mental nem qualquer parte de um fato mental. Pressupõe-se identidade de conteúdo em qualquer raciocínio e explicar a identidade de conteúdo entre dois fatos supondo que o conteúdo seja parte do conteúdo de algum terceiro fato envolve necessariamente um círculo vicioso"). Os conceitos são puros conceitos e podem ser objetos possíveis do pensamento no sentido de que possam entrar em relação com um sujeito cognoscente, sem que sua natureza varie por serem pensados ou não. Assim, ao se constituir determinada proposição como, por exemplo: "Este cão é preto", não se atribui parte do conteúdo da idéia de cão ao cão, nem das idéias de cão e preto a um terceiro sujeito. Afirma-se, tão-somente, uma conexão entre o conceito total de "cão" e os conceitos de "este" e "preto". O juízo será falso se tal conjunção de conceitos não puder ser encontrada entre as existentes. (Lembremo-nos que para Moore, a existência também é um conceito.)

Moore definirá as proposições dizendo: *"Is a synthesis of concepts; and just as concepts ares themselves immutably what thei are, so they stand ininfinite relations to one another equally immutable. A proposition is constituted by any number of concepts, together with a specific relation between them.... What kind of relation makes a proposition true, what false, cannot be defined, but must be immediatly recognised". (p. 180)* NE – (É uma síntese de conceitos, e, do mesmo modo como os conceitos são o que são imutavelmente, mantêm entre si, também, relações infinitas igualmente imutáveis. Uma proposição constitui-se por um número qualquer de conceitos unidos entre si por uma relação específica..... Que tipo de relação torna uma proposição verdadeira e qual, falsa, não se pode definir, mas deve-se reconhecer imediatamente.) Este conceito de proposição será estendido inclusive àquelas que tratam de existências e chegará mesmo a dizer, na continuação do trecho citado acima: *"All that exists is thus composed of concepts necessarily related to one another in specific manners, and likewise to the concept of existence".* (NE – Tudo o que existe se compõe, portanto, de conceitos necessariamente relacionados entre si de maneiras específicas e, similarmente, com o conceito de existência.)

A partir desta concepção de proposição formará o autor de ***Principia Ethica*** a base de seu método analítico ("Quando falei de analisar algo, o que disse analisar foi sempre uma idéia ou conceito ou proposição e não uma expressão verbal.") (Schilpp, Paul A. – *The Philosophy of G.E. Moore*, p. 661). Os conceitos são os únicos objetos do conhecimento, o recurso a fatos e à matéria são inúteis vez que só podem ser tratados – pela razão – enquanto conceitos que, por sua vez, não podem ser considerados abstrações das coisas ou idéias posto ambas, se há algo de verdadeiro nelas, serem compostas por conceitos. Existir é, simplesmente, estar numa determinada conexão lógica. Quanto ao ser, Moore distingue três classes de objetos: os únicos existentes, isto é, os particulares; as verdades ou fatos (por exemplo: equações matemáticas) e os universais (subdivididos, por sua vez, em relações, propriedades relacionais e um terceiro tipo em que se incluem, os demais casos como, por exemplo, as qualidades não-naturais).

Após esta mais que sumária apresentação da concepção mooreana passamos a apreciar sua concepção ética, principalmente a partir da obra que prefaciamos.

O prefácio do autor oferece-nos uma antecipação do pensamento de Moore: o principal problema das obras relativas à Ética: a maior parte dos estudiosos do tema tenta responder perguntas sem, entretanto, interrogar-se sobre o exato significado das próprias perguntas. Em suas próprias palavras: "It appears to me that in Ethics, as in all other philosophical studies, the difficulties and disagreements, of wich its history is full, are mainly due to a very simple cause, namely the attempt to answer questions without first discovering what question it is which you desire to answer". (Principia Ethica (P.E.), VII). (NE. "Parece-me que em Ética, como em todas as demais disciplinas filosóficas, as dificuldades e desacordos, de cuja história é plena, devem-se principalmente a uma simplicíssima causa, isto é, à tentativa de responder perguntas sem descobrir, primeiramente, qual questão se deseja responder.")

As questões a serem respondidas na Ética seriam, segundo nosso filósofo, as seguintes:

a) Que tipos de coisas são boas por si mesmas?

b) Que tipo de ações devemos realizar?

Seria, assim, objeto principal da Ética a discussão dos aspectos estritamente descritivos e não daqueles práticos e sua afirmativa de que, a Ética, ao perguntar: "O que é o bom?" conclui sua tarefa, posto haver encerrado a lista das coisas que existem, devem existir ou não existem. A questão b) voltada à prática enseja outra ordem de respostas, dotadas não de certeza, mas passíveis de reflexão e alcançando, no máximo, probabilidade.

Segundo Moore, o bom é o bom e só, não é possível reduzir a partes aquilo que é simples. Lembremos que sua concepção de definir implica na redução de algo complexo às partes simples que o constituem, conforme diz: "Definitions of the kind that I was asking for, definitions wich describe the real nature of the object or notion denoted by word ... are only possible when the object or notion in question is something complex (P.E., p. 7). Aquilo que é simples não pode ser definido, apenas indicado. Os compostos podem ser definidos por meio de seus simples componentes.

O "bom" enquanto adjetivo é indefinível ("That qualitiy wich we assert to belong to a thing when we say that the thing is good..." (P.E. p. 9)) contudo, no último capítulo desta sua obra tratará de definir, enquanto substantivos, alguns bens intrínsecos (o que, de fato, comporta menor interesse que sua afirmativa de que o bem enquanto adjetivo seja indefinível). Esta sua proposição nos leva à chamada falácia naturalista:

"Yet a mistake of this simple kind was commonly been made about 'good'. It may be true that all things wich are good are also something else, just as it is true that all things wich are yellow produce a certain kind of vibration in the light. And it is a fact that Ethics aims at discovering what are those other properties belonging to all things wich are good. But too many philosophers have tought that when they named those other properties they were actually defining good; thatthese properties, in fact, were simply not 'other', but absolutely and entirely the same with goodness. This view I propose to vall the 'naturalistic fallacy'." (PE, p. 10). E, precisamos sublinhar, quando alguém confunde um objeto natural com outro ou entre si, não recai na falácia naturalista. Isto acontece quando, por exemplo, utiliza-se 'bom', que não é um objeto natural por um objeto e este, segundo Moore, constitui-se num erro muito comum. (cf. PE, p. 13), isto é, quando dizemos 'Isto é bom' recairemos na falácia naturalista se considerarmos que a frase estabelece uma relação de uma coisa com outra e não, simplesmente, a atribuição de uma propriedade simples, como 'amarelo', a uma coisa.

Deste modo, a Ética passa a ter objeto próprio e a busca de substitutos naturais para conceitos como bom, prazeroso, agradável torna-se, sob a óptica de nosso autor, vã.

Já avançamos o bastante sobre o pensamento de G. E. Moore e, a partir deste momento convidamos o leitor a saborear-lhe, na fonte, o pensamento.

Márcio Pugliesi

Prefácio à segunda edição

A presente edição deste livro é uma mera reedição da primeira, exceto quanto à correção de uns poucos erros tipográficos, umas poucas mudanças de palavras, e o acréscimo de umas poucas notas de rodapé, remetendo o leitor a este Prefácio.

Vejo agora que o livro, tal como está, está cheio de enganos e confusões. Mas me pareceu que eu não poderia corrigi-lo em tudo quanto era necessário, sem reescrever o livro todo – tarefa que certamente levaria vários anos. E pensei que um plano alternativo de escolher algumas coisas para corrigir, deixando como estão algumas outras que também mereceriam a mesma correção, seria, caso eu achasse isto viável, eminentemente insatisfatório. Para o momento, portanto, decidi reimprimir o livro tal como está, ainda que eu sinta que esta decisão é, muito provavelmente, errada.

Minha desculpa para a reimpressão é que as proposições que, tanto quanto eu possa captar, o livro sobretudo enfatiza e que constituem a parte principal do que a maioria dos leitores apreende são proposições que ainda acredito serem verdadeiras, no geral, e serem bem dignas de serem enfatizadas; se bem que, na maioria dos casos, essas proposições não sejam expressas com suficiente precisão nem se distingam de modo suficientemente claro de outras que agora sustento serem falsas ou, comparativamente, duvidosas. E no que tange a tais proposições principais, tenciono a elas dar, neste Prefácio, o acréscimo de esclarecimento, que mais me parecem necessitar, na medida em que no momento sou capaz de dar tal esclarecimento, e ressaltar os casos principais nos quais, no texto, elas são confundidas quer com uma, quer com outra das proposições, que agora asseguro serem falsas ou duvidosas. Tenho alguma esperança de que este plano de deixar o texto como está, ainda que acrescentando, num Prefácio separado, uma breve discussão de suas principais proposições, pode provar ser até mais útil do que a correspondente alteração que se viesse a fazer no texto, ainda que isto fosse viável. Se eu me propusesse a ir alterando o texto, receio ser muito provável que eu perdesse em clareza e em ênfase mais do que eu teria ganho em precisão.

Assim sendo, vou em frente para ordenar – entre as principais proposições do livro – aquelas que mais me parecem necessitar ou de um maior esclarecimento no que sobre elas afirmo, ou uma nítida correção. Tentarei expor o que penso da maneira mais breve e clara possível; mas estou bem ciente de que poderei não ser bem-sucedido, e que em alguns casos terei de usar noções que, ao final das contas, necessitarão análise ulterior e uma definição mais precisa do que a que sou capaz de ministrar. Quero também enfatizar que esses pontos dos quais me ocuparei não são de forma alguma os únicos no livro a requererem correção. Praticamente todos os detalhes deste livro são mais ou menos abertos a uma objeção e, em alguns casos, estes detalhes, que bem que eu gostaria de corrigir, mas por cima dos quais preciso passar, merecem ser cognominados de "detalhes" somente no relativo à Ética: relativamente à Metafísica eles não são de forma alguma meros detalhes, mas da maior importância.

Para começar, insisto muito vigorosamente, nos §§ 10-14, numa proposição que expresso dizendo que "bom" é indefinível. E o que digo a esse respeito é uma porção de confusões, numerosas demais para que eu a todas exponha. Minha única esperança é colocar a questão de modo mais claro, tratando de uns poucos pontos principais, e tentando exprimir tão exatamente quanto possível qual é a proposição de importância cardeal, à qual eu visava desta maneira confusa, e que eu ainda penso ser verdadeira e importante.

(1) Antes de mais nada, não se pode enfatizar excessivamente que o predicado que nesta passagem chamo de "bom", e que declaro ser indefinível, seja o *único* dos predicados para os quais a palavra "bom" é comumente usada. É, penso eu, bastante óbvio que a palavra é ambígua – que a usamos em diferentes sentidos em diferentes contextos; e por conseguinte que não há seja lá qual predicado for de que verdadeiramente se possa dizer ser *o* significado da palavra. No próprio livro deixo

bem manifesto logo adiante que esta é minha opinião; mas é importante insistir na questão agora por duas razões, pelo menos. A primeira é que, na passagem que estamos considerando, muitas vezes deixo implícito o contrário; falo, por exemplo, "daquela qualidade que garantimos pertencer a uma coisa, quando dizemos que a coisa é boa", como se realmente houvesse apenas esta qualidade. E a segunda razão é que, uma vez vista claramente a ambigüidade de "bom", torna-se óbvio que estou propenso a fazer uma escolha, que jamais encaro de frente no livro propriamente dito: quer dizer, ou eu me limito a dizer simplesmente que existe um sentido para a palavra "bom", certas proposições do qual estou ansioso por tornar verdadeiras; ou preciso tentar assinalar, de alguma maneira definida, em qual sentido a palavra é aquela com a qual estou preocupado. Parece-me agora que a mera proposição de que qualquer sentido da palavra tem todas as propriedades que atribuo a esta é, por si só, de considerável importância, visto que é muito comumente negada. Mas é desejável, por muitas razões, não se contentar com esta proposição, mas enfrentar cara a cara a pergunta sobre qual é o sentido de que aqui estou falando. Realmente eu, no próprio livro, sugiro uma resposta a esta pergunta, que agora proclamo ser falsa: digo que o sentido com o qual me preocupo é aquele, "no qual é comumente usada". Agora, duvido muito se é esse o caso. Penso, realmente, que é muito pouco provável que a maioria dos usos comuns da palavra contenha uma referência ao sentido em questão: que é um elemento contido em sua análise. Mas isto é muito diferente de dizer que é idêntico ao significado mais comum da palavra; e que é, destarte, idêntico ao sentido mais comum (mesmo que qualquer outro significado seja mais comum que qualquer um dos outros) me parece agora ser quase certamente falso.

Não posso, portanto, especificar em que sentido particular estou preocupado ao dizer que é aquele no qual a palavra é comumente usada. Mas pode, penso eu, ser facilmente especificado, de modo suficiente para meu presente propósito, dizendo que é o sentido da palavra que é, de longe, da maior importância para a Ética, por ter para os conceitos de "certo" e "errado" uma relação extremamente importante que nenhum outro sentido da palavra tem. Que o sentido com o qual estou preocupado tem, em minha opinião, uma relação única e fundamentalmente importante com tais conceitos é, lógico, uma proposição que aparece suficientemente clara a partir do próprio livro. O que estou fazendo agora é apenas ressaltar, como não fiz no livro, que pode ser *especificado* por meio desta relação – uma maneira de especificar que ao mesmo tempo revela a razão pela qual estou tão especificamente preocupado com o significado da palavra, antes do que com o de outras. Qual seja a relação exata que tem com os conceitos de "certo" e "errado" é, realmente, uma pergunta muito difícil, da qual me ocuparei neste instante; e se pode, realmente, negar que haja *qualquer* significado da palavra "bom" que tenha para com esses conceitos qualquer relação do gênero, como suponho. Mas se tem muito comumente suposto que exista; e de minha parte não posso ainda deixar de pensar que esta suposição está certa. Se, efetivamente, não é correta, então, de fato, não posso especificar o sentido que quero exprimir desta maneira; e estou propenso a admitir que neste caso o sentido que quero exprimir não teria lá tanta importância como a que lhe atribuo. Fico contente, pois, de assumir de momento que esteja correto, e destarte renuncio à pergunta sobre como o sentido que cogito pode ser especificado, se não for.

Posso, então, de momento, dizer que o predicado com o qual me preocupo é aquele sentido da palavra "bom", que tem com os conceitos de "certo" e "errado" uma relação que *o* torna o sentido que é da mais fundamental importância para a Ética. Chamemos o predicado de G. Que é que eu realmente quero dizer sobre G?

(2) O que quero mesmo dizer é que é "indefinível"; e dou uma explicação razoavelmente definida do que quero exprimir com isto, quando identifico "indefinível" com "simples" ou "não-analisável".

Vamos considerar, então, primeiro a proposição de que G é não-analisável. Será que esta proposição é verdadeira? Quero dizer, de imediato, que ainda penso ser muito provável que seja; mas que não estou de maneira nenhuma convencido disto. Uma razão para duvidar sobre se é será dada depois, ao considerarmos sua relação com "certo"; porque, então, parecerá possível que a verdadeira condição do assunto seja antes que "certo" é uma noção não-analisável, e que G, esta sim, é analisável, contendo "certo" como um elemento.

Mas se G é ou não analisável, o que é mais importante é insistir que esta pergunta nada tem como a importância que atribuo a ela. Muitas das proposições que estou mais ansioso por afirmar sobre G, realmente se seguiriam do fato de que G não poderia ser idêntica a quaisquer propriedades como "é desejado", "é agradável", "serve para alguma finalidade, dado que todas elas são obviamente analisáveis. Mesmo que se interprete "é agradável" como equivalente a "é um estado de prazer", um significado em que se torna comparativamente perto de ser não-analisável, ainda parece mais do que claro que não é estritamente assim. Mas seria um grande equívoco supor, como deixo implícito, que o fato de G não ser idêntica a nenhuma destas propriedades decididamente não se funda na alegação de que não é analisável. Existem outras razões – e bem menos discutíveis – para sustentar que não lhe é idêntico. E, ademais, ainda que esta parte do que quero dizer derivaria da simplicidade de G, outra parte – pelo menos igualmente importante – não se seguiria de modo algum. Não se seguiria, por exemplo, ser G uma propriedade que só depende da natureza intrínseca de estados de coisas que a possuem. Esta proposição, sobre a qual agora mais me estenderei, me parece talvez a mais importante das que quero afirmar sobre G; e, tanto quanto posso ver, mesmo que G não fosse analisável, de forma alguma se seguiria que essa proposição sobre ela fosse verdadeira; porque, inversamente, mesmo que essa proposição seja verdadeira, certamente não se segue que G não é analisável.

Não estou, portanto, agora, totalmente ansioso para insistir em que G é "indefinível" no sentido de "não-analisável". Penso que, muito provavelmente, seja; mas penso que foi puro engano pôr tanta ênfase como pus na questão de ser ou não.

(3) Mas há duas outras coisas, que realmente afirmo na passagem com a qual estamos preocupados (§§ 6-14), que obviamente não são de modo algum idênticas à afirmação de que G é não-analisável, e que certamente não podem ser adequadamente tratadas como equivalendo à asserção de que G é "indefinível", em qualquer senso desta palavra, ainda que eu não as trate assim. Quero dizer as duas asserções que faço imediatamente antes e depois de meu primeiro enunciado do princípio de que bom não pode ser definido: a saber (a) a asserção "Bom é bom e ponto final" e (b) a asserção de que "As proposições sobre o bem são todas sintéticas e nunca analíticas".

Será que essas duas asserções chegam mais perto de exprimir seja lá o que for que eu realmente quero dizer sobre G?

Quanto a (a), do jeito que está seu significado não é muito claro. Mas é obviamente a proposição à qual se refere a citação de Butler em meu frontispício: desejo obviamente exprimir sobre G o que Butler ali assevera ser verdadeiro sobre qualquer coisa, isto é, que é o que é, e nada mais. Ou, dizendo de uma maneira ligeiramente diferente, obviamente tenciono fazer sobre G a proposição correspondente àquilo que falo sobre "prazer" e sobre "amarelo", e que eu erradamente identifico com a proposição de que prazer e amarelo são indefiníveis, assim como eu erradamente identifico minha proposição sobre G com a afirmação de que G é indefinível. Em resumo, quero dizer que "G é G e nada mais absolutamente".

Vamos então considerar a asserção de que "G é G e nada mais absolutamente". Tanto quanto posso ver, existem somente duas proposições que se pode dizer que esta afirmação decididamente exprime: a saber (α) a proposição de que G é diferente de qualquer *outra* coisa que não G, e (β) que G é diferente de tudo quanto expressamos por *qualquer palavra ou frase* que não a palavra "bom". Vamos falar de cada uma destas proposições por vez.

(α) Quanto à proposição de que G é diferente por qualquer outra coisa que não G, é óbvio que isto simplesmente nos diz que é diferente de qualquer coisa que dela difira: e essa proposição, ainda que não seja estritamente uma mera tautologia, dificilmente se distingue de uma, e certamente não pode ter a espécie de importância que pareço atribuir a ela. Obviamente é uma proposição radicalmente diferente da proposição de que G é não-analisável, ainda que eu identifique as duas; e obviamente que G é não-analisável não pode se seguir possivelmente disto, eis que (de acordo com o que a afirmação de Butler poderia me ter lembrado) a propriedade de ser diferente de qualquer predicado, que seja diferente dela, é uma propriedade que precisa pertencer a qualquer predicado, sem exceção, tanto analisável como não-analisável; e, pois, mesmo que G fosse analisável, ainda seria verdadeiro dele o fato de ser diferente de qualquer predicado que dele seja diferente. E evidentemente também, pela mesma razão, não se pode seguir possivelmente, parece-me supor, que certos predicados particulares, tais como "é um estado de prazer" ou "é desejado" sejam diferentes de G. Porque, uma vez mais, mesmo que G fosse idêntico a "é um estado de prazer", obviamente ainda seria verdadeiro para ele se fosse diferente de qualquer predicado que fosse diferente dele; daí que o mero fato de esta última proposição ser verdadeira a respeito dela não pode possivelmente justificar a inferência de que é diferente de "é um estado de prazer".

Obviamente, portanto, essa proposição não alcançou o grau de importância que lhe atribuo. Não quero dizer que não tenha absolutamente nenhuma importância, porque me parece claro que às vezes não é nem tolo nem inútil enunciar uma mera tautologia. A própria afirmação de Butler me parece um exemplo disto. Mas, onde este for o caso, suponho que só possa ser porque a enunciação da tautologia serve para algum propósito tal como o de chamar a atenção das pessoas para a pergunta se dois predicados, que elas estão tratando como idênticos, realmente o são. Assim, logo a atenção se voltando para esta pergunta, tais pessoas poderão ser capazes de ver que não são. Numa maneira parecida com esta, penso que minha afirmação de que G difere de todos os *outros* predicados pode possivelmente ser útil. Mas para dizer isto, suponho, dizer que só pode ser útil, na medida em que realmente transmitir algo que, em sentido estrito, não é adequado para exprimir. Num sentido bem estrito, penso que precisamos conceder que é totalmente trivial e desimportante.

(β) Quanto à proposição de que G é diferente de qualquer outro predicado que exprimimos por qualquer *palavra ou frase* que não a palavra "bom", isto, lógico, longe está de ser uma mera tautologia. Se fosse verdade, realmente se seguiria disso que G era diferente de qualquer predicado tal como "é um estado de prazer" ou "é desejado", dado que obviamente tais predicados são expressos pelas *frases* "é um estado de prazer" e "é desejado" e não menos obviamente tais frases diferem da frase "é bom". E, ademais, se fosse verdade, no mínimo nos faria presumir muito fundadamente que G era não-analisável, pois onde uma palavra exprime um predicado analisável, tal predicado geralmente é também expresso às vezes por uma frase, composta de diversas palavras, assinala elementos que entram em sua análise e, neste sentido, "contém uma análise" dela: de tal forma que se G fosse analisável, provavelmente seria às vezes expresso por alguma frase complexa – uma frase, por conseguinte, diferente do mero "é bom ". Realmente, penso que este fato provavelmente em parte explica como fui levado a identificar tais proposições obviamente diferentes como "G é G e absolutamente nada mais" e "G é não-analisável". Vimos que, se fosse para a primeira proposição ser entendida no sentido que agora estamos considerando, isto é, como afirmando que G é diferente de qualquer predicado expresso por qualquer *frase que não* "bom", esta proposição, se verdadeira, pelo menos proporcionaria uma forte presunção de ser G não-analisável. E posso ter suposto que, inversamente, do fato de G não ser analisável se seguiria que G não poderia ser expressa por nenhuma outra palavra a não ser "bom", devido à minha percepção (que é verdadeira) de que se não fosse analisável, não poderia ser expressa por nenhuma frase que *contivesse uma análise* dela, e deixando de notar a distinção entre exprimir o significado de um termo em outros termos, *que dele contêm uma análise*, e exprimindo seu significado meramente lhe dando um sinônimo. É mais fácil, penso, desconsiderar essa distinção, porque quando falamos de exprimir o significado de uma palavra "em termos de outras", geralmente queremos dizer em termos de outras palavras *tais que* contenham uma análise da noção que ela transmite: e isto, por certo, só é possível onde a noção em questão for analisável. É fácil, portanto, não notar que, mesmo onde uma noção é não-analisável, pode ser – e freqüentemente é – possível exprimi-la *mediante outras palavras*, ainda que não como uma análise contém; por isso concluímos que dizer que uma noção não é analisável realmente não quer dizer que não pode ser expressa *por outras palavras*.

Mas o fato de haver uma distinção, que desconsiderei, entre exprimir o significado de uma palavra por outras palavras, que *contêm uma análise* de seu significado e simplesmente exprimindo seu significado por outras palavras é, tão logo seja percebido, obviamente fatal para a verdade da proposição que agora estamos considerando. Pode possivelmente ser verdade que G não é analisável, e destarte não pode ser expressa por outras palavras, que contêm uma análise dela. Mas é certamente não verdadeiro que não pode de jeito nenhum ser expressa por outras palavras. Mesmo se pondo de lado o óbvio fato de que, em outras linguagens, as palavras que exprimem G são diferentes de nossa palavra "bom", nem mesmo é verdade que em inglês nunca usamos outras palavras ou frases como sinônimos para "bom" neste sentido. Por exemplo, é óbvio que a palavra "desejável" é às vezes assim empregada; e assim também é a frase "intrinsecamente valioso" que eu próprio uso para a última. É, pois, pura e simplesmente falso que G seja diferente de qualquer predicado que expressemos por palavras ou frases diferentes de "bom".

Segue-se que, tanto quanto posso ver, a asserção "G é G e nada mais em absoluto", tomada em qualquer sentido, que pode em absoluto estritamente transmitir, ou é meramente trivial ou mais obviamente falsa. Caso expresse qualquer coisa que seja tanto verdadeira como importante, só pode fazer isto, na medida em que é tomada num sentido que ela não deve, estritamente, ter. Se, portanto, realmente exprime seja lá o que for que seja tanto verdadeiro como importante, certamente que o exprime muito sofrivelmente.

Vamos em seguida (b) considerar a afirmação segundo a qual "As proposições sobre o bem são todas elas sintéticas, e nunca analíticas". Nesta afirmação eu certamente quis exprimir por "analíticas" meramente *tautológicas*", e por "sintéticas" simplesmente *não-tautológicas*; e por conseguinte tratarei a afirmação como simplesmente afirmando que "Proposição alguma sobre o bem é mera tautologia".

(α) Uma objeção óbvia a esta afirmação é que se considerarmos proposições tais como "Tudo quanto é bom e bom" ou "Tudo quando é desejável é bom" (onde usamos "desejável" meramente como sinônimo de "bom"), parece que aqui temos proposições que certamente são tautologias, e que mesmo assim parecem, num certo sentido, serem "proposições sobre o bem". Podemos, penso, com dificuldade negar que, num dado sentido, elas o são; daí que, num certo sentido das palavras, em quaisquer circunstâncias, minha afirmação, tomada em sentido estrito, é simplesmente falsa.

(β) Mas certamente parece como se pudermos usar adequadamente a expressão "proposições sobre o bem" num sentido tal que tautologia alguma seja "proposições sobre o bem". Certamente quando falamos de "proposições sobre o bem", não devemos propender a incluir quaisquer tautologias. E, assim sendo, presumivelmente há um sentido no qual "Todas as proposições sobre o bem não são tautológicas" é verdadeiro. Mas, com referência a este sentido, parece-me muito duvidoso que ele não seja, em si mesmo, mera tautologia. A razão pela qual parece evidente que nenhuma mera tautologia merece ser chamada de "proposições sobre o bem" pode ser simplesmente que ao chamarmos uma proposição de "uma proposição sobre o bem", uma das características que realmente estamos atribuindo a ela pode ser a de ser não-tautológica – isto pode ser parte do que realmente queremos significar ao dizermos que é uma proposição sobre o bem. E, neste caso, obviamente nosso princípio de que "Todas as proposições sobre o bem são não-tautológicas" é totalmente desprovido de importância porque ele próprio é tautológico. Na verdade, não tenho lá muita certeza de que seja este o caso. Parece-me apenas possível que a frase "proposições sobre o bem" possa ser verdadeira sem ser uma tautologia. Mas fico muito na dúvida sobre se ela tem mesmo tal significado. Daí que, mesmo que esta asserção, considerada muito estritamente, possa expressar algo que não seja nem falso nem tautológico, penso que se eleva ao fato de certamente não exprimir nada deste tipo claramente.

Parece, portanto, bem certo que as duas proposições "G é G e absolutamente nada mais" e "Todas as proposições sobre o que a propriedade G possui não são tautológicas" são ambas ou falsas ou terrivelmente triviais, se tomadas em qualquer sentido que estritamente possam assumir.

Não posso, pois, afirmar possivelmente que elas exprimam qualquer coisa que eu realmente esteja ansioso por asseverar sobre G, mesmo aproximadamente, a menos que seja o caso de que elas de fato transmitem às pessoas alguma proposição muito diferente de qualquer coisa que elas deveriam estritamente transmitir. Mas não posso deixar de pensar que, na verdade, é o que elas fazem. O quanto, assim fazendo, elas são temporariamente auxiliadas pelos exemplos que dou de predicados que assumo não serem idênticos a G e de proposições sobre o bem que assevero serem não-tautológicas, não sei. Mas não posso deixar de pensar que elas na verdade sugerem à mente da maioria das pessoas uma classe de predicados mais ou menos definidos, de forma alguma idênticos à classe "predicados *que não G*", nem com a classe "predicados expressos por alguma palavra ou frase que não 'bom' "; e trazem consigo a idéia de que o que eu realmente quis exprimir é que G não é idêntica a nenhum predicado *deste* tipo *particular*, ou que proposições que asseverem predicados *desta* classe, que quem as tem tem G, são não-tautológicos. Tais proposições sugerem, de fato, que G não é idêntica a quaisquer predicados, que são, *num certo aspecto*, como "é um estado de prazer" e "é desejado" – que não é idêntico a nenhum predicado *desta espécie*; e *a espécie* de predicado sugerido é, penso, por certo não aqueles que são como os relativos a ser *analisável*: quais pessoas realmente pensam nisso são aquelas que são como elas sob um aspecto diferente. Que eu próprio estava pensando numa espécie de predicados como "é um estado de prazer" num certo sentido muito diferente daquele de ser analisável, é mostrado à saciedade pelo fato de que, nesta mesma passagem, na qual estou insistindo em que "O prazer é bom" *não* significa que *Prazer é prazer*, mesmo assim declaro (erradamente, como agora penso) que "prazer" *é* não-analisável. Até aqui, portanto, como quis exprimir que G não é idêntica a nenhum predicado *como* este, certamente eu não quis significar "como este a respeito de ser analisável", pois eu pensava (ainda que erradamente) que este *não* era analisável. E não posso deixar de pensar que a maioria das pessoas são na verdade levadas a pensar, pelo que digo, numa espécie de predicados *como* este, bastante parecido com o que tenho em mente.

Mas qual é, então, a espécie de predicados que tenho em mente, e com relação nos quais acredito que se possa transmitir à maioria das pessoas que G é (em minha opinião) não idêntico a quaisquer predicados desta classe?

É, penso eu, a espécie de classe que mais claramente indiquei pelo que eu disse, junto com o que afirmei nos §§ 25 e 26. Na primeira destas passagens, insisto que G não é idêntica a qualquer "objeto natural"; e na segunda acrescento não ser idêntico nem (1) a nenhuma "propriedade natural", nem (2) a nenhuma propriedade de uma classe, o que eu obviamente penso de propriedades que têm a mesma relação para com "objetos supersensíveis" como "propriedades naturais" têm com "objetos naturais". Parece então que se o que estava querendo dizer era que G não é nem (1) um "objeto natural" nem (2) uma "propriedade natural", nem menos (3) o que agora chamarei de "propriedade metafísica", querendo com isto significar uma propriedade que tenha a mesma relação com "um objeto supersensível" como uma "propriedade natural" tem com um "objeto natural". Mas, na verdade, obviamente podemos reduzir estas três espécies de coisas a duas. Porque quando falo de o bem não ser natural como um "*objeto* natural", é pacífico que só faço assim porque estou confundindo objetos ou fatos naturais com uma certa espécie de propriedade que pode pertencer a eles: eu estava na verdade confundindo um determinado evento natural, que consiste em alguém ter prazer, com a propriedade que atribuímos a ele quando dizemos que é "um estado de prazer", tão completamente quando falo de "amarelo". Eu estava confundindo um determinado retalho de amarelo (que adequadamente poderia ser denominado "objeto natural") com a propriedade que lhe atribuímos quando dizemos que é amarelo. Podemos dizer, então, que o que eu realmente quis exprimir era que G não é nem propriedade natural nem propriedade metafísica. Mas minhas tentativas de definir "propriedade natural" são desesperançadamente confusas. Deixo implícito, de início, que propriedade natural é a que consiste em ter alguma relação com um "objeto natural"; e esta é uma definição que só se aplicaria a uma espécie de propriedades que eu realmente tivesse em mente. E depois, mais adiante, quando expressamente faço frente à pergunta sobre o que são "propriedades naturais" (e reconheço que não é uma pergunta fácil de responder) sugiro uma definição que é pavorosamente incoerente em relação à minha anterior, e que não se aplicaria a seja lá que propriedade natural for, dado que envolve uma confusão entre "partes" e "propriedades" de um "objeto natural". O mais próximo que consegui me aproximar ao sugerir uma definição de "propriedade natural" que realmente cobriria toda classe de propriedades. É o que tenho em mente quando digo que identificar G com qualquer propriedade natural resulta em substituir a Ética por alguma das ciências naturais (incluindo a Psicologia). Isto sugere que poderíamos definir "propriedade natural" como significando "propriedade com a qual se ocupam as ciências naturais ou a Psicologia"; e se substituirmos por esta "propriedade da qual é mister se ocuparem as ciências naturais ou a Psicologia, ou em termos das quais pode ser completamente definida", na verdade, penso, obtemos por fim uma definição de "propriedade natural" que realmente cobre o que eu quis exprimir pela palavra. E se mantivermos nossa definição de "propriedade metafísica" como significando "propriedade a qual está para algum objeto supersensível na mesma relação na qual as propriedades naturais (como agora definidas) estão em relação aos objetos naturais", então "as propriedades naturais e metafísicas", penso eu, realmente indicarão com definição muito adequada a classe de propriedades das quais quis eu asseverar que G não é idêntica a nenhuma delas.

Penso não haver dúvida de que alguma proposição deste gênero, ou seja, que G não é idêntica a nenhuma propriedade natural ou metafísica (como agora definida), estivesse mais ou menos vagamente em minha mente; e penso que o que eu disse efetivamente sugere alguma proposição do gênero, mais ou menos vagamente para a maioria dos leitores. É óbvio que é uma proposição que não implica nem está implícita pela proposição de que G é não-analisável; porque pode muito bem ser verdade, mesmo sendo G analisável e, por outro lado, mesmo se G fosse não-analisável, ainda assim G poderia ser idêntica a alguma propriedade natural, já que muitas deste tipo podem ser não-analisáveis. E não menos obviamente por certo que não pode ser adequadamente expresso ao se dizer que G é "indefinível" em qualquer outro sentido. Assim, que eu certamente era culpado de grande confusão, na medida em que, quando fiz uso desta expressão, eu tinha tal proposição em mente. Mas, não obstante o fato de eu ter em mente essa expressão, em parte – penso – explica por que vim a insistir em que G era não-analisável. Porque realmente disto se seguem duas importantes proposições, para as quais quero chamar a atenção, e as quais é quase fácil confundir com a proposição de que G é não-analisável. A primeira delas é (1) que G não é completamente analisável em termos de propriedades naturais ou metafísicas; e que se, portanto, é analisável, seja lá como for, isso certamente envolve em sua análise alguma noção não-analisável, a qual não é idêntica a nenhuma propriedade natural ou metafísica. Penso que eu certamente estava confundindo esta proposição no sentido de que G não é analisável *numa determinada maneira particular,* com a proposição que não é de *forma alguma* analisável. E a segunda proposição é (2) que as proposições éticas envolvem alguma noção não-analisável, que não é idêntica a nenhuma propriedade natural ou metafísica. Que alguma noção não-analisável, desta espécie, esteja implícita na Ética é, penso, certamente parte do que eu estava querendo afirmar, quando asseverei ser G não-analisável. Só não considero ter sido esta uma asserção muito mais importante e menos duvidosa do que (o que rapidamente assumi) G própria era uma não-analisável noção em debate.

Talvez valha a pena também notar que o fato de eu ter em mente essa proposição de não ser G idêntica a nenhuma propriedade natural ou metafísica também fornece uma explicação de uma outra coisa que diversas outras vezes digo sobre G – quer dizer, que é "singular". Esta é uma expressão, claro está, ambígua. Pode simplesmente significar "diferente de todas as outras propriedades", caso em que a proposição de que G é singular poderia simplesmente contribuir para a tautológica proposição de que "G é G e absolutamente mais nada". Mas quando falamos de coisas como sendo "singulares", jamais queremos significar, penso, apenas que elas são *diferentes* de outras coisas: queremos exprimir que elas são *muito* diferentes. Assim sendo, dizendo que G é *singular* posso ter querido exprimir que G é *muito* diferente de todos os outros predicados; e esta é uma asserção sobre a qual eu me sinto muito em dúvida. Mesmo não sendo G analisável, podem possivelmente existir alguns outros predicados não-analisáveis aos quais G seja um tanto quanto semelhante; e se é analisável, então é quase certo que alguns outros predicados, que envolvem a mesma não-analisabilidade, peculiarmente ética, de noção que está implícita, ser-lhe-ão suficientemente parecidos para nos impedirem de chamá-lo de singular. Mas o que eu penso que eu realmente quis exprimir é que é muito diferente de todas as propriedades naturais e metafísicas, e ainda penso que isto seja verdade.

Então, a proposição de que G é diferente de qualquer propriedade natural ou metafísica, é uma proposição que ainda acho ser verdadeira e importante; e penso que se aproxima muito mais do que agora realmente quero dizer sobre G do que o faz a proposição de que G é não-analisável. Todas as importantes conseqüências que se seguiriam desta proposição decorrerão disso; e é, penso, muito menos duvidoso do que isso. Mas, não obstante, três razões existem pelas quais quero agora substituir por ela algo um tanto diferente. Em primeiro lugar (1) não é tão exata como se poderia desejar. Para compreender isso tem-se de compreender o que se quer dizer por "propriedades naturais"; e para entender isto, por sua vez, é preciso entender o que se quer exprimir por "propriedades com as quais cabe às ciências naturais e à psicologia lidar". Mas esta última concepção, ainda que seja, no meu entender, razoavelmente inteligível para a maioria das pessoas, e possa ser definida com exatidão, com certeza não é lá tão fácil de definir; ter-se-ia, por exemplo, de tornar claro em que sentido o próprio G não é uma propriedade com a qual é assunto da Psicologia lidar, uma vez que certamente é campo da Psicologia lidar com nossas crenças sobre G. Por essa razão é certamente desejável, se possível, substituir esta proposição por algo mais preciso. Em segundo lugar (2) não me sinto assim tão seguro, como gostaria, sobre se é verdade. Penso ser muito mais certo que G não é idêntica a nenhuma propriedade natural ou metafísica *de uma certa classe limitada*, do que não é idêntico *seja lá com que classe for*. Desejo, por conseguinte, definir uma classe limitada (mas ainda assim bastante ampla) de propriedades naturais e metafísicas, e somente insistir em que G não é idêntico a nenhuma destas; melhor do que asseverar a proposição ainda mais duvidosa de que não idêntico a nenhuma. E finalmente (3) esta proposição ainda sofre do defeito do qual também sofre, como assinalei, a proposição de que "G é não-analisável"; quer dizer, que não implica uma das coisas mais importantes que quero conceder a respeito de G – a proposição de que G depende somente da natureza intrínseca dos estados de coisas que a possuem. Tanto quanto eu saiba, as únicas propriedades que por conseguinte *não* dependem exclusivamente da natureza intrínseca do que as possui, são propriedades naturais e metafísicas. Mas ainda seria possível ser G outra instância de tal propriedade, a despeito do fato de não ser uma propriedade natural ou metafísica; daí ser muito importante asseverar expressamente ser este um aspecto no qual difere mesmo de uma grande classe de propriedades naturais e metafísicas.

Proponho, pois, tentar substituir a proposição de que G não é idêntica a nenhuma propriedade natural ou metafísica, uma proposição que dela diferirá nesses três aspectos. Mas antes de prosseguir com isto, penso que devo dizer alguma coisa sobre uma outra expressão que introduzo inicialmente na passagem que estamos considerando, a qual certamente emprego depois.

(4) A expressão a que quero me referir é "a falácia naturalista". Com ela, obviamente, quero exprimir algo que está ligado muito de perto às proposições que estivemos a considerar. Mas qual é exatamente a ligação? e qual é exatamente a "falácia naturalista"? São perguntas com relação às quais estou muito confuso no livro; e ainda que eu não possa me abalançar, com relação a elas, a expor todas as confusões das quais sou culpado, penso que será útil tentar deixar claro alguns pontos.

O principal engano do qual sou culpado no que digo sobre a "falácia naturalista" é, penso eu, que fiz, com relação a ela, uma confusão exatamente análoga à principal das que, como vimos, fiz em minhas proposições sobre G. Vimos que, no último caso, confiando as três proposições inteiramente diferentes: "G não é idêntico a nenhum outro predicado além de si mesmo", "G não é idêntico a nenhum predicado analisável", "G não é idêntico a nenhum predicado natural ou metafísico" (ou alguma proposição similar). E, de forma semelhante, com relação à "falácia naturalista", confundo as três asserções: (1) "Mais ou menos é identificar G com algum outro predicado que não G ", (2) "Mais ou menos é identificar G com algum predicado *analisável*" e (3) "Mais ou menos é identificar G com algum predicado". Às vezes subentendo que dizer de quem quer que seja que está incidindo na falácia naturalista é dizer (1) dele; às vezes, que é dizer dele (2); e às vezes que é dizer (3), ou algo semelhante. Daí a asserção, que obviamente estou ansioso por fazer, de que é um erro ou "falácia" cometer a falácia naturalista se torna, conforme você substitua (1), (2) ou (3): "É um erro identificar G com qualquer outro predicado que não G", "É um erro identificar G com qualquer predicado analisável", "É um erro identificar G com qualquer predicado natural ou metafísico". E essas três asserções são obviamente equivalentes, respectivamente, a primeira à tautologia "G não é idêntica a nenhum outro predicado que não G", a segunda a "G é não-analisável" e a terceira a "G não é um predicado natural ou metafísico".

Obviamente, se se der o primeiro desses significados à "falácia naturalista", a proposição de que é um erro cometer a falácia sendo uma mera tautologia, é algo que nem sequer admite prova. O fato, pois, de eu falar de "inclinar-se a uma falácia" e passar a apresentar muitos argumentos contra ela, mostra que não entendo a expressão em seu primeiro sentido somente, mas devo ter tido em mente algum significado como (2) ou (3). Mas há uma complicação no caso da falácia naturalista, que torna a confusão mais desculpável do que foi no caso das proposições sobre G. Porque se se substitui, como é muito natural, a palavra "confundindo" pela palavra "identificando" em (2) e (3) acima, então as proposições "É um erro executar a operação (2)" e "É um erro executar a operação (3)" *realmente* se tornam tautologias. Isso porque dizer de um homem que está *confundindo* G com um predicado analisável é dizer *tanto* que ele está *identificando* G com predicado analisável, *como* que ele está identificando G com algum outro predicado que não G (dado que é isto que "confundindo" significa); e obviamente é uma tautologia dizer que é um erro fazer ambas as coisas de imediato. Destarte, a proposição de que "é um erro *confundir* G com qualquer predicado analisável" e a proposição de que "é um erro confundir G com qualquer predicado natural ou metafísico", são proposições que exigem prova tão pequena como a proposição de que "é um erro identificar G com qualquer predicado que não ele próprio". O que *realmente* exige prova é que *identificar* G com um predicado analisável ou natural ou metafísico é, em todos os casos, um caso de *confusão*. E, ainda assim, foi muito natural eu identificar essas proposições tautológicas com as proposições nãotautológicas "É um erro *identificar* G com qualquer predicado analisável", "É um erro identificar G com qualquer predicado natural ou metafísico".

Que eu confundo mesmo a proposição "é um erro cometer a falácia naturalista" com a proposição "é um erro identificar G com qualquer predicado analisável", fica claramente evidenciado pelo fato de, após dar os argumentos (§§ 11 e 12) que se supõem "dispor" à falácia, subitamente eu (no começo de 13) falo como se tudo que até então vinha argumentando fosse que G era não-analisável. E, semelhantemente, realmente identifico "o fato de a falácia naturalista ser uma falácia" com "o fato de que" G é simples. E que, não obstante eu realmente tivesse em mente alguma proposição bastante diferente tanto desta e da tautologia "é um erro identificar G com qualquer *outro* predicado que não G", e diversos mais parecidos com "é um erro identificar G com qualquer predicado natural ou metafísico" é mostrado pelo fato de ser, nestes mesmíssimos argumentos (§§ 11 e 12), que se supõe "disporem a respeito da" falácia, que eu tanto argumento que "Prazer é G" não é uma tautologia e, no mesmo tempo, garanto que "Prazer" é não-analisável. E o mesmo é também demonstrado pelo fato de eu declarar que qualquer teoria que sustente ser G idêntico a "amarelo" ou "verde" ou "azul" seria uma teoria naturalista, enquanto que alhures declarei que "amarelo" também é não-analisável. Claro está que a razão por que declaro que sustentar isso seria cometer a falácia naturalista não é porque eu penso que seria identificar G com um predicado *analisável*, mas porque seria identificar G com um predicado *natural*.

Que eu sempre quis realmente exprimir com "cometendo a falácia naturalista" simplesmente "identificando G, com algum predicado *que não G*" não sei como mostrar. Mas me parece que sugiro isto constantemente pelo que afirmo. Penso, por conseguinte, poder dizer tranqüilamente que *realmente* confundo as três asserções (1), (2) e (3); e isto me parece a mais importante confusão de que sou culpado com relação à "falácia naturalista".

Penso ser verdade indiscutível que quem quer que cometa a falácia naturalista num dos três sentidos acima, também a cometa nos outros sentidos; isso porque os únicos predicados que as pessoas efetivamente confundem com G são *tanto* analisáveis *como* naturais ou metafísicos. É por isso que, como disse acima, a maioria das importantes conseqüências que se seguem da proposição segundo a qual G não é um predicado natural ou metafísico, também se seguiriam da proposição de que é não-analisável; por conseqüências *importantes* quero significar conseqüências importantes porque afirmam a respeito de algum predicado que *realmente* tende a ser confundido com G, que não é idêntico a G. E este fato, ou seja, que quem quer que realmente faça uma das três coisas estará também fazendo ambas as duas outras, penso eu, em parte explica por que confundi as três coisas. Mas isto não justifica a confusão; pois, para se dizer de uma pessoa que ela está fazendo uma das três, não é, obviamente, de jeito nenhum o mesmo que dizer estar ela fazendo uma das outras. E a confusão é muito séria, visto que envolve uma confusão das três proposições "É um erro executar qualquer operação da espécie (1)", "É um erro executar qualquer operação da espécie (2)" e "É um erro executar qualquer operação da espécie (3)". Destas três proposições a primeira é tautológica, e assim nem precisa de quaisquer provas nem pode ter quaisquer importantes conseqüências; a segunda, como eu disse, me parece muito mais duvidosa do que a terceira. Ademais, mesmo se a segunda e a terceira forem ambas verdadeiras, claro está que as considerações necessárias para provar uma precisam ser bastante diferentes das necessárias para provar outra. Talvez mal seja necessário dizer que, se eu quisesse conservar a expressão "falácia naturalista" efetivamente, eu não deveria usá-la como um sinônimo para qualquer uma das três operações. Em vez disso deveria empregá-la como sinônimo para identificar G com algum predicado da classe que agora irei definir, e a qual, como afirmei, quero agora que substitua a classe "predicados naturais e metafísicos".

O que acima ficou dito é então, penso, o mais importante engano que cometi em meu emprego da expressão "falácia naturalista". Mas há alguns outros enganos que talvez valha a pena mencionar.

Um deles é o seguinte: parece que falo como se "cometer a falácia naturalista" não signifique nenhuma das três coisas até este ponto mencionadas, mas quis dizer, em vez disso, "supor que em proposições como 'Isto é bom' ou como 'Prazer é bom' a palavra 'é' sempre expresse, no primeiro caso, *identidade* entre o que se denomina 'isto' e G, e, no segundo caso, identidade entre o predicado, que asseveramos pertencer a uma coisa quando dizemos ser um estado de prazer e G". Uma confusão desta espécie entre o "é" que exprime afirmação e o "é" que exprime identidade, ou entre o "é" que exprime a inclusão de uma classe noutra e a que exprime identidade, pode, sem dúvida, ser uma *fonte* da penetração da falácia em um ou outro dos três sentidos. Mas não é idêntica a eles; e, ao falar, portanto, como se perpetrar a falácia *significasse* fazer a confusão, vi-me culpado de outra confusão.

Finalmente, onde primeiro tento definir o que quero dizer com "a falácia naturalista", assim como em outros lugares, falo como se dizer de uma pessoa que ela está cometendo a falácia signifique dizer que ela está sustentando, com relação a algum predicado de uma determinada espécie, a *opinião* de que o predicado é idêntico a G. Em outra passagem, porém, falo como se significasse que está *confundindo* algum predicado de uma certa espécie com G. Agora, pode talvez ser verdadeiro que jamais alguém *sustentaria*, de algum predicado que não G, ser ele idêntico a G, exceto porque os confundiu. Mas, mesmo assim, afirmar, de dois predicados, que são idênticos, e *confundir* os dois não parece ser exatamente a mesma espécie de operação psicológica; e daí, pois, se perpetrar uma falácia é uma operação da primeira espécie, *não* é uma operação da segunda, e *vice-versa*. Com toda certeza fui culpado de confundir essas duas diferentes operações. E mais: parece-me duvidoso se alguma das duas poderia adequadamente ser chamada de perpetração de uma falácia, pela simples razão de cometer uma falácia parece adequado para exprimir fazer uma certa espécie de *inferência*, enquanto que a mera confusão dos dois predicados ou manter a opinião com relação a eles parece não serem de modo algum processos de inferência. De forma que eu pareceria culpado de empregar erroneamente o termo "falácia". Para mim, tais enganos não parecem assunto de grande importância; mas, para dar conta deles, eu deveria – caso ainda quisesse usar a expressão "falácia naturalista" – me propor a definir "Aqui e ali ele está cometendo a falácia naturalista" como significando "Ele está *ou* confundindo G com um predicado da espécie a ser definida *ou* sustentando que é idêntico a semelhante predicado *ou* fazendo uma inferência *baseada* em tal confusão", e eu deveria frisar que ao assim empregar o termo "falácia" eu o estava usando num sentido ampliado e talvez impróprio.

Resta agora apenas tentar dizer, tão claramente quanto me seja possível, o que é que estou realmente ansioso por dizer sobre G qual é a proposição ligeiramente diferente que agora quero substituir pela asserção de que G não é um predicado natural ou metafísico. E, para começar, quero enfatizar que ainda que esta proposição a mim pareça mesmo mais exata do que a proposição de que G não é um predicado natural ou metafísico, para ser também menos dúbio, e para dizer algo muito importante, que aquela proposição não consegue dizer, dado que certamente não é tão exata como eu gostaria, e em parte por esta razão, não sinto que seja inteiramente isenta de dúvida. É uma proposição que consiste em duas proposições separadas, e nenhuma das duas faz, para mim, parecer *perfeitamente* claro o exato significado: ambas, penso, provavelmente exigem análise ulterior. Penso que o melhor que tenho a fazer é primeiro enunciá-las bem sucintamente, expressando-as de uma maneira que me parece sugerir o que quero exprimir melhor do que qualquer outra *breve* expressão em que eu possa pensar o faria. Em seguida, prosseguirei explicando, tão exatamente quanto eu possa, de maneira um tanto quanto mais longa, o que quero significar com essas breves expressões, assinalando tanto por que as breves expressões não são inteiramente adequadas como por que as explicações adicionais não me parecem perfeitamente claras e satisfatórias. Tentarei então assinalar algumas das mais importantes conseqüências que me parecem se seguir destas proposições. E, finalmente, direi alguma coisa sobre porque as considero verdadeiras.

As duas afirmações que, tomadas em conjunto, constituem a melhor expressão resumida que posso achar sobre o que realmente estou ansioso por dizer sobre G são as seguintes:

(1) *G é uma propriedade que depende somente da natureza intrínseca das coisas que a possuem.*

Esta é a proposição à qual já me referi por duas vezes, como sendo talvez a coisa mais importante que quero dizer sobre G. É a proposição que tento expressar no próprio livro dizendo que "julgamentos que declaram que certas espécies de coisas são boas em si mesmas" são "se é que são mesmo verdadeiros ... todos eles universalmente verdadeiros"; e dizendo que "um julgamento que afirma ser uma coisa boa em si mesma ... se for verdadeiro a respeito de uma instância da coisa em questão, é necessariamente verdadeiro para todas". E pode – penso – também ser expressa dizendo-se que G é *uma* espécie intrínseca de valor. Quando as pessoas falam de uma coisa como possuindo "intrínseco valor", parte do que elas querem significar é, penso, sempre que ela possui uma espécie de valor que tem esta propriedade.

Às vezes proponho exprimir esta proposição dizendo que G não é uma propriedade "contingente".

(2) *Ainda que G dependa somente das propriedades intrínsecas de coisas que a possuem, e seja, num certo sentido, uma espécie intrínseca de valor, não é ainda em si mesmo uma propriedade intrínseca.*

Esta é uma proposição que tentarei exprimir no próprio livro dizendo que "na medida em que o significado de bom se coloca, qualquer coisa, seja lá o que for, pode ser boa"; e dizendo que proposições tais como "O prazer é bom" ou "Aquilo que contém uma proporção de prazer sobre a dor é bom" são *sempre sintéticas*: porque com isto às vezes quero significar que proposições como esta com respeito ao fato que querem afirmar, de alguma propriedade *intrínseca*, que seja lá o que for que tenha esta propriedade terá G, jamais são (tais proposições) tautológicas.[1]

---

1 Moore apagou a parte do parágrafo seguinte que anexamos entre colchetes. Em seu original isto ocorre no pé de uma página; mas dado que o texto no alto da página seguinte continua claramente, sem qualquer apagamento, o parágrafo anterior, restaurei o material deletado.

[Logo, estou afirmando de G que não é nem uma propriedade contingente nem uma propriedade intrínseca. E dizer isto o distingüe de imediato, penso, da grande maioria daquelas propriedades que até aqui denominei de "naturais" e "metafísicas"; e de *todas* aquelas com as quais G tem mais probabilidade de ser identificado. A maioria – se não todos – dos predicados naturais e metafísicos são, tanto] quanto posso ver ou mais contingentes ou mais intrínsecos. E na verdade não sei de *quaisquer* predicados, exceto G e alguns outros predicados que compartilhem a peculiaridade de que atribuí-los a coisas é atribuir uma espécie de valor a essas coisas, que me parecem nem contingentes nem intrínsecas. Ao dizer isto de G estou portanto, penso, atribuindo-lhe uma posição muito peculiar entre predicados – posição somente compartilhada com ele, tanto quanto eu possa ver, por alguns outros predicados de valor. Mas que a posição que quero lhe atribuir seja tão peculiar, não me parece de modo algum nada contra minha opinião, mas antes a meu favor; porque, *prima facie*, a natureza dos predicados de valor realmente me parece muito peculiar.

Vamos, agora, porém, dar uma explicação adicional sobre essas duas proposições. Ver-se-á que nenhuma delas pode ser compreendida, a menos que se compreenda o que quero exprimir por uma "propriedade intrínseca". Proponho destarte, em primeiro lugar, tentar explicar isto. Para começar direi apenas que penso querer exprimir exatamente o que a maioria das pessoas quereria exprimir, se falassem de propriedades que nos dizem algo sobre a *natureza intrínseca* de coisas que as possuem. Alguma expressão tal como esta de *natureza intrínseca* de coisas é, penso eu, usada ocasionalmente por quase todo mundo; e o que quero fazer é chegar o mais próximo que eu puder para explicar o que significa.

O primeiro ponto no qual é importante insistir, ao tentar dar semelhante explicação, é, penso, o seguinte. Quero usar o termo, "propriedade intrínseca" num sentido tal que nenhuma propriedade será "intrínseca" a menos que seja imediatamente óbvia, com relação àquela propriedade tal que, se uma coisa, A, a possuísse, e outra, B, não a possuísse, A e B possivelmente não poderiam ser exatamente iguais.

Penso que esta proposição de imediato torna mais claro qual é a região em que temos de procurar por propriedades intrínsecas, dado que eu penso que a noção de "exata semelhança" é uma noção que é entendida de modo perfeitamente claro por qualquer um, e dado que existe grande número de propriedades com relação às quais é claramente não óbvio de modo imediatamente óbvio que duas coisas, das quais uma possui a propriedade em questão e a outra não, jamais podem ser exatamente iguais. Por conseguinte, tal proposição nos possibilita decidir de imediato, com relação a um grande número de propriedades, que elas *não* são propriedades intrínsecas. Por exemplo: todo mundo sabe de imediato o que se quer dizer afirmando-se de dois pontos coloridos, de imediato, que são exatamente iguais. E óbvio é que eles não podem ser exatamente iguais a menos que sejam exatamente do mesmo formato, exatamente do mesmo tamanho e exatamente da mesma tonalidade de cor. O formato, o tamanho e a tonalidade de cor *podem*, portanto, tanto quanto nosso teste nos diga, ser propriedades intrínsecas. Mas, por outro lado, *não* é igualmente tão claro que dois pontos coloridos podem não ser exatamente iguais a despeito do fato de um deles ser visto por mim, e de o outro *não* ser visto por mim, mas em vez disso por você; ou a despeito do fato de que um deles tem um anel vermelho em torno dele, enquanto o outro não tem. E nosso teste, assim, possibilita-nos decidir com certeza que propriedades tais como "ser visto por mim" ou "ser rodeado por um anel vermelho" *não* são propriedades intrínsecas. Na verdade, é uma doutrina favorita de alguns filósofos que relação alguma é puramente "externa; e uma coisa que esses filósofos parecem querer significar com tal afirmação é que se uma coisa, A, possui seja lá qual propriedade for, que outra coisa, B, não possua, então A e B *não podem* ser exatamente iguais – precisa haver alguma diferença intrínseca na natureza deles. Fosse esta doutrina verdadeira, dela se seguiria, por certo, que qualquer propriedade sem exceção é tal que, caso uma coisa, A, a possua e outra, B, não a possua, A e B não podem ser exatamente iguais. Mas *não* se seguiria que qualquer propriedade é "intrínseca" no sentido em que quero dizer; pois que certamente se segue ser *imediatamente óbvio* com relação a qualquer propriedade, que duas coisas, das quais uma a possui, e outra não, não podem ser exatamente iguais. E que isto seja *imediatamente óbvio* com relação a tais propriedades como ser visto por uma determinada pessoa ou ser rodeado por um anel vermelho, é algo que, que eu saiba, jamais alguém se atreveu a sustentar, e que, caso alguém o sustente, me parece nitidamente falso. Assim sendo, caso sustentar que muitas propriedades existem das quais não é imediatamente óbvio que a posse delas da parte de A acarreta a conseqüência de que A não pode ser exatamente como qualquer outra coisa que B não possua, então estarei, penso, sustentando algo que é nitidamente verdadeiro, e que não envolve a negação do dogma de que relações nenhumas são puramente "externas" no sentido acima definido. Penso, na verdade, que a simples afirmação desse dogma é uma das maneiras mais claras de revelar o fato de que aquilo que naturalmente seria chamado de propriedades "intrínsecas" efetivamente difere de muitas outras apenas com respeito a isto em que agora estou insistindo. Dizer a alguém, como nos diz o dogma, que quaisquer duas coisas, que têm diferentes relações com outras coisas, precisam diferir *intrinsecamente*, transmite, penso, uma idéia muito clara; e a parte principal do que isto transmite é, tanto quanto eu possa ver, que nenhuma das duas coisas podem ser "exatamente iguais", no sentido em que naturalmente usaríamos estas palavras. E qualquer um pode ver, prontamente, que o que isto, pois, nos diz, é algo que de forma alguma é imediatamente óbvio, mas que, se é mesmo verdade, nos propicia um detalhe de informação mais importante e surpreendente sobre o universo. Se nós dissermos que qualquer mancha de cor, que *não* vejo, precisa diferir intrinsecamente de qualquer outra que é vista por mim, ou que qualquer uma que seja vista por mim a qualquer tempo precisa diferir intrinsecamente de qualquer uma que não seja vista por mim naquela ocasião mas só em outra, de imediato vemos que se quer dizer que, a despeito da diferença constituída pelo fato de uma mancha ser vista por mim, e outra não, o que ninguém poderia chamar de intrínseco, as duas manchas em questão precisam *também* diferir de alguma outra maneira – de certo modo análoga à diferença de tonalidade ou à diferença de formato, de forma tal a tornar óbvio de imediato que não são exatamente iguais; e prontamente vermos que isto é alguma coisa que de forma alguma é óbvia, e necessita prova. Já a proposição de que as duas manchas de cor que são de diferentes formatos ou tonalidades não podem ser exatamente iguais é prontamente óbvia e não necessita e não requer prova. Portanto, existem certamente propriedades com relação às quais é imediatamente óbvio que, se alguma coisa as possui e outra não, as duas não podem ser exatamente iguais; e com a mesma certeza outras existem relativamente às quais isto *não* é imediatamente óbvio, mesmo se (como assevera o dogma das relações internas) talvez seja verdade que de quaisquer duas coisas, das quais uma possui uma propriedade e outra não, da última espécie, precisa *também* ser verdade que uma possui e a outra não possui uma propriedade da espécie anterior.

Por conseguinte, ao dizer que nenhuma propriedade pode ser "intrínseca" no sentido a que quero me referir, a menos que de imediato seja óbvio que duas coisas, das quais uma possui a propriedade em questão e a outra não, não podem ser exatamente iguais, estou afirmando algo que prontamente nos possibilita ver, com respeito a um imenso número de propriedades, que elas *não* são intrínsecas. Mas o simples fato de eu estar confinando o termo "propriedades intrínsecas" a propriedades das quais isto é verdade, de imediato denota uma razão pela qual o termo não é inteiramente adequado para exprimir o que quero exprimir. Porque se poderia supor, naturalmente, que quando dizemos de alguma coisa complexa que ela tem um constituinte particular, a propriedade que, pois, lhe atribuímos, é uma propriedade "intrínseca", dado que é uma propriedade que efetivamente nos diz algo sobre a constituição interna da coisa em questão. E, não obstante, é patente que semelhante propriedade não se adapta a nosso teste. Dado que outra coisa pode perfeitamente bem ser exatamente como a coisa em questão, a despeito do fato de não possuir *aquele particular* constituinte, contanto – somente – que tenha em vez disso um constituinte exatamente como este. Assim sendo, de propriedades que são tais que ao afirmar uma coisa, A, as possui, estamos afirmando, de alguma coisa B em particular, que B é um constituinte de A, de tais propriedades, pois, não é óbvio que, se A possui tal propriedade, e outra coisa C, não, A e C *não* podiam ser exatamente iguais; pelo contrário, é mais do que evidente que podem ser. Tais propriedades, destarte, *não* são "intrínsecas" no sentido que quero empregar a palavra; e, ainda assim, poderia parecer que elas certamente deveriam ser chamadas de "intrínsecas" pois certamente elas nos dizem algo a respeito da constituição interna de nada que as contenha. Penso que por esta razão preciso que se me conceda que meu uso da expressão "propriedade intrínseca" pode conduzir a um equívoco; mesmo assim, acredito, está mais de acordo com o uso comum do que estaria tivesse eu empregado a expressão para incluir propriedades da espécie que acabamos de considerar. Isto porque quando as pessoas falam da "natureza intrínseca" de uma coisa, elas sempre – penso eu – empregam a expressão num sentido tal que quaisquer duas coisas que sejam exatamente iguais permitiriam que delas se dissesse que têm *alguma* natureza intrínseca. Mas, como acabamos de ver, essas duas coisas, mesmo quando são complexas, não precisam ter os *mesmos* constituintes; basta que cada constituinte de cada uma delas seja *exatamente como* algum constituinte da outra. Neste emprego comum da frase "natureza intrínseca" está implícito, por conseguinte, que qualquer propriedade que seja tal que ao se afirmar que A a possui, estamos declarando de alguma coisa *particular*, B, que é um constituinte de A, não faz parte da natureza intrínseca de A; porque, se fizesse, então não seria verdadeiro que qualquer coisa exatamente como A precisa ter a *mesma* natureza intrínseca que A. Penso, portanto, que meu emprego da frase "propriedade intrínseca" para excluir tais propriedades, está na verdade mais de acordo com o uso comum que teria para incluí-las, ainda que à primeira vista o contrário [?] pareça ser o caso.

Logo, uma razão pela qual minha frase "natureza intrínseca" não se adequa para exprimir o que quero significar é porque, excluindo, como faço, todas as propriedades da espécie acabada de mencionar, pode parecer que a estou usando num sentido muito estreito. E a principal razão pela qual não é nada adequada, é apenas o oposto disso, com relação ao fato que, desejando incluir, como quero, certas propriedades das quais se poderia pensar que não podem ser adequadamente chamadas de intrínsecas, posso parecer estar usando a frase num sentido muito amplo. De fato, poder-se-ia pensar que não podemos propriamente falar da constituição interna de seja lá o que for, a menos que a coisa seja complexa — a menos, quer dizer, que tenha constituintes; e que, pois, de nada que seja simples, i.e., não tenha constituintes, se pode adequadamente dizer que tenha lá sejam quais forem propriedades intrínsecas. Mas quero empregar a frase "propriedade intrínseca" num sentido tal que todas as coisas simples terão algumas propriedades intrínsecas. Isto quero fazer porque, a menos que se o faça, não será sempre verdade que, onde se tenha uma propriedade intrínseca que seja tal que, ao se afirmar que pertence a A, se esteja afirmando com relação à mesma propriedade, 0, que A tem um constituinte que tem 0, então o próprio 0 precisa ser também uma propriedade intrínseca. Penso ser conveniente que sejamos capazes de falar de propriedades intrínsecas desta espécie, como propriedades que consistem em afirmar de alguma propriedade intrínseca que a coisa que declaramos possuí-la, tem um constituinte que tem essa propriedade. Mas se for para fazermos isto, é óbvio que precisamos usar "propriedade intrínseca" num sentido tal que as coisas simples possam ter propriedades intrínsecas.

*Todas as coisas são aquilo que elas são,
e não outra coisa*

BISPO BUTLER

DOCTORIBUS AMICISQUE CANTABRIGIENSIBUS

DISCIPULUS AMICUS CANTABRIGIENSIS

PRIMITIAS

D.D.D.

AUCTOR*

---

* O autor dá, doa e dedica os frutos de seu trabalho aos doutores e amigos de Cambridge.

Prefácio à primeira edição

Quer me parecer que em Ética, como em todos os outros estudos filosóficos, as dificuldades e discordâncias, das quais sua história está repleta, devem-se, especialmente a uma causa muito simples: especificamente, à tentativa de responder a perguntas sem primeiro descobrir, precisamente, *qual* a pergunta a que se deseja responder. Ignoro até que ponto esta fonte de erros foi explorada, se os filósofos *tentariam* descobrir qual questão eles estavam propondo, antes de se prepararem para responder a ela; pois o trabalho de análise e distinção é, freqüentemente, muito difícil: podemos falhar, amiúde, em fazer a necessária descoberta, embora tenhamos feito uma tentativa definida nesse sentido. Mas estou, também, inclinado a pensar que, em muitos casos, uma tentativa resoluta seria suficiente para garantir o sucesso; conseqüentemente, se apenas essa tentativa fosse feita, muitas das mais ofuscantes dificuldades e discordâncias na filosofia desapareceriam. De todas as formas, no geral, os filósofos parecem não fazer a tentativa; e, seja ou não em conseqüência dessa omissão, eles estão dedicada e constantemente procurando provar que "Sim" ou "Não" responderão às perguntas para as quais *nenhuma* das respostas é correta, por causa do fato de que eles têm antes em suas mentes não uma pergunta, mas várias, para algumas das quais a resposta verdadeira é *Não*, e para outras *Sim*.

Tentei, neste livro, distinguir claramente duas espécies de questões, que os filósofos morais sempre tentaram responder, mas que, como tentei demonstrar, eles quase sempre confundiram uma com a outra e com outras questões. Essas duas questões podem ser expressas, a primeira na forma: *Que espécie de coisas devem existir em seu próprio benefício?* A segunda, na forma: *Que espécie de ação devemos executar?* Tentei mostrar, exatamente, o que é que perguntamos a respeito de uma coisa, quando perguntamos se ela deve existir para seu próprio benefício, é boa para si mesma ou tem valor intrínseco; e exatamente o que perguntamos a respeito de uma ação, quando perguntamos se a devemos realizar, se é a ação certa ou um dever.

Mas de uma compreensão clara da natureza dessas duas questões, parece-me seguir-se um segundo resultado mais importante especificamente, qual a natureza da evidência, pela qual – isoladamente – qualquer proposição ética pode ser provada ou não, confirmada ou exibida como duvidosa. Uma vez que reconheçamos o significado exato das duas questões, acho que se torna claro, também, exatamente que espécie de razões são relevantes como argumentos a favor ou contra qualquer resposta particular a elas. Torna-se claro também que, para as respostas da *primeira* questão, nenhuma evidência relevante pode ser aduzida: de nenhuma outra verdade, exceto elas mesmas, pode-se inferir que sejam verdadeiras ou falsas. Podemos nos guardar do erro somente por tomar cuidado em que, quando tentamos responder uma questão dessa espécie, temos diante de nossas mentes apenas aquela questão e nenhuma outra ou outras; tenho tentado mostrar que existe grande perigo de tais erros de confusão, e, também quais são as precauções principais que podemos tomar contra elas. Já para a *segunda* questão, torna-se igualmente claro que qualquer resposta a ela é capaz de provar ou não que, de fato, tantas considerações diferentes são relevantes para a sua verdade ou falsidade, como tornar a consecução de propabilidade muito difícil e a consecução de certeza, impossível. Ainda assim, a *espécie* de evidência, que é tanto necessária e exclusivamente relevante para tal prova ou desconfirmação, é capaz de conseguir definição exata. Tal evidência deve conter proposições de duas espécies e de duas espécies somente: deve consistir, primeiramente, em verdades relativas aos resultados da ação em questão – de verdades *causais* – mas deve *também* conter verdades éticas de nossa primeira ou auto-evidente classe. Muitas verdades de ambas as espécies são necessárias para provar que qualquer ação deve ser feita; e qualquer outra espécie de evidência é totalmente irrelevante. Segue-se que, se qualquer filósofo ético oferecer para proposições da primeira questão qualquer evidência que seja, ou se, para proposições da segunda espécie, ele deixar de aduzir, tanto a verdade causal como a ética, ou aduzir verdades que não são nenhuma delas, seu raciocínio não tem a mínima tendência de assegurar suas conclusões. Não apenas são, suas conclusões, totalmente despidas de peso: temos, no mais, razão para torná-lo suspeito do erro da confusão; vez que a oferta de evidência irrelevante, geralmente indica que o filósofo que a oferece teve ante sua mente, não a questão que ele pretende responder, mas alguma outra, completamente diferente. Assim sendo, a discussão ética talvez tenha consistido, principalmente, em raciocínio dessa espécie totalmente irrelevante.

Um dos aspectos principais deste livro pode então ser expresso pela pequena mudança de um dos títulos mais famosos de Kant. Empenhei-me em escrever "Prolegômenos a qualquer Ética futura que possa, possivelmente, pretender ser científica". Em outras palavras, empenhei-me em descobrir quais são os princípios fundamentais do raciocínio ético; e o estabelecimento desses princípios, em vez de qualquer conclusão que possa ser conseguida pelo seu uso, pode ser considerado como o meu estudo principal. Tentei, também, no Capítulo VI, apresentar algumas conclusões a respeito da resposta adequada à questão "O que é bom em si mesmo?", que é muito diferente de qualquer outra comumente advogada pelos filósofos. Tentei definir as categorias ou classes dentro das quais todos os grandes bens e males incidem e sustentei que muitas coisas diferentes são boas e más em si mesmas, e que nenhuma classe de coisas possui qualquer outra propriedade que seja comum a todos os seus membros e peculiar a eles.

A fim de expressar que proposições éticas de minha *primeira* classe são incapazes de provar ou negar, às vezes segui o costume de Sidgwick em chamá-las *intuições*. Mas, imploro que seja notado que não sou um *intuicionista* no sentido ordinário da palavra. Sidgwick, mesmo, parece nunca ter claramente estado consciente da imensa importância da diferença que distingue seu intuicionismo da doutrina comum chamada geralmente por aquele nome. O intuicionismo verdadeiro se distingue por manter que proposições de minha *segunda* classe – proposições que afirmam que uma certa ação é *certa* ou um *dever* – são incapazes de provar ou negar por qualquer investigação dos resultados de tais ações. Eu, ao contrário, não estou menos ansioso em manter que proposições *desta* espécie *não* são intuições, que sustentar que proposições de minha *primeira* classe são intuições.

Ainda uma vez desejo que se observe que, quando chamo tais proposições de *intuições*, quero *simplesmente* afirmar que elas são incapazes de prova; não estou sugerindo coisa alguma a respeito do modo ou origem de nossa cognição delas. Menos ainda estou sugerindo (como a maioria dos *intuicionistas* fizeram) que qualquer que seja a proposição ela é verdadeira, *porque a* conhecemos de um modo particular ou pelo exercício de qualquer faculdade particular: sustento, ao contrário, que em todos os modos possíveis para se conhecer uma proposição verdadeira, é também possível conhecer uma falsa.

Quando este livro já estava quase pronto, descobri, na *Origem do Conhecimento do Certo e do Errado*, de Brentano[1], opiniões muito mais perto em semelhança com as minhas, que aquelas de outros autores de ética com os quais estou familiarizado. Brentano parece concordar comigo completamente (1) no considerar todas as proposições éticas como definidas pelo fato de que pregam um conceito objetivo único; (2) no dividir essas proposições, nitidamente, nas mesmas duas espécies; (3) no manter que a primeira espécie não é passível de prova; e (4) com respeito à evidência necessária e relevante para provar a segunda espécie. Mas, ele considera o conceito ético fundamental como sendo, não aquele simples que eu denoto por *bom*, mas o complexo, que defini como *belo*; e ele não reconhece – até nega a implicação – o princípio que chamei de *princípio das unidades orgânicas*. Por conseqüência dessas duas diferenças, suas conclusões a respeito de que coisas são boas por si mesmas também diferem, muito materialmente, das minhas. Ele concorda, porém, que existem muitos bens diferentes, e que o amor de bons e belos objetos constitui uma classe importante entre eles.

Desejo referir-me a um descuido, que só notei quando tarde demais para corrigi-lo, e poderá – temo – causar dificuldade desnecessária a alguns leitores. Deixei de discutir, diretamente, as relações mútuas de várias noções diferentes que estão expressas pela palavra fim. As conseqüências dessa omissão, podem, talvez, ser evitadas parcialmente por uma referência ao meu artigo sobre "Teleologia" no *Dictionary of Philosophy and Psychology* de Baldwin.

Se tivesse de reescrever meu trabalho, agora, o faria bem diferente, e acredito que poderia fazer um livro melhor. Mas é de se duvidar se, na tentativa de me satisfazer, não tornaria mais obscuras, apenas, as idéias que estou mais ansioso em apresentar, sem um ganho correspondente em completude e precisão. Seja lá como for, minha convicção em publicar o livro como está foi, provavelmente, a melhor coisa que pude fazer, sem evitar que eu esteja dolorosamente ciente de todos os seus defeitos.

TRINITY COLLEGE, CAMBRIDGE
Agosto, 1903.

---

[1] Escrevi uma crítica deste livro Brentano, Franz – The Origin of knowledge of Right and Wrong, trad. Cecil Hague, Constable, 1902, que deverá, espero, aparecer no *International Journal of Ethics* em outubro, 1903. Posso referir-me a essa crítica para uma compreensão mais ampla de minhas razões em discordar de Brentano.

CAPÍTULO I

O OBJETO DA ÉTICA

1. É muito fácil indicar alguns de nossos juízos diários cuja veracidade é indubitavelmente assunto da Ética. Sempre que dizemos "Fulano é um bom homem" ou "Aquele sujeito é um vilão", sempre que perguntamos "O que devo fazer?" ou "Está errado eu agir desta maneira?", sempre que aventuramos certas afirmações como "Temperança é uma virtude e a embriaguez um vício" – é, sem dúvida alguma, da competência da Ética discutir essas questões e esse tipo de enunciados; discutir qual é a resposta verdadeira quando perguntamos o que é certo fazer, e dar razões para pensar que nossas declarações sobre o caráter das pessoas ou da moralidade das ações são verdadeiras ou falsas. Na vasta maioria dos casos, quando fazemos declarações envolvendo qualquer dos termos "virtude", "vício", "dever", "certo", "obrigação", "bom", "mau", estamos fazendo julgamentos éticos; e se desejamos discutir sua verdade, estaremos abordando questões éticas.

Embora isso não tenha sido discutido, falta muito pouco para se definir a esfera da Ética. Essa esfera, na verdade, pode ser definida como a verdade integral a respeito do que é, ao mesmo tempo, comum a todos estes julgamentos e que lhes é, também, peculiar. Mas nós ainda temos de formular a questão: que é isto que é comum e peculiar? respostas diferentes têm sido dadas pelos filósofos éticos de conhecida reputação, e nenhuma delas, talvez, satisfatória.

2. Se tomarmos exemplos como os dados acima, não estaremos muito errados em dizer que todos eles estão preocupados com a questão da "conduta" – com a questão sobre o que em sua conduta, seres humanos, é bom, mau, certo e errado. Pois, quando dizemos que um homem é bom, comumente queremos dizer que ele age corretamente; quando dizemos que a embriaguez é um vício, geralmente queremos dizer que embriagar-se é errado ou uma ação má. Essa discussão da conduta humana é, de fato, aquilo com o que o nome Ética está mais intimamente associado. Essa associação é derivada; e a conduta é, de longe, e indubitavelmente, o mais comum e mais geralmente interessante objeto do julgamento ético.

Em função disto, vemos que muitos filósofos éticos estão dispostos a aceitar como uma definição adequada de Ética a afirmação de que ela trata da questão do que é bom ou mau na conduta humana. Eles sustentam que suas indagações estão, propriamente, confinadas à "conduta" ou à "prática"; eles sustentam que o nome "filosofia prática" cobre todas as questões com as quais se relacionam. Agora, sem discutir o significado próprio da palavra (já que as questões verbais são deixadas, adequadamente, para os autores de dicionários e outros interessados na literatura; a filosofia, como veremos, não se preocupa com isso), posso dizer que tenho a intenção de usar Ética para abranger mais que isso – um uso para o qual existe, acho, autoridade quase suficiente. Eu a estou usando para abranger uma indagação para a qual, em todos os casos, não existe outra palavra: a indagação geral a respeito do que é bom.

A Ética está, sem dúvida alguma, preocupada com a questão do que significa *boa conduta*; mas, estando preocupada com isso, obviamente não inicia pelo começo, a menos que esteja preparada para nos dizer o que é *bom*, bem como o que é *conduta*. Isso porque *boa conduta* é uma noção complexa: nem todas as condutas são boas; pois algumas delas são, certamente más, e algumas podem ser indiferentes. Por outro lado, outras coisas, além de conduta, podem ser boas; e se são, então *bom* denota alguma propriedade, que lhes é comum e à conduta; e, se examinarmos apenas a boa conduta de todas as coisas boas, correremos, então, o perigo de confundir, por esta propriedade, alguma propriedade que não é compartilhada por aquelas outras coisas; e, então, teremos cometido um engano a respeito da Ética, mesmo neste sentido limitado; pois não saberemos o que é realmente boa conduta. Este é um engano que muitos escritores têm cometido, no limitar suas indagações a respeito da conduta. Assim, devo evitá-la no considerar, primeiro, o que é bom, em geral; esperando que, se pudermos chegar a qualquer certeza a este respeito, será muito mais fácil estabelecer a questão da boa conduta; pois todos sabemos, muito bem, o que a *conduta é*. Esta, portanto, é nossa primeira questão: *O que é bom? O que é mau?* e à discussão desta questão (ou destas questões) dou o nome de Ética, já que esta ciência, de todas as maneiras, deve incluí-la.

3. Porém, esta é uma questão que pode ter muitos significados. Se, por exemplo, cada um de nós fosse dizer "Estou fazendo o bem, agora" ou "Tive um bom jantar, ontem", estas afirmações seriam, cada qual, uma espécie de resposta à nossa questão, embora, talvez, falsa. Assim também, quando A pergunta a B para qual escola ele deve mandar seu filho, a resposta de B será, com certeza, um julgamento ético. E, igualmente, toda distribuição de louvor ou censura a qualquer personagem ou coisa que existiu, existe, ou virá a existir, dá uma certa resposta à questão "O que é bom?" Em todos esses casos, alguma coisa particular é julgada boa ou má: a questão "O quê?" é respondida por "Isto". Mas, não é nesse sentido que a Ética científica faz a pergunta. Nenhuma, de todos os muitos milhões de respostas desta espécie, que deve ser verdadeira, pode fazer parte de um sistema ético, embora esta ciência deva conter razões e princípios suficientes para decidir a respeito da verdade de todas elas. Existem pessoas demais, coisas e eventos no mundo, passado, presente ou futuro, para que se discuta seu mérito individual a ser abrangido por qualquer ciência. A Ética, portanto, não trata, absolutamente, de todos os fatos dessa natureza, fatos que são únicos, individuais, absolutamente particulares; fatos com os quais certas matérias como história, geografia, astronomia, são compelidas, ao mesmo em parte, a lidar. Por essa razão, não é da competência do filósofo ético dar conselho pessoal ou exortação.

4. Mas existe outro significado que pode ser dado à questão "O que é bom?" "Livros são bons" seria uma resposta, embora uma resposta obviamente falsa; pois alguns livros são bem ruins, realmente. Um julgamento ético desta espécie pertence, na verdade, à Ética; embora eu não deva lidar com muitos deles. Tal é o juízo "O prazer é bom" – um juízo cuja veracidade deve ser discutida pela Ética, embora não, de modo algum, tão importante como o juízo do qual nos ocuparemos agora – "*Somente* o prazer é bom". Juízos desta espécie é que são feitos em livros de Ética que contêm uma lista de "virtudes" – na *Ética* de Aristóteles, por exemplo. Mas são julgamentos, precisamente, da mesma espécie que formam a substância do que é comumente suposto como um estudo diferente da Ética, e um muito menos respeitável – o estudo da Casuística. Podemos dizer que a Casuística difere da Ética, por ser muito mais detalhada e particular e a Ética muito mais geral. Mas é importante notar que a Casuística não lida com tudo que é absolutamente particular – particular no sentido exclusivo em que uma linha perfeitamente precisa pode ser traçada entre ela e o que é geral. Não é particular no sentido agora notado, o sentido em que este livro é um livro particular e os amigos de A dão conselhos particulares. A Casuística pode, realmente, ser *mais* particular e a Ética *mais* geral; mas isso significa que eles diferem, apenas, em grau, não em espécie. E isso é universalmente verdadeiro de "particular" e "geral", quando usado neste senso comum, mas inexato. Até o ponto em que se permite fornecer listas de virtudes ou, mesmo, nomear componentes do Ideal, a Ética não se distingue, em nada, da Casuística. Ambas lidam com o que é geral, no sentido em que a física e a química lidam com o que geral. Exatamente como a química objetiva descobrir quais as propriedades do oxigênio, *onde quer que ocorra*, e não apenas desta ou daquela espécie particular de oxigênio; assim, a Casuística objetiva descobrir quais ações são boas, onde quer que *ocorram*. Neste sentido, a Ética e a Casuística devem ser classificadas com ciências como a física, química e fisiologia, em sua absoluta distinção daquelas das quais a história e a geografia são exemplos. E deve-se notar que, por causa de sua natureza detalhista, as investigações casuísticas são – na verdade – muito mais próximas da física e da química que as investigações geralmente pertinentes à Ética. Pois, assim como a física não pode se dar por satisfeita com a descoberta de que a luz é propagada por ondas etéricas, mas deve ir adiante e descobrir a natureza particular das ondas-etéricas correspondentes a cada uma das várias cores[1]; da mesma forma, a Casuística – descontente com a lei geral de que caridade é uma virtude – deve tentar descobrir os méritos relativos de cada forma diferente de caridade. A Casuística, dessa maneira, faz parte do ideal da ciência ética: a Ética não pode ser complexa sem ela. Os defeitos da Casuística não são defeitos de princípio; nenhuma objeção pode ser levantada ao seu objetivo e objeto. Ela tem falhado somente porque é extremamente difícil um tema ser tratado adequadamente no presente estado de nosso conhecimento.

O casuísta tem sido incapaz de distinguir, nos casos de que trata, esses elementos de que seu valor depende.

Portanto, muitas vezes, considera dois casos como sendo idênticos com relação ao valor, quando na realidade eles são semelhantes somente em alguns outros aspectos. É para erros desta natureza que a influência perniciosa de tais investigações tem sido devida. Para a Casuís-

---

1. Observe-se que o texto foi elaborado antes da publicação dos resultados da experiência de Michelson Marley. (N.Ts.)

tica é o objetivo da investigação ética. Isto não pode ser colocado a salvo no começo de nossos estudos, mas somente no fim.

5. Mas nossa questão "O que é bom?" pode ter ainda um outro significado. Podemos, em terceiro lugar, querer perguntar, não que coisa ou coisas são boas, mas como "bom" deve ser definido. Esta é uma investigação que pertence somente à Ética, não à Casuística; e é uma investigação da qual nos ocuparemos inicialmente.

É uma investigação para a qual a atenção mais especial deve ser direcionada; uma vez que esta questão, de que modo "bom" será definido, é a mais fundamental em toda Ética. Isso que é projetado por "bom" é, na verdade, salvo seu contrário "mal" o *único* objeto simples do pensamento que é peculiar da Ética. Esta definição é, portanto, o ponto mais essencial na definição da Ética; e além disso um erro neste ponto acarreta um número maior de julgamentos éticos errôneos que qualquer outro. Salvo se a primeira questão for totalmente entendida, e sua resposta correta reconhecida claramente, o resto da Ética é inútil do ponto de vista do conhecimento sistemático. Julgamentos éticos verdadeiros, das duas espécies em discussão, podem, realmente, ser feitos por aqueles que desconhecem a resposta para esta questão, tanto quanto por aqueles que a conhecem; e nem é preciso dizer que essas duas classes de pessoas podem, igualmente, levar uma vida boa. Mas é extremamente improvável que os julgamentos éticos mais gerais sejam igualmente válidos, na ausência de uma resposta verdadeira a esta questão: devo, presentemente, tentar mostrar que os erros mais graves devem-se, largamente, no acreditar-se numa resposta falsa. E, de qualquer modo, é impossível que, até que a resposta a esta questão seja conhecida, qualquer um deva saber *qual é a evidência* para qualquer julgamento ético. Todavia, o objeto principal da Ética, como uma ciência sistemática, é dar razões corretas para se pensar que isso ou aquilo é bom; e, a menos que esta questão seja respondida, tais *razões* não podem ser expendidas. Mesmo, portanto, abstraindo o fato que uma resposta falsa leva a falsas conclusões, esta investigação é a parte mais necessária e importante da ciência da Ética.

6. O que, então, é bom? Como pode-se definir *bom*? Pode-se pensar, seja esta uma pura questão verbal. Uma definição, freqüentemente, e realmente, significa um meio de expressar o significado de uma palavra em outras palavras. Mas não é esta espécie de definição que estou pedindo. Tal definição jamais será da maior importância de qualquer estudo, exceto a lexicografia. Se eu quisesse esta espécie de definição, teria de considerar, primeiramente, como a palavra "bom" é geralmente usada pelas pessoas; mas minha preocupação não é com seu uso, propriamente dito, como estabelecido pelo costume. Eu seria realmente tolo se tentasse usá-la para algo que, usualmente, não denota: se eu tivesse, por exemplo, de anunciar que toda vez que eu usasse a palavra "bom" eu devesse ser entendido como se estivesse pensando no objeto designado, usualmente, pela palavra "mesa". Conseqüentemente, devo usar a palavra no sentido com o qual eu acho que ela é comumente usada; mas, ao mesmo tempo, não estou ansioso por discutir se estou certo ao pensar que ela é usada dessa maneira. Meu problema é, exclusivamente, com aquele objeto ou idéia que tenho, correta ou erradamente, que a palavra é geralmente usada para significar. O que quero descobrir é a natureza daquele objeto ou idéia, e a esse respeito estou extremamente ansioso para chegar a um acordo.

Mas, se compreendermos a questão nesse sentido, minha resposta a ela pode parecer uma decepção. Se me perguntam "O que é bom?" minha resposta é que bom é bom e este é o fim da questão. Ou se me perguntam "Como deve-se definir bom?" minha resposta é que ele não pode ser definido, e isso é tudo que tenho a dizer a respeito. Mas, por mais frustrante que essas respostas possam ser ou parecer, elas são da maior importância. Para leitores familiarizados com a terminologia filosófica, posso expressar sua importância, dizendo que elas significam, o seguinte: que as proposições a respeito do bom são todas sintéticas, jamais analíticas; e que não se trata, claramente, de uma questão trivial. E a mesma coisa pode ser expressa mais popularmente, dizendo-se que, se estou certo, então, ninguém pode insinuar-nos axiomas do tipo "O prazer é o único bem" ou que "O bom é o desejado", na pretensão de que este é "o significado real da palavra".

7. Vamos, então, considerar esta posição. Minha posição é que *bom* é uma noção simples, como "amarelo" é uma noção simples; que, da mesma forma que você não pode, seja lá como for, explicar a alguém que ainda não saiba o que é o amarelo, da mesma forma você não pode explicar ainda o que o bom é. Definições da espécie que eu estava pedindo, definições que descrevam a real natureza do objeto ou a noção denotada por uma palavra, e que meramente não nos diga apenas para o que a palavra é usada (used to mean), só são possíveis quando o objeto ou noção em questão é algo complexo. Você pode dar a definição de um cavalo, porque um cavalo tem várias qualidades e propriedades diferentes, e você pode enumerá-las todas. Mas quando você as enumerou todas, quando reduziu o cavalo aos seus termos mais simples, então você não pode mais definir tais termos. Eles são, simplesmente, algo que você pensa ou percebe, e para qualquer um que não possa percebê-lo ou pensá-lo, você jamais poderá, por nenhuma definição, tornar sua natureza conhecida. Pode-se, talvez, objetar a isso dizendo-se que podemos descrever aos outros objetos que eles jamais viram ou pensaram. Podemos, por exemplo, fazer um homem compreender o que é uma quimera, embora ele jamais tenha ouvido falar a respeito ou visto uma. Você pode lhe dizer que é um animal com a cabeça de leoa e o corpo com a cabeça de uma cabra em cima de suas costas, e uma cobra no lugar da cauda. Mas, aqui, o objeto que você está descrevendo é um objeto complexo; é inteiramente composto de partes com as quais estamos perfeitamente familiarizados – uma cobra, uma cabra, uma leoa; e sabemos também o modo como estas partes devem ser postas, porque sabemos o que significa a metade das costas de uma leoa, e onde sua cauda deve crescer. Assim é com todos os objetos, que não são previamente conhecidos, e que pode os definir: são todos complexos; todos eles compostos por partes, que podem, em si mesmas, em primeira instância, ser capazes de uma definição similar, mas que devem ser reduzidas finalmente às suas partes mais simples que, então, não mais podem ser definidas. Mas amarelo e bom, dizemos nós, não são complexos: são noções da espécie mais simples, de que são compostas definições e com as quais cessa a possibilidade de ulteriores definições.

8. Quando dizemos, como Webster diz, "A definição de cavalo é 'um quadrúpede com casco do gênero Equus'", podemos, de fato, entender três coisas diferentes. (1) Podemos entender, meramente: "Quando eu digo 'cavalo', você deve entender que estou me referindo a um quadrúpede de cascos do gênero Equus". Isso pode ser chamado de definição verbal arbitrária: não estou querendo dizer que bom é indefinível neste sentido. (2) Podemos entender, como 'Webster deve significar: *"Quando a maior parte do povo inglês diz 'cavalo' quer dizer um quadrúpede de cascos do gênero Equus"*. Isso pode ser chamado de definição verbal adequada, e não digo que bom é indefinível neste sentido, também, pois certamente é possível descobrir como o povo usa a palavra: ao contrário, jamais poderíamos saber que *"bom"* pode ser traduzido para o alemão como *"gut"* e *"bon"* em francês. Mas (3) podemos, quando definimos cavalo, significar algo muito mais importante. Podemos referir que um certo objeto, que todos nós conhecemos, é composto de uma certa maneira: que ele tem quatro pernas, uma cabeça, um coração, um fígado etc., etc., todos eles arranjados em relações definidas umas com as outras. É nesse sentido que nego que *bom* possa ser definível. Digo que não é composto de parte alguma que possamos substituir em nossas mentes quando pensamos a seu respeito. Podemos, apenas, pensar clara e corretamente a respeito de um cavalo se pensarmos em todas as suas partes e sua combinação em vez de pensarmos no todo: poderíamos pensar como um cavalo difere de um jumento, tão bem, tão fielmente, neste modo, como o fazemos agora, apenas não tão facilmente; mas nada existe que possamos substituir por bom; e é isso que quero dizer, quando digo que *bom* é indefinível.

9. Mas temo não ter removido ainda a dificuldade principal que pode barrar a aceitação da proposição de que bom é indefinível. Não quero dizer que *o* bom, aquilo que é bom seja indefinível; se pensasse assim, não deveria estar escrevendo a respeito da Ética, pois o meu objetivo principal é ajudar a descobrir essa definição. É exatamente porque penso que existe menos risco de erro em nossa busca por uma definição de "o bom" que insisto, agora, que "bom" é indefinível. Devo tentar explicar a diferença entre esses dois. Suponho ser indiscutível que "bom" é um adjetivo. Bem, o "bom", "aquilo que é bom", deve, conseqüentemente, ser o substantivo ao qual o adjetivo "bom" será aplicado; deve ser o todo ao que o adjetivo será aplicado, e o adjetivo deve *sempre* ser-lhe aplicado. Mas se é a isso que o adjetivo será aplicado, deve ser alguma coisa diferente do próprio adjetivo; e o todo daquela coisa diferente, seja lá o que for, será a nossa definição de "o" bom. Agora, pode ser que essa alguma coisa tenha outros adjetivos, além de "o bom", que lhe são aplicáveis. Pode ser cheio de prazeres, por exemplo; pode ser inteligente: e se esses dois adjetivos são realmente parte de sua definição, então certamente será verdade que o prazer e a inteligência são bons. E muita gente parece pensar que, se dizemos "O prazer e a inteligência são bons" ou se dissermos "Apenas o prazer e a inteligência são bons", estamos definindo "bom". Bem, não posso negar que proposições dessa natureza podem ser chamadas, algumas vezes, de definições; não sei o bastante como a palavra é geralmente usada para decidir a respeito deste ponto. Apenas desejo que seja compreendido que isso não é o que entendo quando assim disser, se usar a palavra outra vez. Eu creio, totalmente, que alguma proposição verdadeira da forma "Inteligência é bom e inteligência, apenas, é bom" pode ser encontrada; se nenhuma pode ser encontrada, nossa definição de *o* bom seria impossível. Assim como está, creio que *o* bom pode ser definível; e, ainda assim, direi que bom em si mesmo é indefinível.

10. "Bom", então, se com isso queremos dizer aquela qualidade que afirmamos pertencer a uma coisa, quando dizemos que uma coisa é boa, passível de qualquer definição, no sentido mais importante da palavra. O mais importante sentido de "definição" é aquele no qual uma definição afirma quais são as partes que invariavelmente compõem um certo todo; e neste sentido "bom" não tem definição porque é simples e não tem partes. É um daqueles inúmeros objetos do pensamento que não são, por si mesmos, passíveis de definição, porque são os termos últimos em relação aos quais qualquer coisa capaz de ser definida deve ser definida. Que deve haver um número indefinido de tais termos, é óbvio, por reflexão; desde que não podemos definir coisa alguma a não ser mediante análise a que deve alcançar, que levada aos limites nos remete a alguma coisa que é simplesmente diferente de todas as outras coisas, e que, por aquela diferença última, explica a peculiaridade do todo que estamos definindo: pois cada todo contém algumas partes que são comuns a outros todos também. Portanto, não existe nenhuma dificuldade intrínseca na afirmativa que "bom" denota uma qualidade simples e indefinível. Existem vários outros exemplos de tais qualidades.

Consideremos o amarelo, por exemplo. Podemos tentar defini-lo, descrevendo seu equivalente físico; podemos afirmar que espécie de vibrações-luminosas devem estimular o olho normal, a fim de podermos percebê-las. Mas um momento de reflexão é suficiente para demonstrar que aquelas vibrações-luminosas não são, elas mesmas, o que que queremos dizer por amarelo. Elas não são o que percebemos. Na verdade, nós jamais seríamos capazes de descobrir sua existência, a menos que fôssemos, primeiramente, afetados pela patente diferença de qualidade entre cores diferentes. O máximo que podemos nos permitir dizer dessas vibrações é que elas são o que corresponde, no espaço, ao amarelo que nós percebemos.

No entanto, um engano desta espécie simples tem sido cometido comumente a respeito de "bom". Pode ser verdade que todas as coisas que são boas sejam *também* outra coisa, tanto quanto é verdade que todas as coisas que são amarelas produzem uma certa espécie de vibração na luz. E é um fato que a Ética visa à descoberta de quais são aquelas outras propriedades pertencentes a todas as coisas que são boas. Mas demasiados filósofos pensaram que quando eles nomearam aquelas outras propriedades eles estavam definindo bom; que aquelas outras propriedades, de fato, não eram simplesmente "outro", mas absoluta e inteiramente o mesmo que bondade. Esta visão é proposta por mim, para chamar a "falácia naturalista" e dela me esforçarei, agora, de tratar.

11. Consideremos o que é que tais filósofos dizem. Primeiro deve-se notar que eles não concordam entre si. Não apenas dizem que estão certos quanto ao que é bom, mas eles se dedicam a provar que outras pessoas que dizem que isso é outra coisa, estão erradas. Um, por exemplo, afirmará que bom é o prazer, outro talvez, que bom é o que é desejado; e cada qual argumentará denotadamente para provar que o outro está errado. Mas como isso é possível? Um deles diz que bom não é nada mais que o objeto do desejo, e, ao mesmo tempo, tenta provar que não é prazer. Mas, desta primeira afirmação, de que bom significa apenas o objeto do desejo, uma das duas coisas deve ser conseqüência de sua prova:

(1) Ele pode estar tentando provar que o objeto do desejo não é o prazer. Mas se isso é tudo, onde está sua Ética? A posição que ele está mantendo é, meramente, psicológica. Desejo é algo que ocorre em nossas mentes, e prazer é outra coisa que ocorre igualmente; e o nosso filósofo-ético de faz-de-conta está, meramente, sustentando que a última não é objeto da primeira. Mas o que é que isso tem a ver com a questão em disputa? Seu oponente mantém a proposição ética que prazer era o bom, e, embora ele possa provar milhões de vezes com a proposição psicológica que prazer não é o objeto do desejo, nem de perto está ele provando que seu oponente está errado. A posição é similar a esta: Um homem diz que um triângulo é um círculo. Outro replica: "Um triângulo é uma linha reta, e provar-lhe-ei que estou certo; pois (este é o único argumento) "uma linha reta não um círculo". "Isso é verdade", responde o outro; "mas, ainda assim, um triângulo é um círculo e você nada disse, de maneira alguma, para provar o contrário. O que está provado é que um de nós está errado, pois concordamos que um triângulo não pode ser uma linha reta e um círculo; mas provar quem está errado, nada existe no mundo para fazê-lo, uma vez que você define o triângulo como uma linha reta e eu o defino como um círculo." – Bem, essa é uma alternativa que qualquer Ética naturalista tem de enfrentar; se bom é *definido* como

alguma coisa diferente, é então, impossível provar que outra definição qualquer esteja errada ou, mesmo, negar tal definição.

(2) A outra alternativa dificilmente será mais bem-vinda. É que a discussão, afinal, é verba. Quando A diz "Bom significa prazeroso" e B diz "Bom significa desejado", eles podem meramente desejar afirmar que a maioria das pessoas usaram a palavra para o que é agradável e para o que é desejado, respectivamente. E esse é um tema muito interessante para discussão: apenas não é, um fiapo mais, uma discussão ética que a outra foi. Nem penso que nenhum expoente da Ética naturalista aceitará que isso foi tudo que ele quis dizer. Eles estão todos tão ansiosos em nos persuadir que o que eles chamam de bom é o que nós devemos fazer. *"Fazer, orar, agir assim, porque a palavra 'bom' é usada, geralmente, para denotar ações desta natureza"*: tal; nesta visão, seria a substância de seus ensinamentos. E na medida em que eles nos digam como devemos agir, seus ensinamentos são verdadeiramente éticos, como eles pretendem que sejam. Mas como é perfeitamente absurda a razão que eles nos dariam! *"Você deve fazer isso, porque a maioria do povo usa uma certa palavra para denotar condutas assim". "Você deve dizer coisas que não são porque a maioria do povo as chama de mentira"*. É um argumento também muito bom. Meus caros senhores, o que queremos saber de vocês como professores de ética, não é como as pessoas usam uma palavra; nem mesmo que espécie de ação elas aprovam que o uso da palavra "bom" pode certamente implicar: o que queremos saber é simplesmente o que *é* bom. Podemos, realmente, concordar que o que a maioria das pessoas chama de bom possa sê-lo realmente; em todo o caso devemos ficar satisfeitos em conhecer sua opinião: mas quando dizemos de suas opiniões a respeito do que *é* bom, queremos dizer o que dizemos; não nos importa se chamam aquela coisa que indicam como "cavalo" ou "mesa" ou "cadeira", "gut" ou "bon" ou "áyaΘós"; nós queremos saber o que é que eles chamam assim. Quando dizem "Prazer é bom" não podemos acreditar que eles simplesmente queriam dizer "Prazer é prazer" e nada mais que isso.

12. Suponhamos um homem que diga "Estou satisfeito"; e suponhamos que não seja um engano, mas a verdade. Bem, se for verdade, o que ela significa? Significa que sua mente, uma certa e determinada definida mente, distinta por certas marcas definidas, de todas as demais, teve neste momento, um certo sentimento definido, chamado prazer. "Satisfeito" *significa* nada além de sentir prazer, e embora possamos estar mais satisfeitos ou menos satisfeitos – e até o admitamos para o momento –, ter uma ou outra espécie de prazer; mesmo assim, enquanto seja prazer o que estamos tendo, seja mais ou menos dele, e seja de uma espécie ou de outra, o que temos é uma coisa definida, absolutamente indefinível, uma espécie de coisa que é a mesma em todos os vários graus e em todas as várias espécies de seu gênero que possam existir. Podemos ser capazes de dizer como ele está relacionado com outras coisas; que, por exemplo, está na mente, que causa desejo, que temos consciência dele etc. etc. Podemos descrever, digo eu, suas relações com outras coisas, mas, defini-lo *não* podemos. E se alguém tentou definir a palavra prazer para nós como sendo algum outro objeto natural; se qualquer pessoa devesse dizer, por exemplo, que prazer significa a sensação do vermelho, e devesse continuar a deduzir daí que prazer é uma cor, deveríamos ter o direito de rir dele e recusar suas afirmações futuras a respeito de prazer. Bem, isso seria a mesma falácia que já chamei de falácia naturalista. Que "satisfeito" (pleased) não significa "ter a sensação do vermelho" ou de outra coisa qualquer, não nos impede compreender o que quer dizer. É-nos suficiente saber que "satisfeito" realmente significa "tendo a sensação de prazer" e embora prazer seja absolutamente indefinível e nada mais absolutamente, ainda assim, não sentimos dificuldade em dizer que estamos satisfeitos (pleased). A razão, por certo, é que quando digo "estou satisfeito", não quero dizer que "Eu" sou a mesma coisa que "tendo prazer". E igualmente nenhuma dificuldade precisa ser encontrada no meu dizer que "o prazer é bom" e, ainda assim sem significar que "prazer" é a mesma coisa que "bom", que prazer *significa* bom, e que bom *significa* prazer. Se eu devesse imaginar que, quando digo "estou satisfeito", quero dizer que eu era a mesmíssima coisa que "satisfeito", eu não deveria, realmente, chamar isso de falácia naturalista, embora seja a mesma falácia que tenho chamado de naturalista com referência à Ética. A razão para isso é bastante óbvia. Quando um homem confunde dois objetos naturais, um com o outro, definindo um pelo outro, se, por exemplo, ele se confunde, o que é o objeto natural, com "satisfeito" ou, com "prazer" que são outros, então não há razão para chamar de falácia naturalista. Mas se ele confunde "bom", que não é, da mesma forma, um objeto natural, com qualquer objeto natural, então existe uma razão para chamá-lo uma falácia naturalista; isso sendo feito com respeito a "bom" marca-o como algo bem específico, e este engano específico não recebe um nome porque é tão comum. Já para as razões pelas quais, não deve ser considerado como um objeto natural, devem ser reservadas para discussão em outro lugar. Porém, presentemente, é suficiente notar isso: mesmo que fosse um objeto natural, isso não alteraria a natureza da falácia nem diminuiria sua importância, em nada. Tudo que eu disse a respeito permaneceria quase igualmente verdadeira, apenas o nome com o qual chamei não seria tão apropriado como acho que é. E não me importo a respeito do nome: o que me importa é a falácia. Não importa como a chamemos, desde que a reconheçamos quando a encontrarmos. Deve ser encontrada em quase todos os livros de Ética; e, ainda assim, não é reconhecida; e é por isso que se torna necessário multiplicar suas ilustrações, e conveniente dar-lhe um nome. É, na verdade, uma falácia muito simples. Quando dizemos que uma laranja é amarela, não pensamos que nossa afirmação nos vincule à obrigação de manter que "laranja" só significa "amarelo", ou que nada mais possa ser amarelo a não ser a laranja. Supondo que a laranja seja também doce, isso nos vincula ou submete a dizermos que doce é exatamente a mesma coisa que "amarelo"; que "doce" deve ser definido como "amarelo?" E, supondo-se que se reconheça que "amarelo" apenas significa "amarelo" e nada além disso, isso torna mais difícil manter que as laranjas são amarelas? Com absoluta certeza, não: ao contrário, seria absolutamente sem sentido dizer que laranjas eram amarelas, a menos que amarelo, afinal, signifique simplesmente "amarelo" e nada mais, em hipótese alguma – a menos que fosse absolutamente indefinível. Não devemos aceitar qualquer noção clara sobre as coisas que são amarelas – não devemos ir muito longe com nossa ciência, se estivéssemos inclinados a manter que tudo que era amarelo *significasse* exatamente a mesma coisa que amarelo. Deveríamos descobrir que tivemos de sustentar que uma laranja era exatamente a mesma coisa que uma banqueta, um pedaço de papel, um limão, qualquer coisa que você queira. Poderíamos provar qualquer número de absurdos – mas estaríamos mais próximos da verdade? Por que, então, deve ser diferente com "bom?" Por que, se bom é bom e indefinível, devo ser instado a negar que prazer é bom? Existe alguma dificuldade em sustentar que ambos são verdadeiros ao mesmo tempo? Ao contrário, não existe sentido em dizer que o prazer é bom, a menos que bom seja algo diferente de prazer. É absolutamente inútil, no que diz respeito à Ética, provar, como Spencer tenta fazer, que o incremento do prazer coincide com o incremento da vida, a menos que bom *signifique* algo diferente de vida ou prazer. Ele pode, muito bem, tentar provar que uma laranja é amarela demonstrando que ela está sempre embrulhada em papel.

13. De fato, se não é o caso de que "bom" denota algo simples e indefinível, somente duas alternativas são possíveis: ou é um complexo, um todo conhecido, a respeito da análise correta da qual pode haver divergência; ou, então, não significa coisa alguma, e não existe uma matéria tal como a Ética. No geral, porém, os filósofos éticos tentaram definir bom sem reconhecer o que deve significar tal tentativa. Usam argumentos que envolvem um ou ambos os absurdos considerados no parágrafo 11. Estamos, assim, justificados ao concluir que a tentativa de definir bom se deve, principalmente, ao desejo de clarificar quanto possível natureza de definição. Existem, de fato, apenas duas alternativas sérias a serem consideradas, para se estabelecer a conclusão de que "bom" não denota uma noção simples e indefinível. Pode, possivelmente, denotar um complexo, como "cavalo", por exemplo; ou pode não ter significado algum. Nenhuma dessas possibilidades tem sido, porém, claramente concebida e seriamente mantida, como tal, por aqueles que presumem definir bom; e ambas podem ser refutadas por um simples apelo aos fatos.

(1) A hipótese que a discordância a respeito do significado de bom é discordância com respeito à correta análise de um dado "todo", pode ser muito francamente encarada como incorreta em consideração ao fato de que qualquer definição oferecida pode ser sempre questionado, significativamente, do complexo assim definido, se é ele mesmo bom. Para tomar, por exemplo, uma das mais plausíveis, porque uma das mais complicadas, dessas definições propostas, pode-se pensar, com facilidade, à primeira vista, que ser bom pode ser o que desejamos desejar. Assim, se aplicarmos esta definição a um exemplo particular e dissermos "Quando nós pensamos que A é bom, estamos pensando que A é uma das coisas que desejamos desejar", nossa proposição pode parecer bem plausível. Mas se levarmos a investigação adiante, e nos perguntarmos "É bom desejar a desejar A?" é aparente, com pouca reflexão, que esta questão é, em si mesma, tão inteligível como a questão original "É A bom? – que estamos, na verdade, examinando agora, exatamente pela mesma informação a respeito do desejo de desejar A, o que perguntamos anteriormente com respeito ao próprio A. Mas é, também, aparente que o significado desta segunda questão não pode ser corretamente analisado como "É o desejo de desejar A uma das coisas que desejamos desejar?":

não temos, diante de nossas mentes, nada tão complicado como a questão "Nós desejamos desejar desejar desejar A? "; e ainda, qualquer um pode se convencer, facilmente, por inspeção, que o predicado desta proposição – "bom" – é positivamente diferente da noção de "desejando o desejar" que entra em seu sujeito: "Que devamos desejar desejar A é bom". "Não" é meramente equivalente A seja bom é bom. Pode, realmente, ser verdade que o que desejamos desejar é sempre também bom; talvez, até o contrário seja verdade; mas é muito duvidoso que este seja o caso, e o mero fato de que entendemos muito bem o que significa duvidá-lo mostra claramente que temos duas noções diferentes ante nossas mentes.

(2) E a mesma consideração é suficiente para dispensar a hipótese de que "bom" não tem sentido algum. É muito natural cometer o erro de supor que o que é universalmente verdadeiro é de tal natureza que a sua negação seria autocontraditória: a importância que tem sido atribuída, às proposições analíticas na história da filosofia mostra quão fácil é cometer tal engano. Então, é muito fácil concluir que o que parece ser um princípio ético universal é, na verdade, uma proposição idêntica; que se por exemplo seja lá o que for chamado "bom" parece ser agradável, a proposição "Prazer é bom" não afirma uma conexão entre duas noções diferentes, envolvendo somente uma, a do prazer, que é facilmente reconhecida como uma entidade distinta. Quem, porém, considerar atentamente consigo mesmo o que é que está defronte de sua mente quando ele pergunta "É o prazer" (ou seja lá o que for) "afinal de contas, bom?" pode facilmente satisfazer-se com o fato de que ele, não está meramente cogitando a respeito de se o prazer é prazeroso. E se ele experimentar isso com cada definição sugerida, em sucessão, ele pode se tornar bastante perito em reconhecer que, em cada caso, ele tem diante de sua mente um único objeto, com respeito à conexão de que com cada outro objeto, uma questão distinta pode ser posta. Todo mundo, de fato, compreende a questão "isto é bom? Quando ele pensa nisso, seu estado mental é diferente do que seria quando ele pergunta "Isto é prazeroso, ou desejado, ou aprovado?" Tem um sentido diferente para ele, embora ele não reconheça em que aspecto é diferente. Toda vez que ele pense a respeito do "valor intrínseco" ou "intrinsecamente melhor", ou diz que uma coisa "deve existir", ele tem diante de sua mente o objeto exclusivo – a exclusiva propriedade das coisas – que eu entendo como "bom". Todo mundo está, constantemente, ciente desta noção, embora se possa ja-

mais ficar ciente de que ela é diferente de outras noções as quais ele também se tem ciência. Mas, para o raciocínio ético correto, é extremamente importante que se torne ciente deste fato; e, tão logo a natureza do problema esteja claramente compreendida, deve haver pouca dificuldade em avançar ulteriormente na análise.

14. "Bom", então, é indefinível; e, ainda assim, pelo que sei, só há um escritor ético, o prof. Henry Sidgwick, que reconheceu, claramente – e afirmou este fato. Veremos, na verdade, quão longe muitos dos mais reputados sistemas éticos deixaram de atingir, por pouco, em compor as conclusões que seguem tal reconhecimento. No momento citarei um exemplo apenas, que servirá para ilustrar o significado e a importância deste princípio de que "bom" é indefinível, ou, como diz o prof. Sidgwick, "uma noção não analisável". É um exemplo ao qual o próprio Sidgwick se refere em nota a essa passagem, na qual ele afirma que "dever" não é analisável.[1]

"Bentham", diz Sidgwick, "explica que seu princípio fundamental 'afirma a maior felicidade para todos aqueles cujo interesse na questão é o fim certo e adequado da "ação humana' "; e, ainda assim, "sua linguagem em outras passagens do mesmo capítulo parece implicar que ele *entende* pela palavra 'certo' como conducente à felicidade geral." O prof. Sidgwick esclarece que, se você tomar aquelas duas afirmações juntas, você obtém o absurdo resultado de que "a maior felicidade é a finalidade da ação humana, que é conducente à felicidade geral"; e assim, o absurdo, é como ele chama o resultado, como Bentham o chama de "o princípio fundamental de um sistema moral"; Ele sugere que Bentham não pode ter dito isso. Todavia, o próprio prof. Sidgwick afirma, adiante,[2] que o hedonismo psicológico "não é confundido, esparsamente, com o hedonismo egoístico"; e essa confusão, como veremos, apóia-se principalmente na mesma falácia, a falácia naturalista, que está implícita nas afirmações de Bentham. O prof. Sidgwick admite, dessa forma, que esta falácia é cometida, às vezes, por mais absurda que possa ser; e estou inclinado a pensar que Bentham pode ser realmente um daqueles que a cometeram. Mill, como veremos, certamente a cometeu. Em todos os casos, quer Bentham a tenha ou não cometido, sua doutrina, como foi citada acima, servirá como excelente ilustração dessa falácia, e da importância da proposição contrária que bom é indefinível.

---

1. Methods of Ethics, livro I, Cap. III § 1(6ª edição).
2. Methods of Ethics, livro I, Cap. IV, § 1.

Consideremos sua doutrina. Bentham parece sugerir, assim o diz Sidgwick, que a palavra "certo" *significa* conducente à felicidade geral. Ora, isso, por si só, não precisa necessariamente envolver a falácia naturalista. Pois a palavra "certo" é, muito comumente, apropriada a ações que conduzem à consecução do que é bom; que são consideradas como meios para o ideal e não como um fim em si mesmas. Este uso de "certo", denotando que é bom como um meio, seja ou não também bom como um fim, é realmente o uso ao qual confinarei a palavra. Tivesse Bentham usado "certo" neste sentido, seria perfeitamente coerente com ele *definir* certo como "conducente à felicidade geral", *desde que* (e note esta condição) ele já tivesse provado, ou exposto como um axioma, que a felicidade geral era *o* bom, ou (o que equivale a isso) que somente a felicidade geral era o bom. Nesse caso ele teria definido o bom como felicidade geral (uma posição perfeitamente coerente, como vimos, com a afirmação de que "bom" é indefinível), e desde que certo devia ser definido como "conducente ao bom", ele significaria, na verdade, "conducente à felicidade geral". Porém, este método de escapar da acusação de haver cometido uma falácia naturalista foi fechado pelo próprio Bentham. O seu princípio fundamental, vemos, é que a maior das felicidades envolvidas é o "certo" e o próprio "fim" da ação humana. Ele aplica a palavra "certo", dessa maneira, ao fim como tal, não apenas aos meios que lhe são conducentes a esse fim; e, assim sendo, certo não mais pode ser definido como "conducente à felicidade geral" sem envolver a falácia em questão. Pois agora, é óbvio que a definição de certo como sendo conducente à felicidade geral por ser usada por ele como suporte ao princípio fundamental de que a felicidade geral é o fim certo, em vez de derivar daquele princípio. Se certo, por definição, significa conducente à felicidade geral, então é óbvio que a felicidade geral é o fim certo. Não é necessário, agora, provar, primeiro, ou afirmar que a felicidade geral é o fim certo, antes de certo ser definido como conducente à felicidade geral – um procedimento perfeitamente válido; mas, ao contrário, a definição de certo como conducente à felicidade geral prova a felicidade geral como sendo o fim certo – um procedimento perfeitamente não válido, desde que, neste caso, a afirmação de que "a felicidade geral é o fim certo da ação humana" não é um princípio ético, de forma alguma, mas, como vimos, é uma proposição a respeito do significado de palavras, ou, então, uma proposição a respeito da *natureza* da felicidade geral, não a respeito de sua certeza ou bondade.

Agora, eu não quero que a importância que dei a esta falácia seja mal compreendida. Sua assertiva não refuta, de modo algum, a disputa de Bentham que a maior felicidade é o fim, mesmo, da ação humana, se por isso for compreendido como uma proposição ética, como ele – indiscutivelmente – pretendeu. Esse princípio pode, mesmo assim, ser verdadeiro; consideraremos se é ou não nos capítulos seguintes. Bentham pode o ter sustentado, como o prof. Sidgwick o faz, ainda que a falácia tenha sido atribuída a ele. O que estou sustentando é que as *razões* dadas por ele para sua proposição ética são falácias, no que consistam em uma definição de certo. O que sugiro é que ele não as percebeu falaciosas; e, se ele as percebeu, ele seria levado a procurar outras razões para sustentar o seu utilitarismo; e isso, se ele estivesse procurando outras razões, ele nada *poderia* ter encontrado que achasse suficiente. Neste caso, ele teria mudado todo o seu sistema – uma conseqüência da maior importância. E indubitavelmente possível, também, que ele teria considerado outras razões como suficientes, e nesse caso, seu sistema ético, nos seus resultados principais, ainda permaneceria. Mas, mesmo no último caso, seu uso da falácia ser-lhe-ia uma séria objeção como filósofo ético, pois é da competência da Ética, devo insistir, não apenas obter resultados verídicos, mas encontrar, também, razões válidas para os mesmos. O objeto específico da Ética é conhecimento, e não prática; e qualquer um que use a falácia naturalista certamente não preenche esse primeiro objeto por mais corretos que possam ser seus princípios práticos.

Minhas objeções ao naturalismo são, pois, em primeiro lugar, que ele não oferece razão alguma, menos ainda válida, para qualquer princípio ético; e nisso ele já deixa de satisfazer as exigências da Ética, como um estudo científico. Mas, em segundo lugar, eu argumento que, embora isso não dê uma razão para nenhum princípio ético, e uma *causa* para a aceitação de falsos princípios – ele ilude a mente por aceitar princípios éticos que são falsos; e, nisso, é contrário a cada uma das finalidades da Ética. É fácil ver que começamos com uma definição de conduta certa como conduta conducente à felicidade geral; então, sabendo-se que a conduta certa é universalmente conduta conducente ao bom, chegamos facilmente ao resultado de que o bom é a felicidade geral. Se, por outro lado, nós reconhecermos, uma vez, que devemos conservar nossa Ética sem uma definição, estaremos muito mais aptos para nos examinarmos, antes de adotarmos qualquer princípio ético; e quanto mais nos olharmos, menos provável é que adotemos um princípio falso. Pode ser respondido a isso: sim, mas devemos nos olhar, considerar-nos, tanto quanto, antes de estabelecer nossa definição, e poderemos, igualmente, estar certos. Mas tentarei demonstrar que este não é o caso. Se começarmos com a convicção de que uma definição de bom pode ser encontrada, começamos com a convicção de que bom *pode significar* nada mais que algumas propriedades de coisas; e nossa única preocupação será, então, descobrir o que é essa propriedade. Mas se reconhecermos que até onde o significado de bom possa ir, que qualquer coisa possa ser boa, começaremos com uma mente muito mais aberta. E o que é mais, à parte o fato de que, quando pensamos que temos uma definição, não podemos, logicamente, defender nossos princípios éticos de forma alguma; deveremos também ficar muito menos aptos a defendê-los bem, até mesmo ilogicamente. Começaremos com a convicção de que bom deve ser isso e aquilo, e, assim, nos inclinaremos a não compreender os argumentos de nossos oponentes ou interrompê-los, rapidamente, com uma resposta. "Isto não é uma questão aberta: o próprio significado da palavra a decide; ninguém pode pensar diferentemente, exceto por confusão."

15. Nossa primeira conclusão quanto ao objeto da Ética é, então, que há um indefinível, simples, não analisável objeto de pensamento relativamente ao qual ele deve ser definido. É indiferente por qual nome chamaremos este objeto exclusivo, único, enquanto reconhecermos, claramente, o que ele é e em que ele difere de outros objetos. As palavras, tomadas comumente como os sinais de julgamentos éticos, referem-se, todas elas, a esse objeto; elas são expressões de julgamentos éticos somente porque a isso se referem. Mas podem ser referidas de duas maneiras distintas, que é importante distinguir, se queremos ter uma definição completa do âmbito de juízos éticos. Antes de continuar a argumentar que havia uma noção indefinível envolvida em noções éticas, afirmei (§ 4) que era necessário à Ética enumerar todos os juízos universais verdadeiros, afirmando que tal e tal coisa era boa, onde quer que ocorresse. Mas, embora todos esses juízos refiram-se àquela noção única que chamei "bom", não se referem, todas, a ela, da mesma maneira. Eles podem afirmar que esta propriedade única sempre se acopla à coisa em questão, ou podem estabelecer, apenas, que a coisa em questão é *uma causa ou condição necessária* à existência de outras coisas às quais esta propriedade única se acopla. A natureza destas duas espécies de juízos éticos universais é extremamente diferente; e uma grande parte das dificuldades que são enfrentadas com a especulação ética ordinária é devida à falha no distingui-las claramente. Sua diferença, na verdade, tem recebido expressão na linguagem ordinária por contraste entre os termos "bom como meio" e "bom em si mesmo", "valor como meio" e "valor intrínseco". No entanto, estes termos só servem para ser aplicados corretamente nas instâncias mais óbvias; e isso parece se dever ao fato de que a distinção entre as concepções que elas denotam não se tornem um objeto separado de investigação. Esta distinção pode ser brevemente assinalada como segue.

16. Sempre que julgamos que uma coisa é "boa como um meio", fazemos um juízo relativamente às suas relações causais: julgamos *ambas* como tendo uma espécie particular de efeito, e que esse efeito será bom em si mesmo. Porém, encontrar juízos causais que sejam universalmente verdadeiros é, notoriamente, uma questão de extrema dificuldade. A data tardia em que a maioria das ciências físicas se tornaram exatas, e a comparativa exigüidade de leis que elas conseguiram estabelecer, mesmo agora, são provas suficientes desta dificuldade. Quanto aos objetos mais freqüentes dos juízos éticos, isto é, ações, é óbvio que não podemos estar satisfeitos que qualquer de nossos juízos causais universais sejam verdadeiros, mesmo no sentido em que as leis científicas o são. Nem sequer podemos descobrir leis hipotéticas na forma "Exatamente esta ação, sob aquelas condições, produzirá sempre exatamente aquele efeito". Mas, para um juízo em relação aos efeitos de certas ações, nós exigimos mais que isso em dois aspectos. (1) Requeremos conhecer que uma dada ação produzirá um certo efeito, em *quaisquer circunstâncias que ocorram.* Isso, porém, é certamente impossível. É certo que em circunstâncias diferentes a mesma ação pode produzir efeitos que são totalmente diferentes em todos os aspectos nos quais o valor dos efeitos dependa. Assim, nós não temos direito a mais que uma *generalização —* a uma proposição da forma "este resultado *geralmente* segue esta espécie de ação"; e mesmo esta generalização só será verdadeira se as circunstâncias sob as quais a ação ocorrer forem geralmente as mesmas. Este é o caso, em grande parte, dentro de qualquer era particular e estado da sociedade. Mas, quando tomamos outras eras (idades) em consideração, em muitos dos mais importantes casos as circunstâncias normais de uma dada espécie de ação serão tão diferentes que a generalização que é verdadeira para uma não será verdadeira para outra. Em relação, pois, a julgamentos éticos que afirmam que uma certa espécie de ação é boa como um meio para uma certa espécie de efeitos, nenhuma será *universalmente* verdadeira; e muitas, embora *geralmente* verdadeiras em um período, serão geralmente falsas em outros. Mas (2) nós precisamos saber não apenas que *um* bom efeito será produzido, mas que, entre todos os efeitos subseqüentes afetados pela ação em questão, o equilíbrio do bom será maior do que se qualquer outra ação tivesse existido. Em outras palavras, julgar que uma ação é geralmente um meio para *bom* é julgar não só que ela geralmente comete *algum* bem, mas que geralmente faz o maior bem que as circunstâncias admitem. Neste aspecto, juízos éticos a respeito dos efeitos da ação envolvem uma dificuldade e uma complicação muito maior que a envolvida na formulação de leis científicas. Para as últimas, só precisamos considerar um único efeito; para as primeiras é essencial considerar, não apenas isso, mas os efeitos daquele efeito, e por aí afora, tão longe quanto nossa visão do futuro possa atingir. É, na verdade, óbvio que nossa visão não pode alcançar longe o suficiente para ficarmos certos que qualquer ação produzirá os melhores efeitos possíveis. Devemos nos satisfazer, se o maior equilíbrio possível de bom parece estar produzido dentro de um período limitado. Mas é importante notar que toda série de efeitos dentro de um período de considerável extensão é, então, tomada em consideração em nossos juízos comuns que uma ação é boa como meio; e que, assim, esta complicação adicional, que torna as generalizações éticas tão mais difíceis de estabelecer que as leis científicas, está envolvida na discussão ética, e é de importância prática. As regras mais comuns de conduta envolvem tais considerações como o equilíbrio de futura má saúde contra ganhos imediatos; e mesmo que não possamos, jamais, concordar com qualquer certeza como garantiremos o máximo possível de *bom*, tentaremos, no mínimo, nos assegurar de que os prováveis e futuros males não serão maiores que o bom imediato.

17. Existem, portanto, juízos que afirmam que certas espécies de coisas têm bons efeitos; e tais juízos pelas razões que acabamos de apresentar, têm a importante característica (1) de não parecerem verdadeiros, se afirmam que a espécie de coisa em questão *sempre* tem bons efeitos, e (2) que, mesmo que apenas afirmem que *geralmente* tem bons efeitos, muitos deles serão verdadeiros apenas em certos períodos da história universal. Por outro lado, existem juízos que afirmam que certas espécies de coisas são em si mesmas boas; e estas diferem das últimas que, se forem mesmo verdadeiras, são todas universalmente verdadeiras. Conseqüentemente é muito importante distinguir estas duas espécies de possíveis juízos. Ambas podem estar expressas na mesma linguagem: em ambos os casos, dizemos, comumente, "Essa e essa coisa são boas". Mas, em um caso, "bom" significará "bom como meio", isso é, meramente que a coisa é um meio para *bom* – terá bons efeitos; no outro caso, significará "bom como fim" – estaremos julgando que a coisa em si tem a propriedade que, no primeiro caso, afirmamos somente pertencer a seus efeitos. É claro, estas são afirmações muito diferentes a serem feitas a respeito de uma coisa; certamente que tanto uma como ambas podem ser feitas, tanto verdadeira como falsamente, a respeito de todos os tipos de coisas; e é certo que, a menos que sejamos claros quanto ao que desejamos afirmar, teremos uma oportunidade muito fraca de decidir corretamente se nossa afirmação é verdadeira ou falsa. É precisamente, essa clareza, relativa ao significado da questão feita, que está quase inteiramente ausente da especulação ética. A ética predominantemente, tem sempre se preocupado com a investigação de um caso limitado de ações. Em relação a estas podemos indagar a *ambas* até que ponto são boas em si mesmas e até que ponto elas têm uma tendência geral para produzirem bons resultados. E os argumentos trazidos adiante, na discussão ética, têm sido sempre de ambas as classes – podendo provar a conduta em questão como sendo boa em si mesma e provando ser boa como meio. Mas que essas sejam as únicas questões com as quais qualquer discussão ética pode apresentar, e que estabelecer uma *não* é a mesma coisa que estabelecer a outra – estes dois fatos fundamentais têm, geralmente, escapado da atenção dos filósofos éticos. As questões éticas são comumente formuladas de forma ambígua. Pergunta-se: "Qual o dever de um homem sob essas circunstâncias?" ou: "É correto agir dessa maneira?" ou: "O que pretendemos garantir?" Mas todas essas questões são capazes de ser analisadas; a resposta correta a qualquer uma delas envolve tanto o juízo do que é bom em si mesmo como o juízo causal. Isso é implícito até para aqueles que sustentam que temos um juízo imediato e direto sobre certezas e deveres absolutos. Tal juízo pode apenas significar que o curso da ação em questão é a melhor coisa a ser feita; que, agindo assim, cada bom que pode ser mantido ficará assegurado. Não estamos preocupados com a questão de se tal juízo será, alguma vez, verdadeiro. A questão é: no que ele implica, se for verdadeiro? E a única resposta possível é que, falso ou verdadeiro, ele implica numa proposição relativa ao grau de bondade da ação em questão, comparada com outras coisas, e um número de proposições causais. Pois não se pode negar que a ação terá conseqüências: e negar que a questão das conseqüências é fazer juízo de seu valor intrínseco comparado com a própria ação. Ao afirmar que a ação é *a* melhor coisa a fazer, afirmamos que, juntamente com suas conseqüências, apresenta uma soma maior de valor intrínseco que qualquer outra alternativa possível. E esta condição pode ser realizada por qualquer dos três casos: – *(a)* se a ação em si tem maior valor intrínseco, que qualquer outra alternativa, onde ambas as suas conseqüências e as alternativas estão absolutamente despojadas, quer de mérito ou demérito intrínsecos; ou *(b)* se, embora suas conseqüências sejam intrinsecamente más, a avaliação do valor intrínseco é maior do que o produzido por qualquer alternativa; ou *(c)* se, sendo suas conseqüências intrinsecamente boas, o grau do valor que lhes pertence, e conjuntamente, é maior que o de qualquer série alternativa. Em suma, afirmar que uma certa linha de conduta é, a um certo tempo, absolutamente certa ou obrigatória, é afirmar, obviamente, que mais bem e menos mal existirá no mundo, se for adotada em vez de qualquer outra que possa ser praticada. Mas isso implica um juízo, tanto do valor de suas próprias conseqüências como os de qualquer alternativa possível. Que uma ação terá tais e tais conseqüências envolve um certo número dos juízos causais.

Similarmente, respondendo à questão "O que devemos assegurar?" juízos causais estão novamente envolvidos, mas de um modo diferente. Tendemos a esquecer, porque é tão óbvio, que esta questão jamais poderá ser respondida corretamente, exceto nomeando alguma coisa que *pode* ser assegurada. Nem tudo *pode ser* assegurado; e, ainda que julguemos que nada que não possa ser obtido seria de igual valor daquele que possa, a possibilidade do último, como o seu valor, é essencial para que seja o fim, próprio, de ação. Do mesmo modo, nem nossos juízos sobre que ações devemos praticar, nem mesmo nossos juízos quanto aos fins que elas devem produzir, são juízos de puro valor intrínseco. Quanto ao primeiro, uma ação que seja absolutamente obrigatória *pode* não ter qualquer valor intrínseco; o que é perfeitamente virtuoso pode significar, meramente, que ele causa os melhores efeitos possíveis. E quanto ao último, aqueles melhores resultados possíveis que justificam nossa ação em todos os casos só podem ter um tanto de valor intrínseco quanto as leis da natureza lhes permitam; e eles, por sua vez, *podem* não ter qualquer valor intrínseco, mas podem, meramente, ser um meio para a consecução (em um futuro ainda distante) de algo que tenha tal valor.

Sempre que, pois, perguntamos "O que devemos fazer?" ou "O que devemos tentar obter?" estamos fazendo perguntas que envolvem uma resposta correta para as outras duas, completamente diferentes, em espécie, de uma para a outra. Nós tanto precisamos saber que grau de valor intrínseco coisas diferentes têm e como essas coisas diferentes podem ser obtidas. Todavia, a vasta maioria das questões discutidas, atualmente na Ética – *todas* elas, na verdade, questões práticas – envolvem este conhecimento duplo; e elas têm sido discutidas sem qualquer separação nítida das duas questões envolvidas. Grande parte da vasta discordância prevalente na Ética deve ser atribuída a esta falha na análise. Pelo uso de concepções que envolvem, tanto a do valor intrínseco, como a da relação causal, como se envolvessem apenas o valor intrínseco, dois erros diferentes se tornaram quase universais. Ou se assume que nada tem valor intrínseco, o que não é possível, ou então se assume o que é necessário ter valor intrínseco. Assim, a preocupação primária e peculiar da Ética, a determinação que coisas devem ter valor intrínseco e em que grau, não recebeu tratamento adequado de espécie alguma. E, por outro lado, uma discussão *completa* de meios tem sido largamente negligenciada, por causa de uma percepção obscura da verdade que é perfeitamente irrelevante à questão dos valores intrínsecos. Seja lá como isso possa ser e, por mais poderosamente que qualquer leitor em particular possa estar convencido de que alguns dos sistemas mutuamente contraditórios, que dominam o campo, deram uma resposta correta, tanto à questão do que possui valor intrínseco, ou à questão do que devemos fazer, ou a ambas, deve ser, no mínimo, admitido que as questões que são melhores em si mesmas e o que trará o melhor possível, são nitidamente distintas; que ambas pertencem ao atual objeto da Ética; e que quão mais claramente distinguidas forem as questões distintas, melhor será a nossa possibilidade de responder a ambas corretamente.

18. Resta um ponto que não deve ser omitido em uma descrição completa da espécie de questões a que a Ética tem de responder. A principal divisão dessas questões é, como eu já disse, em duas; a questão: que coisas são boas por si mesmas e a questão do que outras coisas estão a elas relacionadas como efeitos. A primeira delas, que a questão ética primária é pressuposta pela outra, inclui uma comparação correta das várias coisas que possuem valor intrínseco (se é que existem tantas assim) relativamente ao grau de valor que elas possuem; e tal comparação envolve uma dificuldade de princípio que tem contribuído enormemente para a confusão de valor intrínseco com mera "bondade como meio". Tendo sido indicado que uma diferença entre um juízo que afirma que uma coisa é boa em si mesma, e um juízo que afirma que é um meio para o bom, consiste no fato de que a primeira, se verdadeira numa instância de coisas em questão, é necessariamente verídica para todas; onde quer que uma coisa que tenha bons efeitos sob certas circunstâncias pode ter maus efeitos sob outras. Mas é certamente verdadeiro que todos os juízos do valor intrínseco são, neste sentido, universais; mas o princípio que tenho de enunciar agora pode facilmente fazê-lo surgir como se assim não fossem, mas semelhante ao juízo de meios sendo meramente geral. Existe, como será mantido presentemente, um grande número de coisas diferentes, cada uma delas tem valor intrínseco; existem também muitas que são positivamente más; e existe, ainda, uma classe, ainda maior, de coisas que parecem ser indiferentes. Porém, uma coisa pertencente a qualquer dessas três classes pode ocorrer como parte de um todo, que inclui, entre as suas partes, outras coisas pertencendo tanto à mesma, quanto às outras duas classes; e estes todos, como tais, também podem ter valor intrínseco. O paradoxo, para o qual é necessário chamar a atenção, é que *o valor de um determinado todo não guarda proporção regular com a soma dos valores de suas partes*. É certo, que uma coisa boa pode existir em tal relação com outra boa coisa; que o valor do todo, então formado, é imensamente maior que a soma dos valores de duas coisas boas. É certo que um todo formado por uma coisa boa e uma coisa indiferente pode ter um valor imensamente maior que a coisa boa em si mesma possui. É também certo que duas coisas más ou uma coisa má e uma coisa indiferente podem formar um todo muito pior que a soma de maldade de suas partes. E quer parecer como se coisas indiferentes podem, também, ser os componentes exclusivos de um todo que tenha grande valor, seja positivo ou negativo, em que a adição de uma coisa má a uma totalidade boa possa incrementar o valor positivo do *todo*, ou a adição de uma coisa má a uma má possa produzir um todo com valor positivo, pode ser ainda mais duvidoso; mas é, no mínimo, possível, e essa possibilidade deve ser levada em consideração em nossas investigações éticas. Seja lá como decidirmos questões particulares, o princípio é claro. *O valor de um todo não deve ser assumido como sendo o mesmo da soma de suas partes.*

Um único exemplo será suficiente para ilustrar esta espécie de relação em questão. Parece ser verdade que estar cônscio de um belo objeto é uma coisa de grande valor intrínseco; todavia, o mesmo objeto, se ninguém estiver cônscio dele, tem comparativamente pouco valor, e é comumente mantido como não tendo valor algum. Porém, a consciência de um belo objeto é certamente um todo de alguma espécie no qual podemos distinguir os objetos como partes de um lado, e o estar cônscio, de outro. Este último fator ocorre como parte de um todo diferente, sempre que estivermos cônscios de alguma coisa; e parece que alguns desses conjuntos, em todos os casos, têm muito pouco valor, e podem até ser indiferentes ou positivamente maus. No entanto, não podemos atribuir sempre a insignificância de seu valor a qualquer demérito positivo que o diferencia da consciência da beleza; o objeto em si pode se aproximar ao máximo da absoluta neutralidade. Desde, portanto, que a mera consciência nem sempre confere grande valor a um todo de que ela é parte, embora seu objeto possa não ter grande demérito, não podemos atribuir a grande superioridade da consciência de uma coisa bela sobre a própria coisa bela pela mera adição do valor da consciência àquela da coisa bela. Qualquer que seja o valor intrínseco da consciência, ele não dá ao todo, com qual forma como parte, um valor proporcional à soma de seus valores e de seu objeto. Se for verdade, temos um exemplo de um todo possuindo um valor intrínseco diferente da soma de suas partes; e seja ou não assim, o que está representado por uma tal diferença está ilustrado por este caso.

19. Existem, então, *conjuntos* que possuem a propriedade de seu valor ser diferente da soma dos valores de suas partes; e as relações que subsistem entre tais partes e o conjunto ao qual se integram como parte não têm sido, todavia, nitidamente reconhecidas nem receberam um nome separado. Dois pontos merecem atenção especial. (1) É claro que a existência de qualquer uma dessas partes é uma condição necessária para a existência daquele bem que é constituído pelo conjunto. E exatamente a mesma linguagem também expressará a relação entre um meio e a boa coisa que é o seu efeito. Mas, mesmo assim, existe uma diferença mais importante entre os dois casos, constituída pelo fato de que a parte é, enquanto o meio não é, uma parte da boa coisa para a existência da qual sua existência é uma condição necessária. A necessidade pela qual, se o bem em questão deva existir, o meio para ele deve existir, é meramente uma necessidade natural ou causal. Se as leis da natureza fossem diferentes, exatamente o mesmo bem deveria existir, embora o que é, agora, uma condição necessária de sua existência não exista. A existência do meio não tem valor intrínseco; e sua total aniquilação deixaria o valor do que é agora, necessário para garanti-lo, inteiramente inalterado. Mas no caso da parte desse todo, como estamos agora considerando, é diferente. Nesse caso, o bem em questão não pode, concebivelmente, existir, a menos que a parte também exista. A necessidade que liga os dois é bem independente da lei natural. O que é estabelecido como tendo valor intrínseco é a existência do todo; e a existência do todo inclui a existência de sua parte. Suponha-se a parte removida e o que resta *não* é o que foi estabelecido como tendo valor intrínseco; mas, se supomos o meio removido, o que resta é, apenas, o que foi estabelecido como tendo valor intrínseco. E, assim mesmo, (2) a existência da parte pode *ela mesma* não ter mais valor intrínseco que aquele do meio. É este fato que constitui o paradoxo da relação que estamos discutindo. Acabou-se de dizer que o que tem valor intrínseco é a existência do conjunto, e que isso inclui a existência da parte; e disso pareceria uma inferência natural que a existência da parte tem valor intrínseco. Mas a inferência seria igualmente falsa como se tivéssemos concluído que, porque o número de duas pedras era dois, cada uma das pedras eram duas, também. A parte de um todo valioso retém exatamente o mesmo valor quando e onde não é parte daquele todo. Se tivesse valor sob outras circunstâncias, seu valor não seria, em nada, maior, sendo parte de um todo muito mais valioso; e não tendo valor em si mesmo, ainda não tem valor algum, embora grande seja o do todo do qual, agora, é uma parte. Não estamos, portanto, justificados para afirmar que uma e a mesma coisa são, sob algumas circunstâncias, intrinsecamente boas, e não sob outras; como estamos justificados em afirmar um meio que às vezes produz ou não produz bons resultados. E, ainda assim, estamos justificados em afirmar ser muito mais desejável que uma certa coisa deva existir sob certas circunstâncias que sob outras; especificamente quando outras coisas existirão em tais relações com ela a ponto de formarem um todo de maior valor. *Isso* não terá valor intrínseco maior sob aquelas circunstâncias que sob outras; *isso* não será, necessariamente, nem mesmo um meio para a existência de coisas tendo mais valor intrínseco: mas será, como meio, uma condição necessária à existência daquilo que *tem* um valor intrínseco maior, embora dessemelhante de um meio, ele formará uma parte deste existente mais valioso.

20. Eu já afirmei que a relação peculiar entre parte e todo que acabo de tentar definir é uma das que não receberam denominação separada. Seria, porém, útil que tivesse um nome; e há um nome que pode muito bem ser-lhe apropriado, se ele pudesse ser divorciado de seu desafortunado uso. Filósofos, especialmente os que professam haver auferido grande benefício dos escritos de Hegel, ultimamente têm feito muito uso das expressões *todo orgânico, unidade orgânica, relação orgânica*. A razão pela qual esses termos possam bem ser apropriados ao uso sugerido é que a relação peculiar de partes com o todo, que se acabou de definir, é uma das propriedades que distinguem os todos ao que eles são, atualmente, aplicados com maior freqüência. E a razão porque é desejável que eles se divorciem de seu uso atual é que como são usados agora não possuem sentido distinto e, ao contrário, tanto conduzem como propagam erros de confusão.

Dizer que uma coisa é um "todo orgânico" está geralmente compreendido na sugestão de que suas partes estão relacionadas entre si e consigo mesmas como meios para um fim; está, também, compreendido no sugerir que eles têm uma propriedade descrita em algumas dessas frases como não tendo "significado ou significância separadas do todo"; e finalmente o todo é igualmente tratado como se tivesse a propriedade que estou propondo seja restringido. Porém, aqueles que usam o termo não nos dão, em geral, qualquer indício de como supõem que essas três propriedades estejam relacionadas entre si. Parece ser assumido, geralmente, que elas são idênticas; e sempre, no mínimo, que elas estão necessariamente conectadas uma com a outra. Que elas não são idênticas eu já tentei mostrar; supô-las assim é negligenciar as distinções indicadas no último parágrafo; e o uso pode muito bem estar descontinuado meramente porque ele encoraja tal negligência. Mas uma razão mais urgente de sua descontinuidade é que, longe de estar necessariamente ligadas, a segunda é uma propriedade que pode levar a nada, sendo uma concepção autocontraditória; enquanto a primeira, se insistirmos no seu sentido mais importante, aplica-se a muitos casos, os quais não temos razão para pensar que a terceira se aplique, e a terceira certamente aplica-se a muitos dos que a primeira não se aplica.

21. Estas relações entre as três propriedades, recém distinguidas podem ser ilustradas pela referência a um todo da espécie da qual o nome "orgânico" se derivou – um todo que é um organismo no sentido científico –, especificamente, o corpo humano.

(1) Existe entre muitas partes de nosso corpo (embora não entre todas) uma relação que foi familiarizada pela fábula, atribuída a Menenius

Agrippa, a respeito do tronco e seus membros. Podemos encontrar, neles, partes em que a contínua existência de uma é condição necessária para a existência da outra; enquanto a contínua existência desta última é também uma condição necessária para a contínua existência da primeira. Isso leva a nada mais que dizer que no corpo humano temos exemplos de duas coisas, ambas durando por algum tempo, que possuem uma relação de dependência causal mútua entre si – uma relação de "reciprocidade". Freqüentemente, nada mais que isso quer dizer que as partes do corpo formam uma "unidade orgânica", ou que são, mutuamente, meios e fins entre si. E temos aqui uma característica saliente das coisas vivas. Mas seria extremamente afoito afirmar que essa relação de dependência mútua causal foi exibida apenas por coisas vivas e, assim, suficiente para definir suas peculiaridades. E é óbvio que de duas coisas possuindo esta relação de dependência mútua, nenhuma pode ter valor intrínseco, ou uma tê-la e a outra não. Elas não são necessariamente "fins" mútuos em sentido algum, exceto aquele cujo "fim" signifique "efeito". Mais ainda, está claro que, neste sentido, o todo não pode ser um fim para qualquer de suas partes. Estamos aptos a falar "do todo" em contraste com uma de suas partes, quando, de fato, apenas queremos dizer o *resto* de suas partes. Porém, estritamente, o todo deve incluir todas as suas partes, nenhuma delas pode ser uma causa do todo, porque não pode ser uma causa em si mesma. Está claro, conseqüentemente, que esta relação de dependência causal mútua nada implica relativamente ao valor de qualquer dos objetos que possui; e que, mesmo que ambas possam também ter valor, a relação entre elas é uma relação que não pode existir entre parte e todo.

Mas (2) pode acontecer, também, ser o caso de nosso corpo, como um todo, ter um valor maior que a soma dos valores de suas partes; e isto pode ser, o significado de quando se diz que as partes são meios para o todo. É óbvio que se perguntarmos "Por que *devem* as partes ser o que são?" uma resposta adequada pode ser "Porque o todo que formam tem tanto valor". Mas é igualmente óbvio que a relação que assim afirmamos existir entre parte e todo é bem diferente da que afirmamos existir entre partes quando dizemos "Esta parte existe porque aquela outra não existiria sem ela". No último caso, afirmamos as duas partes como causalmente ligadas; mas, no primeiro caso, parte e todo não podem ser causalmente ligadas, e a relação que afirmamos existir entre eles pode existir, embora as partes não estejam causalmente e ligadas, também.

Todas as partes de um quadro (picture) podem não ter aquela relação de dependência causal, que certas partes do corpo possuem, e, ainda assim, a existência daquelas que não a possuem pode ser absolutamente essencial para o valor do todo. As duas relações são bem distintas em espécie, e não podemos inferir a existência de uma daquela da outra. Portanto, não pode servir a qualquer finalidade útil incluí-las, ambas, sob o mesmo nome; e se temos de dizer que um todo é orgânico porque suas partes são (neste sentido) "meios" para o todo, não devemos dizer que é orgânico porque suas partes são causaltivamente dependente das outras.

22. Mas, finalmente (3) o sentido que tem sido mais proeminente em usos recentes do termo "todo orgânico" é um pelo qual se afirma que as partes de um todo têm uma propriedade que as partes de nenhum todo pode, possivelmente, ter. Supõe-se que, assim como o todo não seria o que é, não fosse pela existência das partes, assim as partes não seriam o que são, não fosse a existência do todo; e entende-se isso como significando não apenas que qualquer parte em particular não pode existir, a menos que outras existam também (caso em que a relação existe (1) entre as partes), mas, na realidade, a parte não é um distinto objeto do pensamento – que o todo, do qual é uma parte, é, por sua vez, uma parte dele. Que essa suposição é autocontraditória, uma pequena reflexão deve ser suficiente para demonstrá-lo. Podemos admitir, na verdade, que quando uma coisa particular é uma parte de um todo, ela possui um predicado que, de outra maneira, não possuiria – especificamente que é uma parte daquele todo. Porém, o que não pode ser admitido é que este predicado altere a natureza ou entre na definição da coisa que o contém. Quando pensamos na parte *propriamente dita*, queremos dizer *aquela* que afirmamos, neste caso, ter o predicado que é parte do todo; e a mera asserção que ela é uma parte do todo acarreta que ela mesma deveria se distinta daquela que assentimos. De outra maneira, contradizemo-nos desde que assentimos que, não *ela*, mas outra coisa – especificamente ela juntamente com o que assentimos dela – tem o predicado que assentimos dela. Em suma, é óbvio que parte alguma contém analiticamente o todo ao qual pertence, ou qualquer outra parte daquele todo. A relação da parte com o todo *não* é a mesma do todo com a parte; e definição pura da última é que ela contém, analiticamente, aquela que se diz ser sua parte. Ainda assim, esta doutrina muito autocontraditória é a marca principal que demonstra a influência de Hegel na filosofia moderna; uma influência que permeia quase toda a filosofia ortodoxa. Isso é o que está geralmente implícito no clamor contra falsificação por abstração: que um todo é sempre uma parte de sua parte; "Se você quiser conhecer a verdade a respeito de uma parte", dizem-nos, "você não deve considerar a parte mas outra coisa – especificamente, o todo: *nada* é verdadeiro a respeito da parte, somente quanto ao todo. " No entanto, claramente, deve ser verdadeiro da parte, no mínimo em que é uma parte do todo; e é óbvio que quando dizemos que é, *não* estamos dizendo meramente que o todo é uma parte de si mesmo. Esta doutrina, portanto, que uma parte "não" pode ter significado ou significância separada de seu todo, deve ser energicamente repelida. Ela implica em que a afirmação "Esta é uma parte daquele todo" tem um significado; e para que isso possa ter um, tanto o sujeito como o predicado devem ter um significado distinto. É fácil ver como esta falsa doutrina levantou confusão com duas relações (1) e (2) que podem ser, realmente, propriedades dos todos.

(a) A *existência* de uma parte pode estar ligada por uma necessidade natural ou causal com a existência de outras partes de seu todo; e mais, o que é uma parte do todo e que deixou de ser uma tal parte, embora diferindo, intrinsecamente, uma da outra, pode ser chamado por um e mesmo nome. Assim, para dar um exemplo típico, se um braço for cortado do corpo humano, ainda podemos chamá-lo de braço. No entanto, um braço, quando parte de um corpo, indiscutivelmente, difere de um braço morto: conseqüentemente, podemos facilmente ser induzidos a dizer "O braço que é uma parte do corpo não seria o que é se não fosse tal parte", e pensar que a contradição, assim expressa, é na realidade uma característica das coisas. Mas, na verdade, o braço morto nunca foi parte de um corpo; *é*, apenas, *parcialmente* idêntico ao braço vivo. As partes que são idênticas a partes do braço vivo são exatamente as mesmas, quer pertençam ao corpo ou não; e nelas temos um exemplo inegável de uma e mesma coisa formando uma parte ao mesmo tempo, e a outra que não forma uma parte do presumido "todo orgânico". Por outro lado, aquelas propriedades que *são* possuídas pelo braço vivo e *não* pelo braço morto não existem em forma diferente neste último: elas simplesmente não existem nele de *forma alguma*. Por uma necessidade causal, sua existência depende que tenham essa relação com outras partes do corpo que expressamos, dizendo que formam parte dele. Mesmo assim, mais certamente, *se* nunca formaram parte do corpo, eles *seriam* exatamente o que são quando são. Que diferem intrinsecamente das propriedades do braço morto e que formam parte do corpo são proposições

129

que não estão analiticamente relacionadas uma com a outra. Não existe contradição em supor que não retenham tais diferenças intrínsecas e, assim mesmo, sem formarem parte do corpo.

Mas *(b)* quando nos dizem que um braço vivo não tem s*ignificado ou significância* à parte do corpo ao qual pertence, uma falácia diferente é também sugerida. "Ter significado ou significância" e usado comumente no sentido de "ter importância"; e isso, mais uma vez, significa "ter valor, quer seja como um meio, quer seja como um fim." É bem possível que até mesmo um braço vivo, separado de seu corpo, não teria qualquer valor intrínseco; embora o todo do qual é uma parte tenha grande valor intrínseco devido à sua presença. Assim, podemos facilmente dizer que, *como* uma parte do corpo, ele tem grande valor, enquanto que por si mesmo teria nenhum valor; assim é que todo o seu "significado" reside em sua relação com o corpo. Mas, na verdade, o valor em questão obviamente não pertence, de forma alguma, a *ele*. Ter valor, meramente, como uma parte, equivale a não ter valor algum, mas meramente ser uma parte daquilo que o tem. Por causa do negligenciar-se esta distinção, a assertiva de que uma parte tem valor, *como uma parte*, que de outra maneira não teria, leva facilmente à assunção de que é também diferente, como uma parte, do que, de outra forma, seria; pois é, de fato, verdade que duas coisas que têm valor diferente devem também diferir em outros aspectos. Assim, a assunção que uma e mesma coisa, porque é uma parte de um todo mais valioso a um certo tempo que outro tem, conseqüentemente, mais valor intrínseco em certo tempo que em outro, tem encorajado a crença autocontraditória de que uma e mesma coisa pode ser duas coisas diferentes, e que somente em uma de suas formas é verdadeiramente o que é.

Por estas razões, devo tomar, onde parecer conveniente, a liberdade de usar a expressão, ou termo, orgânico com um sentido especial. Usa-la-ei para denotar o fato de que um todo tem um valor intrínseco, diferente em quantidade, da soma dos valores de suas partes. Usa-la-ei para denotar isto e somente isto. O termo não implicará qualquer relação causal entre partes do todo em questão. E tampouco sugerirá que as partes são inconcebíveis, exceto como partes daquele todo, ou que, quando formam partes de tal todo, possuem um valor diferente do que teriam se não o fizessem. Compreendido neste especial e perfeitamente definido sentido, a relação de um todo orgânico com suas partes é uma das mais importantes que a Ética tem de reconhecer. Uma parte especial dessa ciência deve se ocupar em comparar os valores relativos de vários bens; e os erros mais grosseiros serão cometidos em tal comparação se for assumido que, sempre que duas coisas formem um todo, o valor daquele todo é meramente a soma dos valores daquelas duas coisas. Com esta questão de *todos orgânicos*, então, completamos a enumeração da espécie de problemas com os quais a Ética deve se preocupar.

23. Neste capítulo empenhei-me em dar forma às seguintes conclusões. (1) A peculiaridade da Ética não é que investigue assertivas a respeito da conduta humana, mas a de investigar assertiva a respeito da propriedade de coisas, que é denotada pelo termo "bom", e a propriedade inversa denotada pelo termo "mau". Ela deve, a fim de estabelecer suas conclusões, investigar a verdade de *todas* essas assertivas *exceto* aquelas que afirmam a relação desta propriedade a somente uma existente. (1-4). (2) Esta propriedade, em relação à qual o objeto da Ética deve ser definido, é simples e indefinível (5-14). E (3) todas as asserções a respeito de sua relação com outras coisas são de duas, e somente duas espécies: elas afirmam em que grau as próprias coisas possuem esta propriedade ou, então, afirmam relações causais entre outras coisas e aquelas que a possuem (15-17). Finalmente, (4) ao considerar os diferentes graus nos quais as próprias coisas possuem esta propriedade, tomamos em consideração o fato que um todo pode, possuí-la em um grau diferente do daquele que é obtido por somar os graus nos quais suas partes os possuem (18-22).

CAPÍTULO II

ÉTICA NATURALISTA

24. Resulta das conclusões do Capítulo I que todas as questões éticas caem em uma ou outra das três classes. A primeira classe contém apenas uma questão – a questão "Qual é a natureza daquele predicado peculiar, a relação dele com outras coisas constitui o objeto de todas as demais investigações éticas?". Ou, em outras palavras, "O que é *tido* por bom?" Já procurei responder à primeira questão. O predicado peculiar, em relação ao qual a esfera da Ética deve ser definida, é simples, não analisável, indefinível. Restam duas classes de questões quanto à relação deste predicado com outras coisas. Podemos indagar tanto (1) A que coisas e em que grau este predicado se liga diretamente? Que coisas são boas em si mesmas? ou (2) De que meios devemos ser capazes para tornar o que existe no mundo tão bom quanto possível? Que relações causais existem entre o que é o melhor em si mesmo e outras coisas?

Neste e nos dois capítulos seguintes, proponho discutir certas teorias que nos oferecem uma resposta à questão "O que é bom em si mesmo?" Apresento, ponderadamente – *uma* resposta: todas essas teorias se caracterizam pelo fato de que, se verdadeiro, elas simplificariam demasiadamente, o estudo da Ética. Todas sustentam existir apenas *uma* espécie de fato, cuja existência não tem valor algum. Mas possuem, também, outra característica, que é a minha razão de agrupá-las e tratá-las em primeiro lugar: especialmente que a razão principal de ter sido escolhida a única espécie de fato que designam para definir o exclusivamente bom (sole good), é que ele foi escolhido para definir o que é tido como o próprio "bem". Em outras palavras, todas elas são teorias do fim ou do ideal, cuja adoção tem sido causada, principalmente, em decorrência do que tenho chamado de falácia naturalista: todos confundem a primeira e a segunda, das três questões possíveis que a Ética pode fazer. É, realmente, este fato que explica sua disputa de que só uma espécie simples de coisas é boa (good). Que uma coisa deva ser boa, já se considerou, *significa* que ela possui esta propriedade simples: e assim (pensa-se) somente o que possui esta propriedade é bom. A inferência parece muito natural; ainda assim, o que ela quer dizer é autocontraditório. Aqueles que a cometem, não percebem que sua conclusão "o que possui esta propriedade é bom" é uma proposição que significa: que ela não significa "o que possui esta propriedade, possui esta propriedade" ou "a palavra *bom* denota que uma coisa possui esta propriedade". Ainda assim, se ela *não* significa uma ou outra dessas duas coisas, a inferência contradiz sua própria premissa.

Por isso, proponho discutir certas teorias a respeito do que é bom em si mesmo, que são *baseadas* na falácia naturalista, no sentido de que a autoridade dessa falácia tem sido a causa de sua larga aceitação. A discussão será apresentada tanto (1) para ilustrar o fato de que a falácia naturalista é uma falácia, ou, em outras palavras, que estamos todos cientes de uma certa e simples qualidade, que (e nada mais) é o que, entendemos principalmente pelo termo "bom"; e (2) para mostrar que não apenas uma, mas muitas coisas diferentes, possuem esta propriedade. Não posso pretender recomendar a doutrina que sendo boa não deve sua bondade e sua posse comum de qualquer outra propriedade, sem uma crítica das doutrinas principais, opostas a esta, cuja força para se recomendarem está provada pelo seu largo prevalecimento.

25. As teorias que proponho discutir podem ser convenientemente divididas em dois grupos. A falácia naturalista implica ao pensarmos "Isto é bom", o que estamos pensando é que a coisa em questão possui uma relação definida com alguma outra coisa. Mas essa coisa em relação à qual bom é definido, tanto pode ser o que posso chamar de um objeto natural – algo cuja existência é, reconhecidamente, um objeto de experiência – ou então pode ser um objeto que está apenas cuja existência é inferida em um mundo real supra-sensível. Proponho-me tratar estes dois tipos de teoria ética separadamente. Teorias do segundo tipo podem, convenientemente, ser chamadas de "metafísicas" e devo adiar considerações a seu respeito até o Capítulo IV. Neste e no capítulo seguinte, por outro lado, abordarei as teorias que devem seu prevalecimento à suposição de que bom pode ser definido relativamente a um *objeto natural*; e estes são o que quero dizer com o nome, que dá título a este capítulo, "Ética Naturalista". Deve-se observar que a falácia, relativamente à qual defino a "Ética Metafísica", é a mesma em espécie – só lhe dei um nome, falácia naturalista. No entanto, quando consideramos as teorias éticas recomendadas por essa falácia, parece conveniente distinguir as que consideram a bondade como uma relação com algo que existe aqui e agora, das que não o consideram. Segundo a primeira, a Ética é uma ciência empírica ou positiva: todas as suas conclusões podem ser estabelecidas por meio da indução e da observação empírica. Este, porém, não é o caso da Ética Metafísica. Existe, portanto, uma nítida distinção entre estes dois grupos de teorias éticas, baseadas na mesma falácia. Dentre as teorias naturalistas também se pode fazer uma divisão conveniente. Há um objeto natural, especificamente o prazer, que talvez tenha sido mantido como sendo o único bem como todo o resto reunido. E há, além disso, mais uma razão para se tratar o hedonismo separadamente. Essa doutrina tem, penso, tão claramente como outra qualquer, devido seu predomínio à falácia naturalista; só que ela tem tido um destino singular no qual o escritor, que primeiro expôs a falácia dos argumentos naturalistas pelos quais se tentou *provar* que o prazer é o único bem, tem afirmado que, mesmo assim, é o único bem. Proponho, por isso, separar minha discussão do hedonismo das outras teorias naturalistas; tratando a Ética Naturalista em geral neste capítulo, e o Hedonismo, em particular, no próximo.

26. O presente capítulo trata das teorias éticas que declaram que não se encontra qualquer valor intrínseco, em lugar algum, exceto no conteúdo de alguma propriedade *natural* que não o prazer; e que declara isso porque supõe-se que ser "bom" significa possuir a propriedade em questão. Tais teorias eu as chamo de "Naturalista". Apropriei-me, dessa maneira, do nome Naturalismo para usá-lo como um método particular de apreciar a Ética – um método que, estritamente compreendido, é inconsistente com a possibilidade de qualquer Ética, em geral. Este consiste em substituir por "bom" alguma propriedade de um objeto natural ou uma coleção de objetos naturais; substituindo, dessa maneira, a Ética por alguma das ciências naturais. No geral, a ciência, assim substituída, é uma das ciências especialmente preocupadas com o homem, graças ao engano generalizado (eu tenho como tal) de considerar-se a questão Ética confinada à conduta humana. Em geral, a Psicologia tem sido a ciência substituída, segundo J. Stuart Mill; ou a Sociologia, segundo o professor Clifford e outros autores contemporâneos. A verdade é que qualquer ciência pode ser igualmente bem substituída. É a mesma falácia que está implícita, quando o professor Tyndall recomenda "nos conformarmos com as leis da matéria": e, aqui, a ciência que se propõe ser substituída pela Ética é, simplesmente, a Física. O nome, então, é perfeitamente geral, não importa o que seja, alguma coisa que representa o significado de bom, a teoria ainda é Naturalismo. Seja bom definido como amarelo, azul ou verde, como alto ou suave, redondo ou quadrado, doce ou amargo, tão gerador de vida ou de prazer, tão querido ou desejado ou sentido; quer seja de um destes ou de outro objeto qualquer, no mundo, bom pode ser tido como *significando*, a teoria, que a sustenta como seu *significado*, será uma teoria naturalista. Chamei de naturalistas essas teorias porque todos aqueles termos denotam propriedades, simples ou complexas, de algum objeto natural simples ou complexo; e, antes que eu prossiga em seu exame, será conveniente definir o que significa "natureza", e "objetos naturais".

Por "natureza", pois, quero dizer, e tenho dito, o objeto das ciências naturais e também da Psicologia. Pode-se dizer estar aí incluído tudo que existiu, existe ou existirá no tempo. Se considerarmos que qualquer outro objeto é de tal natureza e que é tido como existindo, agora, existiu ou poderá vir a existir, então podemos saber que aquele objeto é um objeto natural e que nada, de que isso não seja verdadeiro, é um objeto natural. Assim, por exemplo, podemos dizer que nossas mentes existiam ontem, existem hoje, e provavelmente existirão em um minuto ou dois. Diremos que tivemos pensamentos ontem que deixaram de existir agora, embora seus efeitos possam perdurar; e, na medida em que aqueles pensamentos existem, de verdade, eles também são objetos naturais.

Não existe, realmente, qualquer dificuldade a respeito dos "objetos" em si, no sentido em que empreguei até agora o termo. É fácil dizer quais deles são naturais e quais (se algum) não são. Porém, quando começamos a considerar as propriedades de objetos, temo então, que o problema seja mais difícil. Quais entre as propriedades dos objetos naturais são propriedades naturais e quais não são? Pois não nego que bom seja uma propriedade de alguns objetos naturais, alguns deles, penso, *são* bons; ainda assim, eu disse que "bom" em si mesmo não é uma propriedade natural. Meu teste para estes também diz respeito à sua existência no tempo. Podemos imaginar "bom" existindo *por si mesmo* no tempo, e não meramente como uma propriedade de algum objeto natural? Por mim, não consigo imaginá-lo, embora com o grande número de propriedades de objetos – os que chamo das propriedades naturais –

sua existência me pareça independente da existência desses objetos. São, antes, de fato, partes, das quais os objetos são feitos, do que meros predicados a lhes atribuir. Se elas fossem todas tiradas, não restaria qualquer objeto, nem mesmo uma simples substância, pois elas são, em si mesmas, substanciais e dão toda substância ao objeto que as possui. Isso, no entanto, não acontece com o bom. Se bom fosse, na verdade, um sentimento, como alguns querem que acreditemos, então existiria no tempo. É justamente por isso que chamá-lo assim é cometer uma falácia naturalista. Sempre será pertinente perguntar se o sentimento em si é bom; se for, então o bom, propriamente dito, não pode ser idêntico a qualquer outro sentimento.

27. Essas teorias da Ética são, então, "naturalistas", que declaram que o único bom consiste em alguma propriedade das coisas, que existem no tempo; e que são assim porque supõem que o próprio "bom" pode ser definido por referência a tal propriedade. E podemos, agora, prosseguir na consideração dessas teorias.

Primeiramente, uma das máximas mais famosas da ética é a que recomenda uma "vida em acordo com a natureza". Esse era o princípio da Ética Estóica; mas desde que exige ser chamada metafísica, não procurarei lidar com ela aqui. Todavia a mesma frase reaparece em Rosseau e não é infreqüentemente mantido que devemos viver naturalmente. Vamos examinar o conteúdo desta disputa em sua forma geral. Primeiramente, é óbvio que não podemos dizer que tudo que é natural é bom, exceto, talvez, em virtude de alguma teoria metafísica, tal como a que tratarei adiante. Se todo natural é igualmente bom, então certamente a Ética – como é comumente compreendida – desaparece, pois nada é mais certo, do ponto de vista ético, que algumas coisas são boas e outras más; o objeto da Ética é, realmente, a busca de regras gerais pelas quais se pode evitar uma e manter a outra. O que, então, "natural" significa, neste conselho de viver-se naturalmente, desde que é óbvio que ele não pode se aplicar a tudo que é natural?

A frase parece indicar uma noção vaga de que existe algo como o bom natural, uma crença de que a Natureza pode fixar e decidir o que será bom, da mesma forma como fixa e decide o que existirá. Por exemplo, pode-se supor que "saúde" é suscetível de uma definição natural, que a natureza fixou o que saúde deve ser; e saúde, deve-se dizer, é obviamente bom; assim, neste caso, a Natureza decidiu a matéria; temos, apenas, que ir a ela e perguntar-lhe o que é saúde e ficaremos sabendo o que é bom: teremos baseado a ética na ciência. Mas qual é a definição natural de ciência? Só posso conceber que saúde seja definida em termos naturais como o estado *normal* de um Organismo; pois, indubitavelmente, a doença também é um produto natural. Dizer que saúde é o que está preservado pela evolução, e o que tende a preservar, na luta pela existência, o organismo que a possui, chega ao mesmo caso: pois a evolução pretende dar uma explicação causal do porquê algumas formas de vida são normais e outras são anormais; ela explica a origem das espécies. Quando, portanto, nos dizem que saúde é natural, podemos presumir que isso significa que ela é normal; e quando nos dizem para ter saúde como um fim natural, o que está implícito é que o normal deve ser bom. Mas é tão óbvio que o normal deve ser bom? É realmente óbvio que saúde, por exemplo, é bom? Foi a excelência de Sócrates ou a de Shakespeare normal? Foi ela anormal, extraordinária? Eu acho que é óbvio, em primeiro lugar, que nem tudo que é bom é normal; que, ao contrário, o anormal é freqüentemente melhor que o normal: excelência peculiar, bem como depravação peculiar, não deve ser, obviamente, normal, mas sim anormal. No entanto, deve-se dizer que, ainda assim, o normal é bom e eu mesmo não estou preparado para discutir se saúde é bom. O que discuto é que isso não deve ser tomado como óbvio; que deve ser considerado uma questão aberta. Declará-lo óbvio é sugerir a falácia naturalista, exatamente como, em alguns livros recentes, a prova de que o gênio é doente, anormal, tem sido usada a fim de sugerir que o gênio não deve ser encorajado. Tal raciocínio é falacioso e perigosamente falacioso. O fato é que nas próprias palavras "saúde" e "doença" incluímos, comumente, a noção de que uma é boa e a outra ruim. Mas, quando uma assim chamada definição científica delas é tentada, uma definição em termos naturais, a única possível é a que é feita considerando-se "normal" e "anormal". É fácil provar que algumas coisas comumente consideradas excelentes são anormais; e segue-se que são doentias. Mas daí não segue, exceto por virtude da falácia naturalista, que aquelas coisas, comumente consideradas boas, são portanto más. Tudo que foi realmente demonstrado é que em alguns casos existe um conflito entre o julgamento comum de que gênio é bom e o julgamento comum de que saúde é bom. Não está suficientemente reconhecido que o último julgamento tenha um mínimo a mais de apoio para a sua veracidade que o anterior; que ambos são perfeitamente, questões abertas. Pode ser verdade, realmente, que por "saudável" queiramos dizer "bom";

mas isso só mostra que quando usamos a palavra, não queremos lhe dar o mesmo significado que lhe é dado pela ciência médica. Que saúde, *quando* a palavra é usada para denotar alguma coisa boa, é bom, não há como mostrar que saúde, quando a palavra é usada para denotar alguma coisa anormal, é também bom. Podemos, igualmente, dizer que, porque "touro" denota uma piada irlandesa e também um certo animal, a piada e o animal devam ser a mesma coisa. Não devemos, assim, nos assustarmos pela asserção que uma coisa é natural na admissão de que é bom; bom, por definição, não significa coisa alguma que seja natural: e é, conseqüentemente, sempre uma questão aberta se qualquer coisa que é natural seja boa.

28. Mas existe outro sentido levemente diferente no qual a palavra "natural" é usada com uma implicação que ela denota algo bom. Isso é quando falamos de afeições naturais ou crimes desnaturados e vícios. Aqui o significado parece ser não tanto que a ação ou sentimento em questão é normal ou anormal mas que é necessário. É nesta conexão que somos aconselhados a imitar selvagens e bestas. Um conselho curioso, certamente; mas, é claro, deve haver alguma coisa em seu sentido. Não estou preocupado, aqui, em inquirir em que circunstâncias alguns de nós pode vantajosamente aprender com uma vaca. Não tenho dúvida de que haja tal vantagem. O que me diz respeito é uma certa espécie de razão, que acho que é, algumas vezes, usada para amparar esta doutrina – uma razão naturalista. A noção que às vezes está na base da mente dos pregadores deste evangelho é que não podemos melhorar de natureza. Esta noção é certamente verdadeira, no sentido de que coisa alguma que possamos fazer, que possa ser melhor que o presente estado de coisas, será um produto natural. Mas não é isso que esta frase quer dizer; a natureza é novamente usada para significar mera parte da natureza; só que, desta vez, a parte em caso não é tanto o normal quanto um mínimo arbitrário do que é necessário à vida. E quando esse mínimo é recomendado como "natural" – como o modo de vida para qual a Natureza aponta seu dedo – então a falácia naturalista é usada. Contra essa posição desejo, apenas, salientar que, embora a performance de certos atos, não desejáveis em si mesmos, possa ser *excusada* como meio necessário à preservação da vida, isso não é razão para que seja *louvada* ou para nos aconselhar a nos limitarmos a essas ações simples que são necessárias, se for possível melhorar nossa condição, mesmo às expensas de se fazer o que é, neste sentido, desnecessário. A Natureza, realmente, limita o que é possível; ela controla os meios que temos à nossa disposição para obter o que é bom; este fato, a Ética prática – como veremos mais tarde – deve tomar em consideração; mas quando se supõe que ela tenha uma preferência pelo que é necessário, isto, o que é necessário, significa somente o que é necessário para se obter um certo fim, pressuposto como o mais elevado bem; e o que o mais elevado bem é, a Natureza não pode determinar. Por que devemos supor que o que é meramente necessário à vida é *ipso facto* melhor que o que é necessário ao estudo da metafísica, por mais inútil que essa matéria possa parecer? Pode ser que a vida apenas valha a pena, por que nos permite estudar a metafísica – é um meio necessário. A falácia deste argumento tirado da natureza foi descoberta desde o tempo de Luciano. "Eu quase me inclinei a rir", diz Calicrátidas num dos diálogos que lhe são atribuídos, "exatamente agora quando Caricles louvava brutos irracionais e a selvageria dos Citas: no calor desta discussão ele repetia, praticamente, que nascera um grego. Que assombro, se leões e ursos e porcos não agem como propus? Aquele raciocínio que levaria, justificadamente, um homem a escolher, não pode ser de criaturas que não raciocinam porque são estúpidas. Se Prometeu ou outro deus tivesse dado a cada um deles a inteligência do homem, então eles não teriam vivido nos desertos e montanhas e se alimentado um com o outro. Teriam templos, exatamente como nós; cada qual teria vivido no centro de sua família e teriam formado uma nação unida por leis mútuas. Existe alguma surpresa que brutos que tiveram a infelicidade de não ter a possibilidade de obter, por previsão, nenhum dos bens com os quais o raciocínio nos provê, perdessem também, o amor? Leões não amam; mas também não filosofam; ursos não amam; e a razão é que desconhecem a doçura da amizade. Só os homens, por sua sabedoria e seu conhecimento, após várias tentativas, escolheram o que é melhor."

29. Argumentar que uma coisa é boa *porque* é "natural" ou má *porque* não é natural, no sentido comum do termo, é certamente falacioso e, mesmo assim, tais argumentos são muito freqüentemente usados. Mas não pretende, comumente, estabelecer uma teoria sistemática da Ética. Entre as tentativas para *sistematizar* um apelo à natureza, que está mais prevalente agora, deve ser encontrada na aplicação a questões éticas do termo "Evolução" – nas doutrinas éticas chamadas "evolucionistas". Estas doutrinas são as que mantêm o curso da "evolução", enquanto mostram a direção em que nos desenvolvemos, por esta razão mostramos a direção em que *deveríamos* nos desenvolver. Estudiosos que mantêm tal doutrina são, presentemente, numerosos e muito populares e proponho tomar como meu exemplo o escritor que é, talvez, o mais conhecido deles todos – Herbert Spencer. A doutrina de Spencer, deve-se ressaltar, não oferece *o mais cristalino* exemplo da falácia naturalista usada como suporte da Ética Evolucionista. Um exemplo mais claro pode ser encontrado na doutrina de Guyau*, um escritor que, atualmente está em grande voga na França, mas que não é tão bem conhecido como Spencer. Guyau pode quase ser chamado de discípulo de Spencer; ele é francamente evolucionista e francamente naturalista; posso mencionar que ele não parece pensar que difere de Spencer por causa de seu naturalismo. O ponto no qual ele critica Spencer concerne à questão de quão longe os fins do "prazer" e da "vida aumentada" coincidem como motivos e meios para a consecução do ideal: ele não parece pensar que difere de Spencer no princípio fundamental de que o ideal é "Quantidade de vida, medida em respiração como em extensão", ou, como Guyau diz, "Expansão e intensidade de vida" nem na razão naturalista que ele dá para este princípio. E não estou certo de que ele difira de Spencer nestes pontos. Spencer usa, como mostrarei, a falácia naturalista em detalhe; mas com respeito aos seus princípios fundamentais, ocorrem as seguintes dúvidas: é ele, fundamentalmente, um hedonista?

E, assim sendo, é ele um hedonista naturalista? Neste caso seria melhor tratar de sua doutrina no próximo capítulo. Sustenta ele que uma tendência para aumentar a quantidade de vida é meramente um critério de boa conduta? Ou que tal aumento de vida é marcado pela natureza como um fim a que devemos visar?

Acho que sua linguagem, em vários lugares, daria cor a todas essas hipóteses; embora algumas delas sejam mutuamente inconsistentes. Tentarei discutir os pontos principais.

30. A voga moderna da "Evolução" é devida, principalmente, às investigações de Darwin quanto à origem das espécies. Darwin formou uma hipótese estritamente biológica quanto à maneira pela qual certas formas de vida animal se estabeleceram, enquanto outras morreram e desapareceram. Sua teoria era que isso deveu-se, pelo menos parcialmente, como se segue. Quando certas variedades ocorreram (a causa de sua ocorrência é, ainda, no geral, desconhecida), pode ser que alguns

---

* Veja Esquisse d'une Morale sans Obligation ni Sanction, M. Guyau. 4ª edição, Paris: F. Alcan, 1896.

dos pontos, nos quais elas variaram de sua espécie ancestral ou de outras espécies então existentes, tornaram-nas melhor dotadas para persistirem no meio no qual se encontravam, menos sujeitas a serem eliminadas. Poderiam, por exemplo, ser melhor condicionadas para resistir ao frio e ao calor ou a alterações de clima; melhor preparadas para encontrar alimento no meio em que viviam; melhor equipadas para escapar e/ou resistir a outras espécies que se alimentavam delas; melhor formadas para atraírem ou dominar o sexo oposto. Estando, assim, menos sujeitas à morte, sua quantidade, relativamente a outras espécies, aumentaria e seu próprio aumento em número podia levar à extinção dessas outras espécies. Esta teoria, à qual Darwin chamou de "Seleção Natural", foi também chamada a teoria da sobrevivência do mais apto. O processo natural, então descrito, foi chamado de evolução. Foi muito natural supor que evolução significava evolução do que era mais baixo para o que era mais elevado; de fato, observou-se que, pelo menos uma espécie, comumente chamada de a mais elevada – a espécie humana – também sobrevivem assim. Entre os homens novamente supôs-se que as mais elevadas, a inglesa, por exemplo, tinha revelado uma tendência para sobreviver à inferior como os índios norte-americanos. Podemos matá-los mais facilmente do que eles a nós. A doutrina da evolução foi, então, representada como uma explicação de como as espécies mais elevadas sobrevivem às inferiores. Spencer, por exemplo, usa constantemente "mais evoluído" como equivalente a "mais elevado". Mas deve-se notar que isso não faz parte da teoria científica de Darwin. Essa teoria explicará, igualmente bem, como, por uma alteração no ambiente (o esfriamento gradual da Terra, por exemplo), espécies bem diferentes do homem, uma espécie que pensamos ser infinitamente inferior, pode sobreviver a nós. A sobrevivência do mais *apto* não significa, como se pode supor, a sobrevivência do que é mais apto a preencher uma boa finalidade – melhor adaptado para um bom fim; finalmente, ela significa meramente a sobrevivência do mais apto a sobreviver, e o valor da teoria científica – e é uma teoria de enorme valor –, consiste apenas em mostrar quais são as causas que produzem certos efeitos biológicos. Ela não pode pretender julgar se esses efeitos são bons ou maus.

31. Vejamos, agora, o que Spencer diz a respeito da aplicação da Evolução à Ética.

"Recorro", diz ele*, "à proposição principal estabelecida nestes dois capítulos, que acho, tem sido plenamente justificada. Guiado pela

---

* *Data of Ethics*, Capítulo II, *§ 7, ad fin.*

verdade de que a conduta tratada pela Ética é parte de uma conduta maior, a conduta maior deve ser geralmente entendida antes de que esta parte possa ser especialmente compreendida; e guiado pela verdade ulterior de que para compreendermos condutas mais amplas devemos compreender a evolução da conduta, fomos levados a ver que a Ética tem como seu objeto de estudo aquela forma que a conduta universal assume durante os últimos estágios de sua evolução. Concluímos, também, que esses últimos estágios de evolução na conduta são aqueles exibidos pelos *mais* elevados [os itálicos são meus] tipos de seres quando eles são forçados – pelo aumento de seu número – a viver cada vez mais na presença de seus companheiros. E daí se segue *o corolário de que a conduta ganha sanção ética* [itálicos meus], à medida em que as atividades, tornando-se cada vez menos militantes e cada vez mais industriais, são tais que não necessitam de dano ou estorvo mútuos, mas consistem em e são seguidas pela cooperação e ajuda mútuas.

"Essas implicações da Hipótese de Evolução, vemos, agora, se harmonizarem com as idéias morais predominantes que os homens alcançaram."

Bom, se devemos tomar a última sentença em sentido estrito – se as proposições que a precedem são realmente vistas por Spencer como sendo implicações da Hipótese de Evolução – não pode haver dúvida de que Spencer cometeu a falácia naturalista. Tudo que a Hipótese de Evolução nos diz é que certas espécies de conduta são mais evoluídas que outras e isso é, de fato, tudo que Spencer tentou provar nos dois capítulos em questão. Mesmo assim, ele nos diz que uma das coisas que provou é que a *conduta ganha sanção ética* na proporção em que exibe certas características. O que tentou provar é somente que, na proporção em que a conduta exibe aquelas características, *é mais evoluída*. Está claro, portanto, que Spencer *identifica* o ganho da sanção ética como sendo mais evoluído; isto decorre, estritamente, de suas palavras. Mas a linguagem de Spencer é extremamente vaga e devemos, presentemente, ver que ele parece considerar como falso o ponto de vista aqui exposto. Não podemos, conseqüentemente, tomar o ponto de vista de Spencer como definitivo, que "melhor" signifique nada mais que "mais evoluído" ou mesmo o que é "mais evoluído" é *conseqüentemente* "melhor". Mas temos o Direito de advertir que ele está influenciado por aquelas posições e assim, pela falácia naturalista. É somente pela admissão de tal influência que podemos explicar sua confusão relativamente ao que ele realmente provou e a ausência de qualquer tentativa para provar o que ele diz que provou – que a conduta que está mais evoluída é a melhor. Procuraremos, em vão, por qualquer tentativa de mostrar que a "sanção ética" é proporcional à "evolução" ou que o "mais elevado" tipo de ser exibe a conduta mais evoluída; mesmo assim, Spencer conclui ser este o caso. É, apenas, justo assumir que ele não está suficientemente cônscio do quanto essas propriedades precisam de prova – que uma coisa muito diferente é ser "mais evoluído" e outra "mais elevado" ou "melhor". Certamente, pode ser verdade que o que é mais evoluído é também mais elevado e melhor. Mas Spencer não parece estar consciente de que afirmar uma coisa, em caso algum, representa afirmar a outra. Ele argumenta, à vontade, que certas espécies de conduta são "mais evoluídas " e então nos informa que ele provou que elas adquiriram sanção ética proporcionalmente, sem nenhum aviso de que ele omitiu a etapa mais essencial em tal prova. Certamente isso é evidência suficiente de que ele não vê quão essencial é essa etapa.

32. Qualquer que seja o grau da culpa de Spencer, o que se acabou de dizer servirá para ilustrar a espécie de falácia constantemente cometida por aqueles que professam basear a Ética na Evolução. Porém devemos nos apressar em aditar que o ponto de vista que Spencer recomenda, em outro lugar, muito enfaticamente, é muito diferente. Será útil tratar disso brevemente, a fim de que nenhuma injustiça seja cometida contra Spencer. A discussão será instrutiva, em parte por falta de clareza, que Spencer exibe em relação a sua visão de "evolucionismo", como aquela que acabamos de descrever; e em parte porque existe uma razão para suspeitar que nesta visão ele está influenciado pela falácia naturalista.

Já vimos que, no final de seu segundo capítulo, Spencer parece anunciar que já provou certas características de conduta como sendo a medida de seu valor ético. Ele parece pensar havê-lo provado meramente por considerar a evolução da conduta; e ele não deu, certamente, tal prova, a menos que devamos entender que "mais evoluído" é simples sinônimo de "eticamente melhor". Ele, agora, meramente promete *confirmar* esta conclusão ao mostrar que ela se "harmoniza com as principais idéias morais que o homem alcançou". Porém, quando nos voltamos para o seu terceiro capítulo, descobrimos que o que realmente faz é algo completamente diferente. Aqui ele afirma que para estabelecer a conclusão "Conduta é melhor na proporção em que está mais evoluída", uma prova inteiramente nova é necessária. Essa conclusão *será falsa*, a menos que uma determinada proposição, da qual nada ouvimos até agora, seja verdadeira – a menos que seja verdadeiro que a vida é prazerosa como um todo. E a proposição ética, para a qual ele reclama o apoio de "idéias morais principais" da humanidade, resulta em ser que "a vida é boa ou má, segundo traga ou não uma quantidade de sentimentos agradáveis" (§ 10). Aqui, então, Spencer aparece não como um evolucionista, mas como um hedonista, em Ética. Nenhuma conduta é melhor, *porque* é mais evoluída. Graus de evolução podem, no máximo, ser um *critério* de valor ético; e será somente isso, se pudermos provar a generalização extremamente difícil de que o mais evoluído é sempre, no total, o mais prazeroso. É claro que Spencer rejeita, aqui, a identificação naturalista de "melhor" com "mais evoluído"; mas é possível que ele esteja influenciado por outra identificação naturalista – a de "bom" com "prazeroso". É possível que Spencer seja um hedonista naturalista.

33. Vamos examinar as próprias palavras de Spencer. Ele começa seu terceiro capítulo com a tentativa de mostrar que chamamos "bom o ato conducente à vida, em si ou outros, e mau aqueles que direta ou indiretamente inclinam-se no sentido da morte, especial ou geral" (§ 9). Então ele pergunta: "Existe alguma assunção feita em chamá-los assim?" "Sim", responde ele, "uma assunção de extrema significação foi feita – uma assunção sublinhando todas as avaliações morais. A questão a ser definitivamente levantada e respondida antes de entrar em qualquer discussão ética, é a questão muito discutida ultimamente – Vale a pena viver a vida? Devemos ter uma visão pessimista? ou devemos ter uma visão otimista. Da resposta a estas questões depende cada decisão concernente à bondade e maldade da conduta". Mas Spencer não continua imediatamente para dar a resposta. Em vez disso, ele faz outra pergunta: "Mas, agora, aquelas opiniões irreconciliáveis [pessimista e otimista] têm alguma coisa em comum? " E esta questão é respondida por ele, imediatamente, pela afirmação: "Sim, há um postulado em que pessimistas e otimistas concordam. Ambos os argumentos assumem ser auto-evidente que a vida é boa ou má, segundo traga – ou não – uma grande quantidade de sentimentos agradáveis" (§ 10). O resto do capítulo é devotado à defesa dessa afirmação; e, no fim, Spencer formula sua conclusão com as seguintes palavras: "Nenhuma escola pode evitar tomar como fim moral máximo um estado desejável de sentimento chamado por qualquer que seja o nome – de graça, alegria, felicidade. O prazer em algum lugar e ao mesmo tempo, para algum ser ou alguns seres, é um elemento inexpugnável dessa concepção" (§ 16 *ad fin*).

Em tudo isso, existem dois pontos para os quais desejo chamar a atenção. O primeiro é que Spencer não diz claramente o que toma como a relação entre Prazer e Evolução na teoria ética. Obviamente, ele deveria entender que prazer é a *única coisa* intrinsecamente desejável; que outras coisas boas são "boas" apenas no sentido de que são meios para a sua existência. Nada mais que isto pode propriamente significar no afirmá-lo como sendo "o objetivo moral supremo" ou, como ele diz na seqüência (§ 62 *ad fin*), "o objetivo supremo final". E se isso é assim, seguir-se-ia que a conduta mais evoluída, melhor seria do que a menos evoluída, simplesmente porque, proporcionalmente, daria mais prazer. Mas Spencer nos diz que duas condições são tomadas juntas, *suficientes* para provar que mais evoluída a conduta melhor: (1) Que ela deve tender a produzir mais vida; (2) Que a vida deve valer a pena ser vivida ou conter um equilíbrio de prazer. E o ponto que desejo enfatizar é que se essas condições são suficientes, então o prazer não pode ser o único bem. Pois se produzir mais vida é, se a segunda proposição de Spencer estiver correta, *um modo* de produzir mais prazer, não é o único meio. É bem possível que uma pequena quantidade de vida, que esteve mais intensa e uniformemente presente, deva dar uma quantidade maior de prazer que a maior quantidade possível de vida que apenas "valeu a pena viver". Neste caso, na suposição hedonística de que o prazer é a única coisa que vale a pena ter, devemos preferir ter a menor quantidade de vida e assim, segundo Spencer, a conduta menos evoluída. Coerentemente, se Spencer é um verdadeiro hedonista, o fato de que a vida dá um equilíbrio de prazer *não é*, como ele parece pensar, suficiente para provar que a conduta mais evoluída é a melhor. Se Spencer quer que compreendamos que é suficiente, então sua visão a respeito do que o prazer pode apenas ser, não que seja o único bem ou "o objetivo supremo final" mas que um equilíbrio disso é um constituinte necessário do objetivo supremo. Em suma, Spencer parece sustentar que mais vida é decididamente melhor que menos, se ela *apenas* desse um equilíbrio de prazer; e essa disputa é incoerente com a posição de que o prazer é "o objetivo moral supremo". Spencer sugere que de duas qualidades de vida, que dão uma quantidade igual de prazer, a maior seria preferível à menor. E se isso é assim, então ele deve sustentar que quantidade de vida ou grau de evolução é uma condição máxima de valor. Deixa-nos, portanto, em dúvida a respeito de se ele ainda não continua mantendo a proposição evolucionista de que o mais evoluído é melhor, simplesmente porque é mais evoluído, juntamente com a proposição hedonista de que o mais prazeroso é melhor simplesmente porque é mais prazeroso.

Mas a segunda pergunta que temos de formular é: Que razões Spencer tem para atribuir ao prazer a posição que ele atribui? Ele nos diz, como vimos, que os "argumentos", tanto dos pessimistas como dos otimistas, "assumem como auto-evidente que a vida é boa ou má, conforme ela traga, ou não, uma larga quantidade de sentimentos agradáveis"; e ele melhora esta última dizendo-nos que "desde que pessimistas confessos ou implícitos e otimistas de uma outra tonalidade, tomados juntos, e constituem todos os homens, resulta daí que este postulado é universalmente aceito" (§ 16). Que essas afirmações sejam absolutamente falsas é, certamente, bem óbvio; mas por que Spencer as considera verdadeiras? E, o que é mais importante (uma questão que Spencer não distingue muito claramente da última), por que pensa ele que o postulado, em si, é verdadeiro? É o próprio Spencer quem nos diz que sua "prova é" que "revertendo-se a aplicação das palavras" bom e mau, aplicando-se a palavra "bom" à conduta, "o resultado agregado" disso é doloroso, e a palavra "mal" para a conduta, e onde os "resultados agregados" são agradáveis – "criam absurdos" (§ 16). Ele não diz se isso é porque é absurdo pensar que a qualidade, que *entendemos pela palavra* "bom", aplica-se, realmente, ao que é doloroso. Mesmo que assumamos que ele queira dizer isto, e se assumirmos que absurdos são criados, é claro que ele apenas provaria que o que é doloroso é adequadamente pensado como sendo *demasiadamente* mau, e que é prazeroso ser *tão* demasiadamente bom: isso não provaria, de maneira alguma, que o prazer é "o objetivo supremo". Há, porém, razão para se pensar que parte do que Spencer diz é a falácia naturalista: que ele imagina "prazeroso" ou "produtor de prazer" como o próprio significado da palavra "bom", e que "o absurdo" deve-se a isso. Em todo caso, é certo que ele não distingue seu possível significado do que admite que "bom" denota uma qualidade indefinível única. A doutrina do hedonismo naturalista está, na verdade, bem estritamente implícita na sua afirmação de que "virtude" não pode ser *definida* de outra forma senão em termos de felicidade (§ 13); e, embora, como salientei acima, não possamos insistir com as palavras de Spencer como um certo indício para qualquer significado definitivo, isso é somente porque ele geralmente expressa por elas várias alternativas inconsistentes – a falácia naturalista sendo, neste caso, uma de tais alternativas. É certamente impossível encontrar quaisquer outras razões dadas por Spencer para sua convicção de que o prazer tanto é objetivo supremo, como é universalmente admitido como sendo isso. Ele parece assumir completamente que *devemos* entender por boa uma conduta produtiva de prazer, e por má a que produz o sofrimento. Até aqui, portanto, como ele é um hedonista, ele parece ser um naturalista hedonista.

Chega de Spencer. É, por certo, bem possível que seu tratamento da Ética contenha várias observações interessantes e instrutivas. Mas quer parecer, realmente, que o principal ponto de vista de Spencer, do qual ele está mais claramente e mais freqüentemente cônscio, é que o prazer é o único bom, e que considerar a direção da evolução é, de longe, o melhor *critério* para o meio de se obter a maioria dele; e esta teoria, se ele pudesse estabelecer que a quantidade de prazer está sempre na proporção direta da quantidade de evolução e *também* que estava claro que a conduta estava mais evoluída, seria uma contribuição valiosa para a Sociologia; seria até, se o prazer fosse o único bem, uma valiosa contribuição para a Ética. Mas, a discussão acima deve ter tornado claro que, se o que desejamos de um filósofo ético é uma Ética científica e sistemática e não, meramente, uma Ética confessadamente "baseada na ciência"; se o que queremos é uma discussão clara dos princípios fundamentais da Ética, e uma afirmação das razões últimas porque um modo de agir deve ser considerado melhor que outro – então a *Data of Ethics* de Spencer está imensuravelmente longe de satisfazer estas demandas.

34. Só resta estabelecer claramente o que é definitivamente falaz nas visões comuns como aquelas que relacionam a Evolução com a Ética – nessas visões relativamente às quais parece bastante incerto quanto Spencer pretende encorajá-las. Proponho restringir o termo "Ética Evolucionista" à visão de que só precisamos considerar a tendência da "evolução" a fim de descobrir a direção em que *devemos* ir. Esta visão deve ser cuidadosamente separada de certas outras, com as quais pode ser confundida. (1) Pode, por exemplo, ser afirmado que a direção que as coisas vivas têm desenvolvido é, na verdade, a direção do progresso. Pode-se afirmar que o "mais evoluído" é, na verdade, também o melhor. E em tal visão nenhuma falácia está implícita. Mas se for para nos dar qualquer orientação sobre como devemos agir no futuro, ela envolve uma longa e dolorosa investigação dos pontos exatos nos quais consiste a superioridade do mais evoluído. Não podemos assumir isso porque evolução é progresso no todo; assim, cada ponto, no qual o mais evoluído difere do menos, é um ponto no qual é melhor que o menos. A simples consideração do curso da evolução não será, assim, de modo algum suficiente para nos informar do curso que devamos tomar. Teremos de empregar todos os recursos de uma discussão de ética estritamente a fim de chegar à avaliação correta dos resultados diferentes da evolução – para distinguir o mais valioso do menos valioso e ambos daqueles que não são melhores que suas causas ou, talvez, até mesmo piores. De fato, é difícil apurar como, nesta visão – se todo o seu significado é que a evolução tem sido *no todo* um progresso –, a teoria da evolução pode dar alguma assistência à Ética como um todo. O julgamento de que a evolução tem sido progresso é, em si mesmo, um julgamento ético independente e até, se o tomarmos como mais certo e óbvio que qualquer dos julgamentos detalhados dos quais logicamente depende para confirmação, certamente não o podemos usar como um *dado* de onde se possa inferir detalhes. É, em todo caso, certo que, se esta tem sido a *única* relação existente entre Evolução e Ética, nenhuma importância desse gênero teria sido atribuída ao suporte dado pela Evolução à Ética, como hoje se reivindica. (2) Esta visão, que, como eu disse, parece ser a postura principal de Spencer, também pode ser mantida sem falácia. Pode-se sustentar que o mais evoluído não sendo o melhor, é um *critério* porque concomitante, do melhor. Mas esta envolve também – e obvia- mente – uma exaustiva discussão preliminar da questão ética funda- mental, no final das contas, do que é melhor. Que Spencer dispense inteiramente tal discussão em favor de sua disputa de que o prazer é o único bem, já salientei; e que, se tentarmos tal discussão, não chegaremos ao tal simples resultado, devo, agora, tentar demonstrar. Se, no entanto, o bom não é simples, não é, de modo algum, provável que sejamos capazes de descobrir que a Evolução seja um critério dele. Teremos de estabelecer uma relação entre dois altamente complicados grupos de dados; e, o que é mais, se tivéssemos, alguma vez, estabelecido o que constitui bons, e quais os seus valores comparativos, é extremamente improvável que tivéssemos de pedir a ajuda da Evolução como um critério de como se obter o máximo. Está claro, portanto, que se esta fosse a única relação imaginada como existente entre a Evolução e a Ética, teria sido muito difícil considerar a justificação de atribuir qualquer importância na Ética para a teoria da Evolução. Finalmente, (3) pode-se sustentar que, embora a Evolução não nos ajude a descobrir que resultados em nossos esforços seriam os melhores, dá alguma ajuda no descobrir o que é *possível* conseguir e quais são os meios dessa obtenção. Que a teoria possa realmente ser útil à Ética desta maneira não se pode negar. Mas certamente não é comum encontrar esse humilde suporte auxiliar claramente atribuído exclusivamente a ela. No simples fato, portanto, de que aquelas não-falaciosas visões da relação da Evolução com a Ética dariam tão pouca importância a essa relação, temos evidências de que é típico da junção dos dois nomes a visão falaciosa que proponho restringir com o nome de "Ética Evolucionista". Esta é a visão que devemos nos mover na direção da evolução, simplesmente *porque* é a direção da evolução. Que as forças da Natureza trabalham desse lado constitui uma presunção de ser o lado certo. Que semelhante visão, à parte suas pressuposições metafísicas das quais neste livro tratarei, é simplesmente falaciosa, tenho procurado demonstrar. Só posso me apoiar numa crença confusa que, de algum modo, bom simplesmente *significa* o lado no qual a Natureza trabalha. E envolve, assim, outra crença confusa que está bem marcada em todo o tratamento da Evolução por Spencer. Pois, no final das contas, o lado em que a Natureza opera é a Evolução? Neste sentido que Spencer dá ao termo e em qualquer sentido no qual ele possa ser tomado como um fato de que o mais evoluído é o mais elevado, a Evolução denota apenas um processo histórico temporário. Que as coisas continuarão, permanentemente, a evoluir no futuro, ou que tenham evoluído, sempre, no passado, não temos a menor razão para acreditar. A Evolução, neste sentido, não denota uma lei natural, como a lei da gravidade. A teoria de Darwin da seleção natural revela, realmente, uma lei natural: ela afirma que, dadas certas condições, certos resultados sempre acontecerão. Mas a Evolução, como Spencer a compreende e como é comumente entendida, denota algo muito diferente. Ela denota apenas um processo que aconteceu em determinado tempo, porque as condições no começo daquele tempo coincidiram ser de uma determinada natureza. Que tais condições aconteçam sempre, ou sempre tenham acontecido, não pode ser admitido; e é somente o processo que, de acordo com a lei natural, deve seguir *estas* condições e nenhuma outra, que parecem ser também no todo um progresso. Precisamente as mesmas leis naturais – a de Darwin, por exemplo – sob outras condições tornaria inevitável não a Evolução – não um desenvolvimento do inferior para o elevado – mas o processo inverso, que tem sido chamado de Involução. Mesmo assim, Spencer fala constantemente do processo, exemplificado no desenvolvimento do homem como se ele tivesse a majestade de uma lei universal da *Natureza*, daí porque não temos razão para crer em outra coisa que um acidente temporário, requerendo não só certas leis naturais, universais, mas também a existência de um certo estado de coisas em um certo tempo. As únicas leis envolvidas na questão, são, certamente, as que em outras circunstâncias, nos permitiriam inferir não o desenvolvimento, mas a extinção do homem. Que essas circunstâncias sempre serão favoráveis a outros desenvolvimentos e que a Natureza sempre opera no lado da Evolução, não temos razão alguma para crer. Assim, a idéia de que a Evolução dá luzes importantes para a Ética parece ser devida a uma dupla confusão. Nosso respeito pelo processo está traduzido pela representação do mesmo como Lei da Natureza. Porém, por outro lado, nosso respeito pelas leis da Natureza seria rapidamente diminuído, se não imaginássemos que este processo desejável foi uma delas. Supor que uma Lei da Natureza é conseqüentemente respeitável, é cometer a falácia naturalista; mas ninguém, provavelmente, seria tentado a cometê-la, a menos que algo respeitável estivesse representado como uma Lei da Natureza. Se fosse claramente reconhecido que não existe evidência alguma na suposição de que a Natureza está do lado de Deus, haveria provavelmente, uma tendência menor para sustentar a opinião, que em outras áreas é comprovadamente falsa, de que tal evidência não é exigida. E se ambas as falsas opiniões fossem claramente vistas como falsas, ficaria claro que a Evolução tem, na verdade, pouquíssimo a dizer à Ética.

35. Neste capítulo comecei a criticar certas visões éticas, que parecem dever sua influência principalmente à falácia naturalista – falácia que consiste em identificar a noção simples que conhecemos por "bom" com outra noção. São pontos de vista que professam nos dizer o que é bom em si mesmo e a minha crítica deles é principalmente dirigida (1) em evidenciar o resultado negativo, que não temos nenhuma razão para supor que aquilo que declaram ser o único bem, realmente o seja, (2) em ilustrar o resultado positivo, já estabelecido no Capítulo I, de que os princípios fundamentais da Ética devem ser proposições *sintéticas*, declarando que coisas, e em que grau, possuem uma propriedade simples e não analisável que possa ser chamada de "valor intrínseco" ou "bondade". O Capítulo começou (1) dividindo os pontos de vista a serem criticados em *(a)* aqueles que, supondo "bom" ser definido por referência a alguma realidade supra-sensível, concluem que o único bom, ou bom simples, deve ser encontrado em tal realidade e podem, assim, ser chamados "Metafísicos", *(b)* os que atribuem uma posição similar a algum objeto natural, e podem conseqüentemente, ser chamados "Naturalistas". Das posições naturalistas, aquela que considera "prazer" como único bom recebeu, de longe, o mais completo e mais sério tratamento e foi, portanto, reservado o Capítulo III: todas as outras formas de Naturalismo podem ser descartadas desde logo, tomando exemplos típicos (24-26). (2) Como é típico das visões naturalistas, que não o hedonismo, tomou-se, inicialmente, a acepção popular do que é "natural": indicou-se que "natural" poderia significar, aqui, "normal" ou "necessário" e que nem "normal" nem "necessário" poderiam ser, com seriedade, supostos quer sempre o bom ou as únicas coisas boas (27-28). (3) Mas, um tipo mais importante, por ser um que proclama ser capaz de ser um sistema, é encontrável na "Ética Evolucionista". A influência da opinião falaciosa de que ser "melhor" *significa* estar "mais evoluído" foi ilustrada pelo exame da Ética de Spencer; foi salientado que, não fosse pela influência dessa opinião, dificilmente se poderia supor a Evolução como oferecendo qualquer suporte importante para a Ética (29-34).

CAPÍTULO III

HEDONISMO

36. Neste capítulo trataremos do que é, talvez, o mais divulgado e famoso de todos os princípios éticos – o princípio de que nada além do prazer é bom. Minha razão principal para tratar deste princípio aqui é, como eu disse, que o hedonismo parece, principalmente, uma forma da Ética Naturalista: em outras palavras, que o prazer tenha sido tão geralmente considerado como sendo o único bem deve-se quase inteiramente ao fato de ele ter parecido estar envolvido de alguma forma com a *definição* de "bom" – a ser indicado pelo próprio significado da palavra. Se isso é assim, então a prevalência do hedonismo tem sido devida principalmente ao que chamei de falácia naturalista – a incapacidade de distinguir claramente aquela única e indefinível qualidade que entendemos por bom. E que isso é assim, temos fortíssima evidência no fato de que, de todos os escritores hedonistas, somente o prof. Sidgwick reconheceu claramente que por "bom" nós entendemos algo não-analisável, e só ele foi levado a enfatizar o fato de que, se o hedonismo é verdadeiro, suas reivindicações em sê-lo devem assentar-se apenas na sua auto-evidência – que devemos manter o "Prazer é o único bem" como sendo mera *intuição*. Pareceu ao prof. Sidgwick como uma nova descoberta que o que ele chama o "método" do intuicionismo deve ser mantido como válido juntamente, e realmente como o fundamento do que ele chama de "métodos" do Utilitarismo e Egoísmo. E que isso foi uma nova descoberta dificilmente se pode duvidar. Nos hedonistas anteriores não encontramos um reconhecimento claro e consistente do fato de que suas proposições fundamentais envolvem a admissão de que um certo único predicado pode ser encarado como pertencente diretamente só ao prazer entre os existentes: eles não enfatizam, como dificilmente poderiam ter deixado de fazê-lo, que perceberam como esta verdade deve ser altamente independente de todas as outras verdades.

Ademais, é fácil ver como esta posição única deve ter sido atribuída ao prazer sem qualquer coincidência clara da assunção envolvida. O hedonismo é, por uma razão suficientemente óbvia, a primeira conclusão a que se chega naturalmente quando se começa a ponderar a respeito da Ética. É muito fácil notar o fato de que estamos satisfeitos com coisas. As coisas de que desfrutamos, e as que não, formam duas classes inconfundíveis às quais nossa atenção está constantemente dirigida. Porém, é comparativamente difícil distinguir o fato de que *aprovamos* uma coisa do fato de estarmos satisfeitos com ela. Assim mesmo, se enfocarmos esses dois estados mentais, poderemos ver que são diferentes, embora geralmente andem juntos, é muito difícil ver em que sentido (in *what respect*) eles são diferentes, ou que diferença pode em qualquer conexão ter mais importância que tantas outras diferenças que estão tão patentes e, ainda assim, tão difíceis de analisar, entre uma *espécie* de fruição e outra. É muito difícil ver que por "aprovação" de uma coisa queremos dizer *sentir que ela tem um certo predicado* – o predicado, especificamente, que define a esfera peculiar da Ética; onde, no desfrutar de uma coisa nenhum tal objeto de reflexão está envolvido. Nada é mais natural que o engano vulgar, que encontramos expresso em um recente livro de Ética*: "O fato ético fundamental é, já dissemos, que algo é aprovado ou desaprovado, isto é, em outras palavras, a representação ideal de certos eventos como um modo de sensação, percepção ou idéia é acompanhada por um sentimento de prazer ou dor". Em linguagem comum, "Quero isto", "Gosto disso", "Cuido disso", são usadas constantemente como equivalente para "Acho que isto é bom". E desta forma é muito natural ser levado a supor que não existem classes distintas de juízos éticos, apenas uma classe, a de "coisas desfrutadas", apesar do fato de que é muito claro, se não muito comum, nem sempre aprovarmos o que desfrutamos. É, certamente, muito óbvio que da suposição de que "acho que é bom" seja idêntica a "eu estou satisfeito com isto" não se possa logicamente inferir que só o prazer é bom. Mas, por outro lado, é muito difícil ver o que poderia ser *logicamente* inferido de tal suposição e parece bastante *natural* que uma tal inferência sugira a si mesma. Uma simples inspeção do que é comumente escrito a respeito nos mostrará que uma confusão lógica desta natureza é muito comum. Ademais o simples fato de se cometer falácia naturalista implica que aqueles que a

---

* A. E. Taylor, *Problem of Conduct*, p. 120.

cometem não devem reconhecer claramente o significado da proposição "isto é bom" – e que eles não são capazes de distinguir esta de outras proposições às quais se assemelha; e onde isso acontece é, por certo, impossível que suas relações lógicas sejam percebidas claramente.

37. Há, portanto, ampla razão para supor que o hedonismo é, no geral, uma forma de naturalismo – que sua aceitação é geralmente devida à falácia naturalista. Realmente, é só quando detectamos essa falácia, quando nos tornamos claramente cientes do único objeto que significa "bom", que somos capazes de dar ao hedonismo a definição precisa usada acima – "Nada é bom além do prazer"; e se pode objetar, portanto, que atacando esta doutrina sob o nome do hedonismo, ataco uma doutrina que nunca foi sustentada. Mas é muito comum sustentar uma doutrina sem estar claramente ciente do que se está sustentando; e, embora, quando hedonismo argumenta a favor do que chamam hedonismo, admito que – a fim de supor válidos seus argumentos –, eles devem ter em mente *outra* coisa que não a doutrina que defino; mesmo assim, a fim de traçar as conclusões que traçam, é necessário que eles também tenham em mente esta doutrina. De fato, minha justificação para supor que refutarei o hedonismo *histórico*, se refutar a proposição "Nada além do prazer é bom", é que, embora os hedonistas raramente tenham afirmado seu princípio desta forma e embora sua verdade, desta forma, certamente não decorrerá de seus argumentos, ainda assim seu *método* ético não decorrerá de nada mais. Qualquer pretensão do método hedonista de descobrir verdades práticas, que de outra maneira não conheceríamos, funda-se no princípio de que o curso da ação que trará o maior equilíbrio de prazer é certamente o correto; e, na ausência de uma prova absoluta de que o maior de todos os equilíbrios de prazer *sempre* coincide com o maior equilíbrio de outros bens, o que não se tenta geralmente dar, este princípio só pode ser justificado se o prazer for o único bem. Na realidade, dificilmente pode-se duvidar que o hedonismo se distingue no argumentar, ao discutir questões práticas, que o prazer é o único bem; e que é justificável, por esta, entre outras razões, tomá-lo como princípio ético do hedonismo, o será, espero, evidenciado por toda a discussão deste capítulo.

Por hedonismo, pois, quero dizer a doutrina de que o prazer *sozinho* é bom como um fim – "bom" no sentido que tentei apontar como indefinível. A doutrina de que o prazer, *entre outras coisas*, é bom como um fim, não é hedonismo e não discutirei sua veracidade. Nem, novamente, a doutrina de que outras coisas além do prazer são boas como meios é, afinal, inconsistente com o hedonismo: o hedonista não está inclinado a sustentar que o prazer, sozinho, é "bom", se sob o termo "bom" ele inclui, como o fazemos geralmente, que bom é um meio para um fim, tanto quanto um fim em si mesmo. No atacar o hedonismo, estou, portanto, simplesmente e somente, atacando a doutrina de que o "Prazer sozinho é bom como um fim em si mesmo": não estou atacando a doutrina de que o "Prazer é bom como um fim ou em si mesmo", nem estou atacando nenhuma doutrina quanto ao que sejam os melhores meios que podemos usar a fim de obter prazer ou qualquer outro fim. Os hedonistas, em geral, recomendam um curso de conduta que é muito similar ao que eu recomendaria. Não argumento com eles a respeito da maioria de suas conclusões, práticas, apenas quanto às razões que eles pensam dar suporte às suas conclusões; nego, enfaticamente, que a correção de suas conclusões seja qualquer tipo de campo propício para se inferir a correção desses princípios. Uma conclusão correta pode ser sempre obtida pelo raciocínio falacioso e a boa vida ou máximas virtuosas de um hedonista não suporta, absolutamente, a presunção de que essa filosofia ética seja igualmente boa. É apenas a sua filosofia ética que me diz respeito: o que discuto é a excelência de seu raciocínio, não a excelência de seu caráter como homem ou mesmo como professor de moral. Pode-se pensar que minha objeção é sem importância, mas isso não é base para se pensar que eu não esteja certo. Estou preocupado tãosomente com o conhecimento – que devemos pensar corretamente e assim alcançar alguma verdade, talvez sem importância, não digo que tal conhecimento nos tornará membros mais úteis da sociedade. Se ninguém se importa com o conhecimento, por si mesmo, então nada tenho a dizer: apenas que não se deve pensar que uma falta de interesse no que tenho a dizer é base para considerá-la falsa.

38. Os hedonistas, então, sustentam que todas as outras coisas, exceto o prazer, seja conduta ou virtude ou conhecimento, seja vida ou natureza ou beleza, são apenas bons como meios para o prazer ou em seu benefício, jamais em seu próprio benefício ou como fins em si mesmos. Este ponto de vista foi sustentado por Aristipo, discípulo de Sócrates, e pela Escola Cirenaica, a fundada por ele e associada a Epicuro e aos epicuristas e tem sido defendida atualmente, notadamente por aqueles filósofos que se denominam *Utilitaristas* – por Bentham e Stuart Mill, por exemplo. Herbert Spencer, como vimos, também diz sustentá-la e o prof. Sidgwick, como veremos, também a defende.

Mesmo assim, esses filósofos, como foi dito, diferem um do outro, mais ou menos, tanto no que entendem por hedonismo como nas razões pelas quais ele deve ser aceito como uma doutrina verdadeira. A questão, portanto, obviamente não é tão simples como possa parecer à primeira vista. Meu próprio objetivo será demonstrar claramente em que a teoria deve implicar, se for tornada precisa, se todas as confusões e inconsistências forem removidas de sua concepção e, quando isso for feito, acho que se constatará que todas as várias razões dadas para sustentá-la como verdadeira são realmente bem inadequadas; que não são razões para manter o hedonismo, mas somente para defender alguma outra doutrina com a qual se confunde. A fim de conseguir este objetivo proponho, primeiro, tomar-se a doutrina de Mill, conforme exposta no seu livro *Utilitarismo*: descobriremos em Mill uma concepção de hedonismo e argumentos a seu favor, que representam, com muita justeza, os de uma larga classe de pensadores hedonistas. O prof. Sidgwick encareceu as objeções das concepções e argumentos representativos, objeções que me parecem conclusivas. Estas eu as farei com minhas próprias palavras e, então, entrarei na consideração e refutação das concepções e argumentos muito mais precisos do próprio prof. Sidgwick. Acho que, com isso, teremos atravessado todo o campo da doutrina hedonista. Desta discussão surgirá que a obrigação de decidir o que é e o que não é bom em si mesmo, não é – de modo algum – fácil, e dessa maneira a discussão trará um bom exemplo do método necessário a se perseguir, na tentativa de se chegar à verdade com respeito a esta classe fundamental de princípios éticos. Em particular, notar-se-á que dois princípios metodológicos devem ser constantemente mantidos em mente: (1) que a falácia naturalista não deve ser cometida; (2) que a distinção entre meios e fins deve ser observada.

39. Proponho, portanto, começar por um exame do *Utilitarismo* de Mill. Esse é um livro que contém uma discussão clara e agradável de vários princípios e métodos éticos. Mill não expôs apenas alguns enganos que poderão, possivelmente, ser cometidos por aqueles que enfrentam problemas éticos sem prévia e demorada reflexão. Mas com o que estou preocupado são os enganos que o próprio Mill parece ter cometido e apenas no que concernem aos princípios hedonistas. Permitam-me repetir qual é o princípio. É, eu já disse, que o prazer é a única coisa que devemos objetivar, a única coisa que é boa como um fim e em si mesmo. Agora, voltemo-nos para Mill e vejamos se ele aceita esta descrição da questão em discussão. "Prazer", diz ele, "e liberdade da dor são as únicas coisas desejáveis como fins" (p. 10)*; e novamente, no fim desse argumento, "Pensar em um objeto como desejável (ao menos para efeito de suas conseqüências) e pensar nele como agradável são uma e a mesma coisa" (p. 58). Estes enunciados, em conjunto e descontando certas confusões que são óbvias neles, parecem implicar o princípio que afirmei; e se eu tiver sucesso em mostrar que as razões de Mill não as provam, deve-se, no mínimo, admitir que não estive lutando com sombras ou demolindo um espantalho.

Observar-se-á que Mill inclui "ausência de dor" ao "prazer" em seu primeiro enunciado, embora não no segundo. Há, de fato, uma confusão, com a qual, porém, não precisamos nos envolver. Falarei apenas do "prazer", em benefício de sua concisão; mas todos os meus argumentos aplicar-se-ão *a fortiori* à "ausência de dor"; é fácil fazer as necessárias substituições.

Mill sustenta, então, que "felicidade é desejável, é *a única coisa desejável*** como um fim; todas as outras coisas sendo apenas desejáveis como meios para esse fim" (p. 52). Ele já havia definido felicidade como "prazer e a ausência de dor " (p. 10); ele não pretende que isso seja mais que uma definição verbal arbitrária e como *tal* nada tenho a dizer contra isso. Seu princípio, então, é "prazer é a única coisa desejável" se me for permitido, quando digo "prazer", incluir nessa palavra (tanto quanto necessário) a ausência de dor. E quais são suas razões para manter como verdadeiro aquele princípio? Ele já nos disse (p. 6) que "Questões de fins últimos não são tratáveis por prova direta. O que quer que seja provado como bom, deve ser assim por demonstrar ser um meio para algo *admitido como sendo bom sem prova*". Com isso concordo perfeitamente: realmente o objeto principal de meu primeiro capítulo foi mostrar que isso é assim. Qualquer coisa que seja boa como um fim deve ser admitida como o sendo sem prova. Continuamos de acordo. Mill até usa os mesmos exemplos que usei no meu segundo capítulo. "Como", diz ele, "é possível provar que saúde é bom?" "Que prova é possível dar de que prazer é bom?" Bem, no Capítulo IV, no qual trata da prova dos princípios utilitários, Mill repete a afirmação acima com estas palavras: "Já se salientou que questões de fins últimos não admitem prova, na acepção comum do termo" (p. 52). "Questões a respeito

---

* Minhas referências são à terceira edição, 1897.
** Os grifos são meus.

158

de fins, continua ele na mesma passagem, são, em outras palavras, questões de que coisas são desejáveis." Estou citando essas repetições porque tornam claro o que, de outra forma, se poderia duvidar, que Mill está usando as palavras "desejável" ou "desejável como um fim" como absolutamente e precisamente equivalentes às palavras "bom como um fim". Vamos, então, ver agora que razões ele oferece para esta doutrina de que somente o prazer é bom como um fim.

40. Questões a respeito de fins (pp. 52-3) são, em outras palavras, questões de coisas que são desejáveis. A doutra utilitarista é que a felicidade é desejável e a única coisa desejável, como um fim, todas as outras coisas sendo apenas desejáveis como meios para esse fim. O que se deve requerer desta doutrina – que condições são exigidas para a doutrina satisfazer – para que seu argumento seja bom de modo que seja crível.

"A única prova capaz de ser dada de que uma coisa é visível, é que as pessoas realmente a vêem. A única prova de que um som é audível é que as pessoas o ouvem; e assim, das outras fontes de nossa experiência. De modo similar, apreendo, a única evidência possível de produzir qualquer coisa que é desejável é que as pessoas realmente a desejem. Se o fim proposto pela doutrina utilitarista, a si mesma, não fosse, em teoria e na prática, tida como sendo um fim, nada, nada poderia convencer quem quer que fosse de que era assim. Nenhuma razão pode ser dada do porquê a felicidade geral é desejada, exceto que cada pessoa, desde que a considere obtenível, deseja sua própria felicidade. Sendo, porém, assim, não temos apenas toda a prova que o caso admite, mas toda que é possível exigir-se, de que a felicidade é boa: que a felicidade de cada pessoa é um bem para aquela pessoa e a felicidade geral, dessa forma, um bem ao conjunto das pessoas. Felicidade tem se entitulado como *um* dos fins de conduta e, conseqüentemente, um dos critérios de moralidade.

Basta, isso é suficiente. Esse é o meu primeiro ponto. Mill faz um uso da falácia naturalista tão ingênuo e sem imaginação quanto se poderia desejar. "Bom", ele nos diz, significa "desejável" e só se pode encontrar o que é desejável, procurando encontrar o que é, realmente, desejado. Isso é, certamente, apenas uma etapa para a prova do hedonismo, pois pode ser, como Mill irá dizer, que outras coisas além do prazer sejam desejadas. Se o prazer é ou não a única coisa desejada, é, como o próprio Mill admite (p. 58), uma questão psicológica, para a qual nos encaminhamos agora. A etapa importante para a Ética é esta que acabamos de fazer, a etapa que pretende provar que "bom" significa "desejado".

Bem, a falácia nesta etapa é tão óbvia, que é simplesmente maravilhoso que Mill tenha deixado de vê-la. O fato é que "desejável" não significa "capaz de ser desejado", como "visível" significa "capaz de ser visto". O desejável significa simplesmente o que *deve* ser desejado ou *merece* ser desejado; exatamente como o detestável significa não o que é mas o que pode ser detestado e o amaldiçoável o que merece ser amaldiçoado. Mill, então, contrabandeou, sob o disfarce da palavra "desejável", a própria noção que ele deveria tornar bem clara. "Desejável" significa, realmente, "o que é bom de se desejar"; mas, quando isso é compreendido, não é mais plausível dizer que nosso único teste *disso* é que é realmente desejado. É, apenas, uma tautologia quando o livro de orações fala de *bons desejos*? Os *maus* desejos também não são possíveis? Não encontramos o próprio Mill falando de um "objeto de desejo mais nobre e melhor" (p. 10), como se, no final das contas, o que é desejado não fosse *ipso facto* bom, e bom em proporção à quantidade em que é desejado? E o que é mais, se o desejado é *ipso facto* bom, então o bom é ipso facto o motivo de nossas ações e não pode haver dúvida em encontrar motivos para fazê-las, como Stuart Mill dá-se ao trabalho intenso de fazer. Se a explicação de "desejável" de Mill for verdadeira, então a sua afirmação (p. 26) de que a regra da ação pode ser *confundida* com o seu motivo é falsa, pois o motivo da ação será, então, *ipso facto* sua própria regra; não pode haver distinção entre os dois e, conseqüentemente, nenhuma confusão e, assim, ele se contradisse abertamente. Existem espécies de contradição que, como tenho tentado mostrar, devem sempre seguir como conseqüência da falácia naturalista; e espero não precisar dizer mais nada, agora, a respeito do assunto.

41. Então, a primeira etapa pela qual Mill tentou estabelecer seu hedonismo é simplesmente falaciosa. Ele tentou estabelecer a identidade do bom com a de desejável, confundindo o próprio sentido de "desejável", no qual denota que o que é bom de ser desejado, com o sentido que ele comporta, como se fosse análogo a palavras como "visível". Se "desejável" deve ser idêntico a "bom", então deve conter um sentido; e se for idêntico a "desejado", então deve conter outro sentido bem diferente e, contudo, frente à afirmação de Mill de que o desejado é necessariamente bom, será praticamente essencial que, esses dois sentidos de "desejável" sejam o mesmo. Se ele sustentar que são o mesmo, então se contradisse em outro lugar; se mantiver que não são o mesmo, então a primeira etapa de sua prova do hedonismo é absolutamente inútil.

Mas agora devemos tratar da segunda etapa. Tendo provado, como pensa, que bom significa desejado, Mill reconhece que, se mantiver que só o prazer é bom, terá de provar que só o prazer é realmente desejado. Esta doutrina de que "só o prazer é o objeto de todos os nossos desejos" é a doutrina que o prof. Sidgwick chamou de hedonismo psicológico e é uma doutrina que os mais eminentes psicólogos concordam, agora, em rejeitar. Mas é uma etapa necessária na prova de qualquer hedonismo naturalista, dessa espécie, como o de Mill. É tão comumente sustentado, por pessoas não peritas quer em psicologia quer em filosofia, que desejo tratar desse assunto com alguma atenção. Veremos que Mill não a sustenta em sua forma primitiva. Admite que outras coisas que não o prazer, são desejadas e esta admissão é, imediatamente, uma contradição de seu hedonismo. Uma das alterações pela qual ele procura dissimular essa contradição será tratada posteriormente. Mas, alguns podem pensar que essas alterações ou mudanças sejam desnecessárias; podem dizer de Mill o que Calicles diz de Polus *no Gorgias**, que ele perfez esta afirmação fatal devido ao medo injustificável de parecer paradoxal; que eles, por outro lado, tenham coragem de suas convicções e não se envergonhem de se estenderem, livremente, em paradoxos, em defesa do que sustentam ser verdadeiro.

42. Então, estamos supondo que ele proclama que prazer é objeto de todos os desejos, que é a finalidade universal de toda a atividade humana. Agora suponho seja inegável que as pessoas digam comumente desejarem outras coisas: por exemplo, falamos usualmente de desejar bebida e alimento, de desejar dinheiro, aprovação, fama. A questão, então, deve ser o que se entende por desejo e o objeto do desejo. Enuncia-se, obviamente, alguma espécie de relação necessária ou universal entre alguma coisa chamada desejo e outra coisa chamada prazer. A questão é de que espécie é essa relação; se em conjunto com a falácia naturalista, supracitada, ela justificará o hedonismo. Mas não estou preparado para negar a existência de uma relação universal entre prazer e desejo; porém espero mostrar que, se existe, é da espécie que prefiro fazer contra o hedonismo. Insiste-se que prazer é sempre o objeto do desejo e estou pronto para admitir que o prazer é sempre, ao menos em parte, a *causa*

---

* 481c – 487B.

do desejo. Esta distinção é muito importante. Ambas as visões poderão ser expressas na mesma linguagem; pode-se dizer que ambas sustentam que sempre que desejamos, sempre desejamos por *causa* de algum prazer. Se perguntasse ao meu suposto hedonista, "Por que você deseja aquilo?", ele poderia responder, consistentemente com seu ponto de vista, "Porque existe prazer ali", e se ele me fizesse a mesma pergunta, eu poderia responder, igualmente consistente com a minha posição, "Porque existe prazer ali". Só que nossas duas respostas não significariam a mesma coisa. É o uso da mesma linguagem para denotar fatos bem diferentes, que eu creio ser a causa principal pela qual o hedonismo psicológico é tão freqüentemente sustentado, tanto quanto a causa da falácia naturalista de Mill.

Vamos tentar analisar a condição psicológica chamada "desejo". Esse nome é, usualmente, restrito a um estado mental no qual a idéia de algum objeto ou evento, ainda não existente, se nos apresenta. Suponha-se, por exemplo, que estou desejando um copo de vinho do Porto. Tenho a idéia de tomar tal vinho diante de minha mente, embora não o esteja bebendo, ainda. Como é que o prazer entra nessa relação? Minha teoria é a de que ele entra desta maneira. A idéia de beber causa um sentimento de prazer em minha mente, o que ajuda a produzir aquele estado de atividade incipiente, chamado "desejo". É, assim, por causa de um prazer que já tive, portanto – o prazer excitado por uma simples idéia, que desejo o vinho, que não tenho. E estou pronto a admitir que um prazer desta espécie, um prazer atual, está sempre entre as causas de todo desejo, e não somente de todo desejo, porém de cada atividade mental, quer consciente, quer inconsciente. Estou pronto a *admitir* isso, digo: não posso jurar que seja uma doutrina psicológica verdadeira; mas, em todos os casos, não é *prima facie* tão absurda. E agora, o que é a outra doutrina, a doutrina que se supõe que mantenho e que é, em todos os casos, essencial ao argumento de Mill? É esta que, quando desejo o vinho, não é o vinho que desejo, mas o prazer que espero receber dele. Em outras palavras, a doutrina de que a idéia de um prazer *não atual* é sempre necessário para causar desejo; ao passo que minha doutrina é a de que o prazer *atual* causado pela idéia de alguma coisa foi sempre necessário para causar desejo. São essas duas teorias diferentes que suponho ser confundidas pelo hedonismo psicológico: e a confusão é, como Bradley salienta*

---

* *Ethical Studies*, p. 232.

entre "um pensamento agradável" e "o pensamento de um prazer". É, de fato, somente onde o último, o "pensamento de um prazer", está presente, que se pode dizer que o prazer é o *objeto* do desejo, ou o *motivo* da ação. Por outro lado, quando apenas um pensamento agradável está presente, admito, *pode* ser sempre o caso, então é o objeto do pensamento – aquele a respeito do qual estamos pensando – que é o objeto de nosso desejo e o motivo de nossa ação; e o prazer que aquele pensamento excita pode, na verdade, causar nosso desejo ou nos fazer agir, mas não é nossa finalidade ou objeto, nem nosso motivo.

Espero que essa distinção seja suficientemente clara. Vejamos, agora, como ela afeta o hedonismo ético. Assumo estar perfeitamente óbvio que a idéia do objeto do desejo não é sempre tão só a idéia de um prazer. Em primeiro lugar, claramente, não estamos sempre cônscios de esperar prazer, quando desejamos uma coisa. Podemos estar apenas cônscios da coisa que desejamos, e podemos estar impelidos em buscá-la imediatamente, sem qualquer previsão de que traga dor ou prazer. Em segundo lugar, mesmo quando esperamos prazer, raramente será, *apenas* prazer o que desejamos. Por exemplo, certo que, quando desejo meu copo de vinho do Porto, também tenho uma idéia do prazer que espero dele, claramente, esse prazer não pode ser o único objeto de meu desejo; o vinho do Porto pode ser incluído em meu objeto, que também pode ser guiado pelo meu desejo de tomar absinto em vez de vinho. Se o desejo fosse guiado apenas para o prazer, não poderia me levar a tomar o vinho; se deve ter uma direção definida, é absolutamente necessário que a idéia do objeto, do qual o prazer é esperado, deve também estar presente e deve controlar minha atividade. A teoria, portanto, de que o que é desejado é sempre e apenas o prazer deve ser quebrada; é impossível provar que só o prazer é bom por essa linha de argumentação. Mas, se substituímos esta teoria por aquela outra, possivelmente verdadeira, de que o prazer é sempre a causa do desejo, então toda plausibilidade de nossa doutrina ética de que só o prazer é bom, diretamente, desaparece. Neste caso, o prazer não é o que eu desejo, não é o que eu quero: é algo que eu já tenho, antes de eu desejar qualquer coisa. Alguém pode se sentir inclinado a sustentar que aquilo que eu já tenho, enquanto desejo outra coisa, é sempre e apenas o bom?

43. Voltemos, agora, a considerar outros argumentos de Mill em sua posição de que "a felicidade é o único fim da ação humana". Mill admite, como eu já disse, que o prazer não é a única coisa que nós desejamos. "O desejo da virtude", argumenta ele, "não é universal, mas é autêntico como um fato, como o desejo de felicidade" (p. 53). E, novamente, "O dinheiro é, em muitos casos, desejado para e por si mesmo" (p. 55). Essas admissões estão, certamente, em evidente contradição com seu argumento de que o prazer é a única coisa desejada. Então, como é que Mill tenta evitar essa contradição? Seu argumento principal parece ser que a *virtude, dinheiro* e objetos semelhantes, quando são desejados também por si mesmos, são desejados somente como "uma parte da felicidades (pp. 56-7). Mas o que significa isso? A felicidade, como vimos, foi definida por Mill como "o prazer e a ausência de dor". Quererá Mill dizer que o *dinheiro*, aquelas moedas que conhecemos, que ele admite sejam desejadas para e por si mesmas, são uma parte do prazer ou da ausência de dor? Sustentará, ele, que aquelas moedas estão em minha mente e são, realmente, parte de meus sentimentos agradáveis? Se é o que se deve dizer, todas as palavras são inúteis: nada pode ser, possivelmente, distinguido de coisa alguma; se aquelas duas coisas não são distintas, o que, no mundo, é? O que ouviremos a seguir é que esta mesa é realmente e verdadeiramente a mesma coisa que esta sala; que uma carroça é de fato indistinguível da Catedral de São Paulo; que este livro de Mill que seguro em minhas mãos, por causa do prazer que produz, é, agora e neste momento, uma parte da felicidade que ele sentiu, vários anos atrás, e que, faz tempo, cessou. Por favor, considere-se o que esta oposição sem sentido realmente significa. O *dinheiro*, argumenta Mill, "é desejável apenas como um meio para a felicidade". Talvez seja: mas, e daí? "Porque o dinheiro é indubitavelmente desejado por seu próprio mérito", Mell afirma. "Sim, prossiga", dizemos nós. "Bem", continua Mill, "se o dinheiro por seu próprio mérito é assim desejado, deve ser desejado como um fim em si mesmo: eu o disse." "Oh", dizemos, "mas você também disse, ainda agora, que era desejável somente como um meio." "Sei que o disse", responde Mill, "mas tentarei remendar as coisas, dizendo que o que é apenas um meio para um fim é a mesma coisa que uma parte desse fim. Ousarei dizer que o público não o notará.". E o público não notou. Mesmo assim, isso é, certamente, o que Mill fez. Ele acabou com a distinção entre meio e fim, sobre cuja precisa observância repousa o seu hedonismo. Ele foi compelido a isso, porque falhou em distinguir *fim* no sentido do que é desejável, de *fim* no sentido do que é desejado, ainda assim, tanto este argumento como todo o seu livro pressupõe. Isto é uma conseqüência da falácia naturalista.

44. Mill, nada tem de melhor para dizer por si mesmo que isso. Suas duas proposições fundamentais são, em suas próprias palavras, "pensar em um objeto como desejável (exceto em benefício de suas conseqüências) e pensá-lo como prazenteiro, são uma e a mesma coisa; e que desejar qualquer coisa, exceto na proporção em que a idéia seja agradável, é uma impossibilidade metafísica e física" (p. 58). Ambas as afirmações são, como vimos, amparadas meramente por falácias. A primeira se assenta na falácia naturalista; a segunda se assenta parcialmente nisso parte na falácia de confundir fins e meios e parcialmente na falácia de confundir pensamentos prazenteiros com o de um prazer do pensamento. Sua própria linguagem o denota. A idéia de que uma coisa é prazenteira, em sua segunda cláusula, significa, obviamente, ser o mesmo fato que ele denota como "pensando nele como agradável", na sua primeira.

Do mesmo modo, os argumentos de Mill a favor da proposição que o prazer é o único bom, e nossa refutação desses argumentos pode ser resumida como segue:

Primeiramente, ele toma o *desejável*, que ele usa como um sinônimo de "bom" como *sendo* o que pode ser desejado. O teste, uma vez mais, do que pode ser desejado, segundo ele, é que se deseja, atualmente: se, portanto, ele diz, podemos encontrar alguma coisa que é sempre e isoladamente desejada, essa coisa será necessariamente a única coisa que é desejável, a única coisa que é boa como um fim. Nesse argumento, a falácia naturalista está plenamente envolvida. Essa falácia, expliquei, consiste no argumento de que bom *significa* nada mais que alguma noção simples ou complexa que pode ser definida em termos de qualidades naturais. No caso de Mill, bom é tido como *significando* simplesmente o que é desejado; e o que é desejado é algo que pode, assim, ser definido em termos naturais. Mill nos diz que devemos desejar algo (uma proposição ética) porque, na verdade, a desejamos; mas se seu argumento de que "eu devo desejar" nada significa além de "eu desejo mesmo" fosse verdadeiro, então ele só teria o direito de dizer "nós, realmente, queremos isto e aquilo, porque nós o desejamos de verdade"; e essa não é, em hipótese alguma, uma proposição ética; é mera tautologia. O inteiro objeto do livro de Mill é nos ajudar a descobrir o que devemos fazer. Mas, de fato, ao tentar definir o significado desse "devo" ele se privou completamente de algum dia atingir esse objeto: confinou-se em nos dizer o que devemos fazer.

O primeiro argumento de Mill, portanto, é que, porque bom significa desejado, conseqüentemente o desejado é bom; mas, tendo chegado a uma conclusão ética, negando que qualquer conclusão ética é possível, ele ainda precisa de outro argumento para tornar sua conclusão uma base para o hedonismo. Ele tem de provar que sempre desejamos prazer ou liberdade da dor, e que nunca desejamos nada diferente. Esta segunda doutrina, que o professor Sidgwick chamou de hedonismo psicológico, eu a discuti pertinentemente. Mostrei como é obviamente falso que nunca desejamos coisa alguma além do prazer; e como não há sombra de possibilidade para dizer-se mesmo que, quando desejamos algo sempre desejamos o prazer *tanto quanto* aquela coisa. Atribuo a crença obstinada nessas falsidades, em parte, à confusão entre a causa do desejo e o objeto do desejo. Disse que pode ser verdade que o desejo jamais ocorre, a menos que seja precedido por algum prazer atual; mas, que mesmo que isso seja verdade, obviamente não oferece sustentação para se dizer que o objeto do desejo é sempre algum prazer futuro. Por objeto do desejo entende-se aquele cuja idéia nos causa desejo; é um certo prazer que antecipamos, um certo prazer que não obtivemos, que é o objeto do desejo, sempre que desejamos prazer. Qualquer prazer atual, que possa ser excitado pela idéia deste prazer antecipado, não é, obviamente o mesmo prazer como o prazer antecipado, do qual somente a idéia é atual. Esse prazer atual não é o que queremos; o que queremos é sempre algo que não possuímos; e dizer que o prazer sempre nos causa o querer é coisa bem diferente do dizer-se que o que queremos é, sempre, prazer.

Finalmente, já vimos, Mill admite tudo isso. Ele insiste que, desejamos *de fato* coisas outras que o prazer e, ainda assim, ele diz que, *realmente*, não desejamos outra coisa. Ele procura explicar essa contradição confundindo as duas noções que ele, antes, distinguiu cuidadosamente – as noções de meios e do fim. Agora, ele diz que o meio para um fim é a mesma coisa como parte daquele fim. Quanto a essa última falácia, deve-se dar-lhe atenção especial, já que nossa principal decisão a respeito do hedonismo dirigir-se-á, em grande medida, à elucidação desse ponto.

45. É a essa decisão suprema, com respeito ao hedonismo, que devemos, agora, tentar chegar. Até aqui, ocupei-me apenas de refutar os argumentos naturalistas de Mill quanto ao hedonismo. Mas a doutrina de que somente o prazer é desejável pode, ainda, ser verdadeira, embora as falácias de Mill não possam prová-lo. Essa é a questão que agora temos de enfrentar. A proposição "somente o prazer é bom ou desejável" pertence, sem dúvida alguma, à classe de proposições que Mill corretamente queria, inicialmente, que pertencessem, à classe dos primeiros princípios, que não se prestam para prova direta. Porém, neste caso, ele também diz, corretamente, "podem ser apresentadas considerações capazes de determinar o intelecto, tanto a dar ou reter seu consentimento para a doutrina" (p. 7). São essas considerações que o professor Sidgwick apresenta e de maneira tal que tentarei dar uma visão oposta. A proposição de que "somente o prazer é bom como um fim", a proposição fundamental do hedonismo ético, aparecerá, na linguagem do professor Sidgwick, como um objeto de intuição. Devo tentar mostrar porque minha intuição a nega, exatamente como a sua a afirma. *Pode* ser sempre verdadeira, assim mesmo; nenhuma intuição pode *provar* se é verdadeira ou não; inclino-me a ficar satisfeito se eu poder apresentar considerações capazes de determinar o intelecto a rejeitá-la.

Pode-se dizer, agora, que este é um estado muito satisfatório de coisas. Realmente; mas é importante estabelecer a distinção entre duas razões diferentes, que podem ser dadas para chamá-lo de insatisfatório. É insatisfatório porque nosso princípio não pode ser provado? Ou é insatisfatório simplesmente porque não concordamos, um com outro, a seu respeito? Estou inclinado a pensar que a última razão é a principal. O simples fato de que em certos casos a prova é impossível não dá, usualmente, o menor desconforto. Por exemplo, ninguém pode provar que isto é uma cadeira, aqui ao meu lado; ainda assim, não suponho que alguém possa se sentir insatisfeito por esse motivo. Todos concordamos que é uma cadeira e isso é o bastante para nos contentar, embora seja bem possível que estejamos errados. Um alienado mental, por certo, pode surgir e dizer que não é uma cadeira e, sim, um elefante. Não poderíamos provar que ele estava errado e o fato de ele não concordar conosco pode, então, nos tornar inquietos. E mais ainda ficaremos inquietos, se alguém que não consideramos alienado mental discordar de nós. Tentaremos discutir com ele e provavelmente ficaremos contentes se o convencermos a concordar conosco, embora não tenhamos provado nosso ponto. Podemos, apenas, persuadi-lo, mostrando-lhe que nossa visão é coerente com algo que ele sustenta ser verdade, ainda que sua visão original lhe seja contraditória. Mas será impossível provar que aquela outra coisa, que ambos concordamos ser verdadeira, realmente o seja.

Podemos ficar satisfeitos em ter assentado a questão em disputa através dela, meramente porque concordamos com ela. Em suma, nossa insatisfação nesses casos é quase sempre do tipo sentido pelo pobre lunático na história. "Eu disse que o mundo é louco", diz ele, "e o mundo disse que eu sou louco e, confundindo-o, eles votaram contra mim". É, digo, quase sempre esse tipo de discordância, e não a impossibilidade de prova, que nos faz chamar o estado de coisas de insatisfatório. Realmente, quem pode provar que a prova em si é uma garantia da verdade? Todos concordamos que as leis da lógica são verdadeiras e, conseqüentemente, aceitamos um resultado provado por esses meios; mas tal prova é satisfatória somente porque estamos tão completamente de acordo de que se trata de uma garantia da verdade. E, ainda assim, não podemos, por causa da natureza do caso, provar que estamos certos em estarmos de acordo dessa maneira.

Do mesmo modo, não acho que precisemos ficar muito tristes por admitirmos que não podemos provar que somente o prazer é bom ou não. Apesar de tudo, seremos capazes de chegar a um acordo. Se assim for, acho que será satisfatório. Mas não estou muito esperançoso a respeito de nossas perspectivas de tal satisfação. A ética e a filosofia em geral sempre estiveram num estado peculiarmente insatisfatório. Nunca houve concordância a seu respeito como existe a respeito de cadeiras, luz e assentos. Eu seria um tolo, portanto, se esperasse assentar um grande ponto de controvérsia, agora e de uma vez por todas. É extremamente improvável que eu pudesse convencer. Seria alta presunção até mesmo esperar que, no fim, digamos, dois ou três séculos desta data, se concorde que o prazer não seja o único bem. Questões filosóficas são tão difíceis, os problemas que levantam são tão complexos, que não se pode esperar, com certeza, agora, tanto quanto no passado, conquistar mais que um acordo muito limitado. Confesso, sem dúvida alguma, que as considerações que estou disposto a apresentar me parecem absolutamente convincentes. Penso, realmente, que elas *devem* convencer, se eu apenas conseguir apresentá-las bem. Em todo caso, posso apenas tentar. *Devo* tentar agora pôr um fim a este insatisfatório estado de coisas, de que tenho falado. Tentarei produzir um acordo de que o princípio fundamental do hedonismo é muito semelhante a um absurdo, demonstrando que o que ele significa, se foi claramente pensado e como esse significado claro está em conflito com outras crenças, que, espero, não será superado tão facilmente.

46. Então, continuaremos a discutir o hedonismo intuicionista. E o começo desta discussão marca, como deve ser observado, uma virada em meu método ético. O ponto no qual tenho estado laborando, aquele de que "bom é indefinível" e que negar isto envolve uma falácia, é capaz de prova estrita: negá-lo envolve contradições. Mas agora estamos chegando à questão, em benefício da resposta de qual Ética existe, de que coisas ou qualidades são boas. Nenhuma prova é possível para *qualquer resposta a esta questão*, e, só por causa de nossa resposta anterior quanto ao significado de bom, nenhuma prova direta *era* possível. Estamos, agora, limitados a esperar o que Mill chama de "prova indireta", a esperança de determinar o intelecto do outro; e estamos, agora, tão limitados, porque, no que diz respeito à questão anterior, não estávamos tão confinados. Aqui, pois, está uma intuição a ser submetida ao nosso veredicto – a intuição de que "somente o prazer é bom como um fim – bom para e por si mesmo".

47. A este propósito parece desejável tocar em outra doutrina de Mill, outra doutrina que, no interesse do hedonismo, o professor Sidgwick foi sábio em rejeitar. Esta é a doutrina da "diferença de qualidade nos prazeres". "Se me perguntam", diz Mill, "o que quero exprimir pela diferença de qualidade nos prazeres, ou o que torna um prazer mais valioso que outro, meramente como um prazer, exceto na sua quantidade maior, só existe uma resposta possível. De dois prazeres, se existir um pelo qual todos, ou quase todos que experimentaram a ambos têm uma preferência decidida, independentemente de qualquer sentimento de obrigação moral para preferi-lo, esse é o prazer mais desejável. Se um dos dois é, por aqueles que estão competentemente familiarizados com ambos, colocado tão acima do outro que se torna preferido, embora sabendo que será recebido com grande descontentamento, e não cederá a qualquer quantidade do outro prazer de que sua natureza seja capaz, estamos justificados em atribuir ao contentamento preferido uma superioridade em qualidade, superando assim a quantidade, em comparação com a pequena atribuição.

É bem sabido que Bentham baseou seu juízo a favor do hedonismo somente na "quantidade do prazer". Era sua máxima que "a quantidade de prazer sendo igual, uma tachinha é tão boa como a poesia". E Mill, aparentemente, considera que Bentham provou que, mesmo assim, a poesia é melhor que uma tachinha. Que a poesia produz, realmente, uma maior quantidade de prazer. Mas, ainda assim, diz Mill, os utilitaristas "podem ter tomado a outra e, como pode-se dizer, num plano mais elevado, com total consistência" (p. 11). Vemos agora, daí, que Mill reconhece a "qualidade de prazer" como outro ou diferente campo para se avaliar os prazeres que a quantidade assumida por Bentham e, além disso, por aquela questão pretendida (*question-begging*) "mais elevada", que ele traduz, depois, como "superior" parecendo trair um sentimento desconfortável de que, no final das contas, se você encarar quantidade de prazer como seu único padrão, alguma coisa pode estar errada e você pode merecer ser chamado de porco. Pode parecer, presentemente, que você, com muita justiça, mereça a denominação. Mas, enquanto isso, somente desejo mostrar que a suposição de Mill à qualidade de prazer é inconsistente com seu hedonismo ou não suporta nada do que seria concedido pela mera quantidade de prazer.

Será visto que o teste de Mill com a superioridade do prazer de alguém pela qualidade sobre outro é a preferência da maioria das pessoas que experimentaram ambos os prazeres. Um prazer assim preferido, sustenta ele, é mais desejável. Mas então, como vimos, ele sustenta que "pensar em um objeto como desejável e pensar nele como agradável são uma e a mesma coisa" (p. 58). Ele sustenta, portanto, que a preferência de peritos meramente prova que um prazer é mais agradável que outro. Mas se isso é verdade, como pode ele distinguir este padrão daquele de quantidade de prazer? Pode um prazer ser mais agradável que outro, exceto no sentido de que ele dá *mais* prazer? "Prazer", deve, se as palavras devam ter qualquer significado, denotar alguma qualidade comum a todas as coisas que são agradáveis; sendo assim, então uma coisa só pode ser mais agradável que outra, segundo tenha ou não, mais ou menos desta qualidade. Mas, então, vamos tentar outra alternativa e supor que Mill não quer dizer seriamente que esta preferência dos expertos meramente prova que um prazer é mais agradável que o outro. Bem, neste caso, o que significa o que é "preferido"? Não pode significar "mais desejado", desde que, como sabemos, o grau de desejo está sempre, segundo Mill, na exata proporção do grau de agradabilidade. Mas, nesse caso, a base do hedonismo de Mill entra em colapso, porque ele está admitindo que uma coisa pode ser preferida a outra e, assim, provando-se mais desejável (qualidade), embora não seja a mais desejada. Neste caso, o juízo de preferência de Mill é apenas um julgamento daquela espécie intuitiva que venho contestando ser necessária para estabelecer o princípio hedonista ou qualquer outro. É um juízo direto de que uma coisa é mais desejável ou melhor que outra;

um juízo altamente independente de todas as considerações a respeito sobre se uma coisa é mais desejada ou agradável que outra. Isto é admitir que bom é bom e indefinível.

48. Note-se outro ponto que é trazido por esta discussão. O juízo de preferência de Mill, muito longe de estabelecer o princípio de que só o prazer é bom, é, obviamente, inconsistente com ele. Ele admite que os peritos podem julgar quando um prazer é mais desejável que outro, porque os prazeres diferem em qualidade. Mas o que é que isso significa? Se um prazer pode diferir de outro em qualidade, isso significa que *um* prazer é algo complexo, algo composto do prazer, de fato, *em adição* àquele que produz prazer. Por exemplo, Mill fala de "indulgências sensuais" como "prazeres menores". Mas o que é uma indulgência sensual? É, certamente uma certa excitação de algum sentido junto com o prazer causado por tal excitação. Dessa forma, Mill, ao admitir que uma indulgência sensual pode ser julgada diretamente como inferior a outro prazer, quando o grau de prazer envolvido pode ser o mesmo, está admitindo que outras coisas podem ser boas ou más, independentemente do prazer que as acompanham. Um prazer é, de fato, meramente um termo enganador que contém o fato de que aquilo com que lidamos não é prazer, mas outra coisa, que pode, na verdade, produzir necessariamente prazer, mas que é, assim mesmo, muito distinta dele.

Dessa maneira, Mill, ao pensar que estimar a qualidade do prazer é muito consistente com o seu princípio hedonista de que somente o prazer e a ausência de dor são desejáveis como fins, comete novamente a falácia de confundir fins e meios. Para tomar a mais favorável suposição de seu significado, suponhamos que por um prazer ele não queria dizer, como suas palavras implicam, aquilo que produz prazer e o prazer produzido. Suponhamo-lo dizendo que existem várias espécies de prazer, no sentido de que existem várias espécies de cores – azul, vermelho, verde etc. Mesmo neste caso, se devemos dizer que nosso fim é somente a cor, então, embora seja impossível que tenhamos cor sem ter uma cor especial, mesmo assim essa cor especial, que devemos ter, é somente um *meio* para que tenhamos cor, se cor é realmente nosso fim. E se cor é nosso único fim possível, como Mill diz que o prazer é, então não pode existir uma razão possível em se preferir uma cor a outra, vermelho, por exemplo, em lugar do azul, exceto que uma é mais de uma cor que a outra. Todavia, o oposto a isto é o que Mill está tentando sustentar quanto aos prazeres.

Da mesma forma, uma consideração do ponto de vista de Mill de que alguns prazeres são superiores a outros *em qualidade*, faz emergir um ponto que pode "ajudar a determinar o intelecto" em relação à intuição "Prazer é o único bem". Isso salienta o fato de que se você diz "prazer", você deve querer significar "prazer": você deve querer dizer, especificar, alguma coisa comum a todos os "prazeres" diferentes, alguma coisa específica que possa existir em graus diferentes, mas não possam diferir em *espécie*. Já salientei que se você disser, como Mill o faz, que a qualidade do prazer deve ser levada em consideração, então você não mais sustenta que *somente* o prazer é bom como um fim, já que você sugere que outra coisa, algo que *não* está presente em todos os prazeres, é *também* boa como um fim. O exemplo que dei com a cor expressa este ponto em sua forma mais exata. É claro que se você disser "Só a cor é boa como um fim", então não poderá dar uma razão possível para preferir uma cor a outra. Seu único padrão de bom e mau será, então, "cor"; e desde que vermelho e azul se conformam igualmente a isso, que é o único padrão, você não poderá ter outro pelo qual possa julgar se vermelho é melhor que azul. É verdade que você não pode ter cor a menos que tenha uma ou todas elas. Assim, se cor for o fim, elas todas serão boas como meios, mas nenhuma delas pode ser melhor que a outra mesmo como meio, muito menos pode qualquer delas ser considerada como um fim em si mesma. O mesmo se dá com o prazer: se realmente queremos dizer "Só o prazer é bom como um fim", então devemos concordar com Bentham que "A quantidade de prazer sendo igual, uma tachinha é tão boa como uma poesia". Tendo, assim, liquidado a referência de Mill à qualidade do prazer, deu-se portanto um passo na direção desejada. O leitor não será, agora, impedido de concordar comigo, por qualquer idéia de que o princípio hedonista "Só o prazer é bom como um fim" é consistente com o ponto de vista de que um prazer pode ser de uma qualidade melhor que a outra. Essas duas visões, já dissemos, são contraditórias entre si. Devemos escolher, então, entre elas: se escolhermos a última, então devemos desistir do princípio do hedonismo.

49. Mas, como eu disse, o professor Sidgwick notou que elas eram inconsistentes. Notou que devia escolher entre elas. E escolheu. Rejeitou o teste da qualidade do prazer e aceitou o princípio hedonista. Ele sustenta ainda que "só o prazer é bom como um fim". Proponho, portanto, discutir as considerações que ele ofereceu, a fim de nos convencer. Devo esperar, com essa discussão, remover mais alguns desses preconceitos e mal-entendidos como passíveis de evitar concordância comigo. Se eu puder mostrar que algumas das considerações esgrimidas pelo professor Sidgwick são tais que não precisamos, de modo algum, concordar com elas, e que outras são, presentemente, mais favoráveis a mim que às suas, podemos novamente ter avançado alguns passos rumo à unanimidade que desejamos.

50. As passagens do *Methods of Ethics* para as quais chamo agora atenção são as encontradas em I.IX.4 e III.XIV.4-5.

A primeira delas é a seguinte:

"Acho que se considerarmos, cuidadosamente, esses resultados permanentes como são comumente julgados serem bons, em vez de qualidades dos seres humanos, nada podemos encontrar, em reflexão, que pareça possuir esta qualidade de bondade fora da relação à existência humana, ou, pelo menos, a alguma consciência ou sentimento.

Por exemplo, nós julgamos, comumente, alguns objetos inanimados, cenas etc., como sendo bons por possuírem beleza, e outros, maus por causa da feiúra. Ainda assim, ninguém considerará racional visar a produção de beleza na natureza externa, isolada de qualquer contemplação possível por seres humanos. De fato, quando a beleza é tida como objetiva, isso geralmente não significa que ela existe como beleza isolada de qualquer tipo de mente: apenas, que existe algum modelo de beleza válido para todas as mentes.

Pode-se, no entanto, dizer que a beleza e outros resultados comumente julgados como sendo bons, embora não os concebamos existirem isolados da relação com seres humanos (ou, pelo menos, mentes de alguma espécie), estão, ainda assim, tão separados como fins dos seres humanos de quem sua existência depende, que sua realização pode, concebivelmente, vir a competir com a perfeição ou felicidade desses seres. Assim, embora as coisas belas não possam ser consideradas como valendo a pena serem produzidas, exceto como possíveis objetos de contemplação, ainda assim, um homem pode se devotar à sua produção sem qualquer consideração quanto às pessoas que irão contemplá-los. Similarmente, o conhecimento é um bem que só pode existir nas mentes; e, ainda assim, alguém pode estar mais interessado no desenvolvimento do conhecimento do que na sua posse por uma mente em particular; e pode assumir a anterior como um fim último sem considerar a última.

Ainda, tão logo as alternativas sejam apreendidas claramente, será, geralmente, considerado que a beleza, conhecimento e outros bens ideais, bem como coisas externas materiais, são, apenas razoavelmente, procurados pelo homem enquanto eles conduzam (1) para a Felicidade ou (2) para a Perfeição ou Excelência da existência humana. Digo "humana", pois embora a maioria dos utilitaristas considere o prazer (e ausência de dor) dos animais inferiores a ser incluída na Felicidade que eles encaram como o certo e adequado fim de conduta, ninguém parece contestar que devemos objetivar o aperfeiçoamento dos brutos, exceto como meios para nossos fins ou pelo menos, como objetos de nossa contemplação científica ou estética. Nem, ainda, podemos concluir como um fim prático a existência de seres acima do humano. Certamente aplicamos a idéia de Deus à Existência Divina da mesma forma como fazemos com Sua Obra, e, realmente, de maneira preeminente. E quando se diz que "devemos fazer todas as coisas para a glória de Deus", parece estar implícito que a existência de Deus é melhorada por nossa glorificação a Ele. Essa inferência, porém, quando exposta explicitamente, parece um tanto ímpia e os teólogos, geralmente, recuam no seu uso da noção de um possível acréscimo à Bondade da Existência Divina como uma área do dever humano. Nem pode a influência de nossas ações em outras inteligências extra-humanas, além da Divina, se tornar uma questão de discussão científica.

"Devo, confiantemente, apresentar que se existe outro Bem, que a Felicidade, a ser procurado pelo homem, como o limite do fim prático, só pode ser a Bondade, Perfeição ou Excelência da Existência Humana. Até que ponto esta noção inclui mais que virtude, o que é a sua precisa relação com Prazer, e que método deveremos, logicamente, seguir se o aceitarmos como fundamental, são questões que discutiremos mais convenientemente após o exame detalhado dessas duas outras noções, Prazer e Virtude, no que nos engajaremos nos dois livros seguintes."

Deve-se observar que, nesta passagem, o professor Sidgwick tenta limitar a quantidade (*range*) de objetos entre os quais o fim máximo possa ser encontrado. Ele não diz, ainda, o que o fim é, mas exclui dele tudo menos certos caracteres da Existência Humana. E os fins possíveis, que ele exclui, não surgem mais à nossa consideração. São tirados de julgamento, de uma vez por todas, mediante esta passagem e por esta passagem apenas. Porém essa exclusão é justificada?

Não consigo pensar que seja. "Ninguém", diz Sidgwick, "a consideraria racional visar à produção de beleza na natureza externa, isolada de qualquer contemplação, possível pelos seres humanos". Posso dizer, desde já, que eu, por exemplo, considero-o racional; e vejamos se não consigo alguém para concordar comigo. Considere-se o que esta admissão significa realmente. Ela permite apresentar o seguinte argumento. Imaginemos um mundo incrivelmente belo. Imaginemo-lo tão belo quanto lhe for possível imaginar; coloque nele tudo desta Terra que você mais admira – montanhas, rios, o mar, árvores, entardecer, estrelas e a lua. Imagine tudo isso combinado na mais delicada das proporções, para que nenhuma dessas coisas macule a outra e sim que cada qual contribua para aumentar a beleza do todo. Isso. Agora imagine o mais belo dos mundos que você possa conceber. Imagine-o simplesmente um depósito de podridão, contendo tudo que lhe cause a maior aversão, o mais profundo desprazer, seja qual for a razão, e o conjunto, tanto quanto seja possível, sem um só aspecto agradável. Podemos e devemos comparar tal par de mundos: eles caem no significado do prof. Sidgwick e a comparação lhe é altamente relevante. A única coisa que devemos imaginar é que o ser humano nunca viveu ou pode viver em qualquer deles, jamais poderá desfrutar e ver a beleza de um ou odiar a abjeção do outro. Mesmo assim, suponha-os bem distantes de qualquer possível contemplação por seres humanos. É irracional sustentar que é melhor que o mundo belo deva existir do que aquele que é horrível? Não seria melhor, se qualquer modo, se tentar produzir o belo antes que o outro? Certamente não posso evitar a consideração que seria. Espero que alguém concorde comigo nesta instância extrema. A instância é extrema. É altamente improvável, para não dizer impossível, que tenhamos essa escolha diante de nós. Em qualquer escolha que exista, temos de considerar os possíveis efeitos de nossa ação nos seres conscientes e entre esses possíveis efeitos existem sempre alguns, acho, que devem ser preferidos à existência da mera beleza. Mas isso apenas significa que em nosso estado atual, no qual uma pequena parte do bem é conseguida, a busca de beleza, em si mesma, deve ser sempre adiada pela busca de um bem maior que é igualmente obtenível. Mas, para a minha finalidade, é suficiente, se for admitido que, *na suposição* de que nenhum bem maior foi, de alguma forma, obtenível, então a beleza, como tal, deve ser considerada como um bem maior que a feiúra; se se admitir que, nesse caso, não devemos ser deixados sem razão alguma por preferir um curso de ação a outro, não devemos ser deixados sem qualquer dever, seja lá qual for a espécie mas que, então, seria nosso dever positivo tornar o mundo mais belo até onde fôssemos capazes, já que nada melhor que a beleza poderia resultar de nossos esforços. Se for uma vez, ao menos, admitido, se em qualquer caso imaginável, você aceitar que a existência de uma coisa mais bela é melhor em si mesma do que a de uma mais feia, bem distante de seus efeitos nos sentimentos humanos, então o princípio do prof. Sidgwick caiu. Agora temos de incluir em nosso fim máximo alguma coisa além dos limites da existência humana. Admito, por certo, que nosso belo mundo seria ainda melhor, se existissem seres humanos nele para contemplar e usufruir sua beleza. Mas tal admissão é inane contra a minha postura. Se se aceitar uma vez que o belo mundo *em si mesmo* é melhor do que o feio, segue-se, então, que não importa quantos seres possam usufruí-lo e nem quão melhor sua fruição possa ser em si mesma, sua mera existência a contribui como *algo* para a melhoria do todo: é não só um meio para nosso fim, mas também parte dele.

51. Na segunda passagem à qual me referi acima, o prof. Sidgwick retorna da discussão da Virtude e Prazer, na qual esteve, por um tempo, engajado, para considerar que entre as partes da Existência Humana à qual, como vimos, ele limitou seu fim último, pode realmente ser considerado como tal fim. O que acabo de dizer, por certo, parece-me destruir a força desta parte de seu argumento também. Se, como penso, outras coisas além de qualquer parte da Existência Humana podem ser fins em si mesmos, então Sidgwick não pode declarar que descobriu o *Summum Bonum*, quando, na verdade, meramente determinou que partes da Existência Humana são desejáveis em si mesmas. Mas este erro pode ser admitido como extremamente insignificante em comparação com aquele que estamos prontos a discutir.

"Pode-se dizer", diz o prof. Sidgwick (III.XLV. §§4-5), "que podemos considerar a cognição da Verdade, contemplação da Beleza, ação Livre ou Virtuosa, como alguma medida alternativa preferível ao Prazer e Felicidade – muito embora admitamos que a Felicidade deve ser incluída como uma parte do Bem Supremo... Eu acho, porém, que esta visão não deveria se recomendar a si mesma ao julgamento sóbrio de pessoas ponderadas. Para demonstrá-lo, devo pedir ao leitor para usar o mesmo procedimento duplo cujo emprego já requeri no considerar a validade absoluta e independente dos preceitos da moral comum. Apelo, primeiro, para o julgamento intuitivo após considerar devidamente a questão, quando colocada com justeza antes disso; e, em segundo lugar, a uma comparação compreensiva dos julgamentos ordinários da humanidade. Com respeito ao primeiro argumento, a mim, pelo menos, parece claro, após reflexão, que essas relações objetivas do sujeito consciente, quando distinguindo da consciência que o acompanha e dele resulta, não são essencial e intrinsecamente desejáveis; não mais que os objetos materiais ou outros objetos são, quando considerados à parte de qualquer relação da existência consciente. Admitindo que temos uma experiência real de tais preferências como acabo de descrever, das quais o objeto essencial é algo que não é meramente consciência, continua me parecendo que (para usar a frase de Butler) quando "nos sentamos, numa hora mais tranqüila", podemos apenas justificar a nós mesmos a importância que damos a qualquer desses objetos no considerar sua capacidade de conduzir, de um modo ou de outro, à felicidade de seres perceptivos.

"O segundo argumento, que se refere ao senso comum da humanidade, obviamente não pode ser tornado completamente cogente, já que, como afirmado acima, várias pessoas cultas julgam habitualmente que conhecimento, arte etc. – para não falar de Virtude – são fins independentemente do prazer deles derivado. Mas podemos insistir que não só todos esses elementos do "bom ideal" são produtores de prazer em vários modos, mas, também, que eles parecem obter a recomendação do Senso Comum, falando, a grosso modo, proporcionalmente ao grau dessa produtividade. Isso parece ser obviamente verdadeiro quanto à Beleza e dificilmente será negado em relação a qualquer espécie de ideal social: é paradoxal manter que qualquer grau de Liberdade, ou qualquer forma de ordem social, continua sendo considerado comumente como desejável, mesmo se estivéssemos certos que ele não tivesse a tendência de promover a felicidade geral. O problema do Conhecimento é um tanto mais complexo. Mas, certamente, o Senso Comum está mais impressionado com o valor do conhecimento, quando sua "frutuosidade" foi demonstrada. É, porém, notório que a experiência tem mostrado freqüentemente como o conhecimento, há tempos infrutífero, pode se tornar inesperadamente frutífero e como uma luz pode ser lançada em uma área do conhecimento de outra aparentemente remota. Mesmo se algum ramo particular da pesquisa científica pudesse ser demonstrado como despido até mesmo dessa utilidade indireta, ainda mereceria algum respeito nos campos utilitaristas, tanto por fornecer ao indagador os prazeres refinados e inocentes da curiosidade e porque a disposição intelectual que ele exibe e sustenta parece, no todo, produzir conhecimento frutífero. Mas, ainda, nos casos que se aproximam deste último, o Senso Comum está disposto a se queixar da direção errada de esforços valiosos à maneira de um tributo pago comumente à Ciência para ser graduado talvez inconscientemente, por uma exata e tolerável escala utilitarista. Certamente, no momento em que a legitimidade de qualquer ramo da indagação científica é seriamente contestada, como no caso recente de vivissecção, a controvérsia em ambos os lados é geralmente conduzida em uma base seguramente utilitarista.

"O caso da Virtude requer consideração especial, vez que o encorajamento de cada um dos impulsos virtuosos e disposições é o objetivo do discurso moral do homem comum, de tal modo que até questionar se tal encorajamento pode ir tão longe, tem um ar paradoxal. Ainda, nossa experiência inclui casos raros e excepcionais nos quais a concentração de esforço no cultivo da virtude parece ter tido efeitos adversos à felicidade geral, embora sendo intensificado ao ponto moral do fanatismo e, assim, envolvendo uma omissão de outras condições de felicidade. Se, então, admitimos como atual ou possível tais 'infelicitantes' efeitos do cultivo da virtude, acho que podemos, também, admitir geralmente que, no caso exemplificado, a condução para a felicidade geral deveria ser o critério para decidir quão longe o cultivo da Virtude deveria ser levado."

Temos, assim, completado o argumento do professor Sidgwick. Não devemos, ele acha, visar o conhecimento da Verdade, ou contemplar a Beleza, exceto até o ponto em que tal conhecimento ou tal contemplação contribua para aumentar o prazer ou diminuir a dor de seres sensíveis. O prazer, sozinho, é bom em seu próprio benefício; o conhecimento da Verdade é bom, apenas, como um meio para o prazer.

52. Consideremos o que isso significa. O que é o prazer? É, certamente, algo de que podemos ter consciência e que, assim, pode ser distinguido da nossa consciência dele. O que desejo perguntar, primeiramente, é: pode-se dizer, realmente, que valorizamos o prazer, exceto na medida em que estamos conscientes dele? Devemos pensar que a realização do prazer, do qual nunca fomos, nem seremos, conscientes, era algo a ser visado em seu próprio benefício? Pode ser impossível que tal prazer nunca venha a existir, que ele jamais seja, assim divorciado de sua consciência. Embora haja, certamente, muita razão no acreditar-se que não seja possível apenas, mas muito comum. Porém, mesmo supondo que fosse impossível, isso é bem irrelevante. Nossa pergunta é: o prazer é tão distinto de nossa consciência dele, que atribuímos valor a isso? Pensamos no prazer como valioso por si mesmo ou devemos insistir que, se devemos considerar o prazer bom, devemos ter consciência dele também?

Esta consideração está muito bem colocada por Sócrates no diálogo de Platão, *Filebo* (21 A).

"Protarco, *você* aceitaria", diz Sócrates, "viver toda a sua vida desfrutando o maior dos prazeres?" "Certamente eu o acertaria, diz Protarco.

Sócrates — Acharia você, então, que precisaria de outra coisa mais, se você possuísse essa bênção em sua inteireza?

Protarco — Certamente não.

Sócrates — Considere o que você está dizendo. Você não precisaria ser sábio e inteligente e razoável, nada semelhante a isso? Não se importaria nem mesmo de manter sua visão?

Protarco — Por que deveria? Supondo que teria tudo que quero, se estivesse satisfeito.

Sócrates — Bem, suponhamos que você vivesse assim; você desfrutaria, sempre, por toda a sua vida do maior dos prazeres?

Protarco — Certamente.

Sócrates — Mas, por outro lado, ainda que você *não* possuísse inteligência, memória, conhecimento e opinião verdadeira, você estaria em primeiro lugar, necessariamente sem o conhecimento de se você estaria, ou não, sentindo prazer. Você estaria despojado de qualquer tipo de sabedoria. Você o admite?

Protarco — Sim. A conseqüência é absolutamente necessária.

Sócrates — Além disso, não tendo memória, você deve também ser incapaz de relembrar que você já sentiu prazer alguma vez. E do prazer deste momento, nenhum vestígio deve restar, após tal momento. Novamente, não tendo uma opinião verdadeira, você não pode pensar que esteja tendo prazer quando estiver e, sendo destituído de suas faculdades de raciocinar, você não pode, nem mesmo, ter o poder de reconhecer que terá prazer no futuro. Você deve viver a vida de uma ostra ou de algumas daquelas criaturas vivas cujo lar é o mar e cujas almas estão contidas em corpos de conchas. Isso é assim ou podemos pensar que seja diferente?

Protarco — Como podemos?

Sócrates — Bem, então podemos considerar desejável uma vida assim?

Protarco — Sócrates, seu raciocínio me deixou completamente confuso.

Como vimos, Sócrates convence Protarco que o hedonismo é absurdo. Se vamos manter, realmente, que só o prazer é bom como um fim, devemos manter que é bom, tenhamos ou não consciência dele. Devemos declarar ser razoável tomá-lo como nosso ideal (mesmo que seja um ideal irrealizável), que devemos ser tão felizes como seja possível, mesmo com a condição de que jamais saibamos e jamais venhamos a saber que somos felizes. Devemos estar ansiosos em vender, em troca da mera felicidade, qualquer vestígio de conhecimento, tanto em nós mesmos como nos outros, tanto da própria felicidade como de qualquer outra coisa. Podemos discordar, ainda? Pode alguém declarar, ainda, ser óbvio que isso é razoável? Que só o prazer é bom como um fim?

O problema está claro, é exatamente como aquele das cores (§ 48), só que ainda não tão próximo de ser tão intenso. É muito mais possível que sejamos capazes, algum dia, de produzir o mais intenso prazer, sem qualquer consciência de que ele exista, de que sejamos capazes de produzir mais cor, sem que seja uma cor específica. Prazer e consciência podem ser muito mais facilmente distinguidos um do outro que a cor das cores particulares. Ainda assim, mesmo que isso assim não fosse, devemos estar aptos a distingui-los e realmente desejamos declarar que só o prazer é nosso fim máximo. Ainda que a consciência fosse uma companheira inseparável do prazer, uma *sine qua non* de sua existência, mesmo assim, se o prazer é o único fim, estamos aptos a chamar a consciência de simples *meios* para ele, em qualquer senso inteligível que possa ser dado à palavra *meios*. Por outro lado, e como espero que esteja claro, o prazer seria comparativamente sem valor, sem a consciência, então estamos aptos a dizer que o prazer *não* é o único fim, que uma certa consciência, pelo menos, deve estar incluída nele como uma parte verdadeira do fim. Nossa questão, agora, é só o que é o fim. É uma questão bem diferente até onde esse fim pode ser alcançado por *si mesmo* ou deve envolver a consecução simultânea de outras coisas. Pode muito bem ser que as conclusões *práticas* a que os utilitaristas chegam, e mesmo aquelas às quais se deve logicamente chegar, não estejam distantes da verdade. Mas enquanto suas razões para manter essas conclusões como verdadeiras de que só *o prazer é bom como um fim*, elas são *absolutamente* erradas e é com *razões* que estamos principalmente preocupados em qualquer Ética científica.

53. Parece claro, pois, que o hedonismo está errado, até o ponto em que afirma que só o prazer, e não a consciência do prazer, é o único bem. E esse erro parece dever-se largamente à falácia que apontei em Mill — a falácia de confundir meios e fins. É falsamente suposto que, desde que o prazer deva ser sempre acompanhado pela consciência (o que, em si mesmo, é altamente duvidoso), isso torna indiferente que digamos que o prazer ou a consciência do prazer é o único bem. *Praticamente*, por certo, seria indiferente o que visarmos, se fosse certo que não obteríamos um sem o outro. Mas onde a questão é do que é bom por si mesmo — quando, então, perguntamos: Em benefício de que é desejável conseguirmos o que objetivamos? — a distinção em hipótese alguma é sem importância. Aqui somos colocados diante de uma alternativa exclusiva. *Ou* o prazer por si mesmo (mesmo que não o consigamos) seria tudo o que é desejável, *ou* a consciência dele seria ainda mais desejável. Mas essas proposições não podem ser verdadeiras e eu acho que está claro que a última é verdadeira, desde que daí decorra que o *prazer* não é o único bem.

Porém, pode-se dizer que, mesmo que a consciência do prazer e não o prazer sozinho seja o único bem, esta conclusão não é muito danosa ao hedonismo. Pode-se dizer que os hedonistas sempre entenderam por prazer a consciência do prazer, embora não tenham se constrangido em dizê-lo nem realmente se esforçado. E isso acho que é, no geral, verdadeiro. Corrigir sua fórmula a este respeito poderia, portanto, ser somente uma questão de importância prática, se fosse possível produzir prazer sem produzir consciência dele. Mas, mesmo esta importância, que acho que nossa conclusão, até aqui, realmente tem, é, admito, comparativamente pequena. O que desejo manter é que mesmo a consciência do prazer não é o único bem. Que, na verdade, é absurdo considerá-lo assim. E a importância principal do que foi dito repousa no fato de que o mesmo método, que mostra que a consciência do prazer é mais valiosa que o prazer, mostrar também parece que a consciência do prazer é, ela mesma, menos valiosa que outras coisas. A suposição de que a consciência do prazer é o único bem deve-se a uma negligência das mesmas distinções que encorajaram a descuidada asserção de que o prazer é o único bem.

O método que empreguei a fim de mostrar que o próprio prazer não era o único bem, foi o de considerar que valor devemos lhe dar, se ele existisse em isolamento absoluto, despojado de todos os seus acompanhamentos costumeiros. E esse é, de fato, o único método que pode ser usado com segurança, quando desejamos descobrir que grau de valor uma coisa tem em si mesma. A necessidade de empregar este método será melhor evidenciada por uma discussão dos argumentos usados por Sidgwick na última passagem citada e pela exposição da maneira como são calculados para enganar.

54. Relativamente à segunda delas, ela apenas sustenta que outras coisas, que se pode supor participem com o prazer do atributo de bondade, "parece obter a recomendação do Senso Comum, a grosso modo, em proporção ao grau" de sua produtividade de prazer. Que esta proporção, aproximada mantém-se entre a recomendação do Senso Comum e os efeitos agradáveis do que ele recomenda é uma questão muito difícil de determinar e não há necessidade de a discutirmos aqui. Pois, mesmo assumindo que seja verdadeira e assumindo que os juízos do Senso Comum estejam todos corretos, o que isso revelaria? Mostraria, certamente, que o prazer foi um bom *critério* para a ação certa — que a mesma conduta que produziu mais prazer também produziria mais bem no geral. Mas isso de modo algum nos garantiria a conclusão de que o maior prazer *constituiu* o que foi melhor no geral. Isso ainda deixaria em aberto que a alternativa de que a maior quantidade de prazer foi uma questão de fato, sob *condições existentes, atuais*, geralmente acompanhadas pela maior quantidade de *outros bens*, e que ele, portanto, *não* era o único bem. Pode, realmente, parecer que é uma coincidência estranha que estas duas coisas devam, sempre, mesmo neste mundo, estar em proporção uma com a outra. Mas a estranheza dessa coincidência certamente não dá o direito de argüir diretamente que ela não exista — que é uma ilusão, pelo fato de o prazer ser o único bom. A coincidência pode ser suscetível de outras explicações. E seria até nosso dever aceitá-la sem explicações, se a intuição direta parecesse declarar que prazer não era o único bom. E mais, deve-se lembrar que a necessidade de assumir tal coincidência assenta-se, em todos os casos, na proposição, extremamente dúbia, de que efeitos prazerosos *estão* a grosso modo na proporção da aprovação do Senso Comum. E deve-se observar que, embora o prof. Sidgwick sustente ser este o caso, suas detalhadas ilustrações tendem somente a mostrar a proposição muito diferente de que uma coisa não é tida como boa até dar um equilíbrio de prazer. Não que o grau de recomendação esteja em proporção à quantidade de prazer.

55. A decisão, portanto, deve repousar no primeiro argumento do prof. Sidgwick — "o apelo" para o nosso "julgamento intuitivo após a consideração da questão quando encarada com justeza". E aqui me parece claro que o prof. Sidgwick falhou em dois aspectos essenciais em colocar a questão, com justeza, diante de si mesmo ou do leitor.

(1) O que ele tem a mostrar, como ele mesmo o diz, não é meramente que "A Felicidade deva ser incluída como uma parte do Bem Essencial. "Este ponto de vista", diz ele, "não deve se ordenar ao julgamento sóbrio de pessoas ponderadas". E por quê? Porque "estas relações objetivas, quando distinguidas da consciência que as acompanha e delas resulta, não são, essencial e intrinsicamente, desejáveis." Esta razão, que é oferecida como uma demonstração de que para se considerar a Felicidade como simples parte do Bem Essencial, apenas, não concorda com os fatos da intuição, é, ao contrário, apenas suficiente para mostrar que *é* uma parte do Bem Essencial. Do fato de que nenhum valor reside em uma parte de um todo, considerado em si mesmo, não podemos inferir que todo valor pertencente ao todo reside na outra parte, considerada por si mesma. Mesmo se admitirmos que há muito valor em se desfrutar a Beleza e nenhum na sua simples contemplação, que é um dos constituintes daquele fato complexo, não se segue que todo o valor pertença ao outro constituinte, especificamente o prazer que temos no contemplá-la. É bem possível que este constituinte não tenha valor algum em si mesmo e que o valor pertença a todo o estado e somente a isso: de maneira que *tanto* o prazer *como* a contemplação são meras partes do bom e os dois são igualmente partes necessárias. Em suma, o argumento do prof. Sidgwick, aqui, depende de se negligenciar aquele princípio, que tentei explicar no meu primeiro capítulo e que devo chamar de o princípio das "relações orgânicas". O argumento é calculado para enganar, porque supõe que, se vemos todo um estado como vulnerável e vemos, também, que um elemento desse estado ou situação não tem valor *por si mesmo*, então o outro elemento, *por si mesmo*, deve possuir todos os valores que pertencem a todo o estado. Ao contrário, o fato é que desde que o todo pode ser orgânico, o outro elemento não precisa ter qualquer valor, e mesmo que tivesse algum, o valor do todo poderia ser muitíssimo maior. Por esta razão, bem como para evitar confusão entre meios e fins, é absolutamente essencial considerar cada qualidade distinguível *isoladamente*, a fim de decidir qual o seu valor. O prof. Sidgwick, por outro lado, aplica este método de isolamento apenas a *um* elemento entre todos que ele considera. Ele não faz a pergunta: se existisse a consciência do prazer absolutamente por si

mesma, um julgamento sóbrio seria capaz de lhe atribuir muito valor? Na verdade, é sempre enganador tomar um todo, que é valioso (ou o reverso) e, então, perguntar simplesmente: a qual de seus constituintes deve este todo o seu valor ou sua vileza? Pode muito bem ser que o deva a *nenhum*. E se algum deles parece ter algum valor em si mesmo, seremos conduzidos ao grave erro de supor que todo o valor do todo só pertence a ele. Quer me parecer que este erro tem sido cometido com relação ao prazer. O prazer não parece ser um constituinte necessário dos conjuntos, ou todos, mais valiosos, e desde que outros constituintes, os quais podemos analisar, podem facilmente parecer não possuir qualquer valor, é natural supor que o valor pertença ao prazer. Que esta suposição natural não é uma conseqüência das premissas, é certo. Que ela está, ao contrário, ridiculamente longe da verdade parece evidente ao meu "julgamento reflexivo". Se aplicarmos tanto ao prazer como à consciência ou à consciência do prazer o único método seguro, o do isolamento, e nos perguntarmos: poderíamos aceitar como uma coisa muito boa, que a mera consciência do prazer, e absolutamente nada mais, deva existir, mesmo em grandes quantidades? acho que não podemos ter dúvidas quanto à resposta: não. Muito menos podemos aceitar isso como o *único* bem. Mesmo se aceitarmos a implicação do prof. Sidgwick (que, mesmo assim, parece-me extremamente duvidosa), de que a consciência do prazer tem um valor maior em si mesma que a Contemplação da Beleza, parece-me que uma Contemplação da Beleza agradável tem, certamente, um grande valor, imensuravelmente maior que a mera Consciência do Prazer. Em favor desta conclusão posso recorrer com confiança ao "julgamento sóbrio de pessoas reflexivas".

56. (2) Que o valor de um todo prazeroso não pertence somente ao prazer que ele contém, pode, acho, ser mais claramente explicitado pela consideração de outro ponto no qual o argumento do prof. Sidgwick é deficiente. O professor sustenta, como vimos, a proposição dúbia de que a condução (*conduciveness*) ao prazer de uma coisa está numa grosseira proporção à sua recomendação pelo Senso Comum. Mas ele não sustenta, o que seria inegavelmente falso, que a agradabilidade de cada estado está na proporção da recomendação desse estado. Em outras palavras, só quando você considera *toda a conseqüência de qualquer estado* é que ele fica apto a manter a coincidência da quantidade de prazer com os objetos aprovados pelo Senso Comum. Se considerarmos cada estado em si mesmo e perguntarmos qual é o julgamento do Senso Comum em relação à sua bondade *como um fim*, bem distante de sua bondade como um meio, não pode haver dúvida alguma de que o Senso Comum sustenta que muito menos estados prazerosos são melhores que outros muito mais prazerosos; que ele sustenta, com Mill, que existem prazeres mais elevados, que são mais valiosos, embora menos agradáveis que aqueles que são inferiores. O prof. Sidgwick pode, por certo, sustentar que nisso o Senso Comum está meramente confundindo meios e fins; que ele admite que o que é melhor como um fim é na realidade melhor como um meio. Mas acho que este seu argumento é deficiente por ele parecer não ver suficientemente claro que, no que diz respeito às intuições de bondade *como um fim*, ele vai largamente de encontro ao Senso Comum; ele não enfatiza suficientemente a distinção entre o agradável, prazeroso, *imediato e condução* ao prazer. A fim de colocar com justeza diante de nós a questão do que é o bom como um fim, devemos assumir estados que são imediatamente agradáveis e perguntar se o mais prazeroso é sempre o melhor; e se alguns parecem ser menos prazerosos como são na realidade, é apenas porque pensamos ser possível que aumentem o número dos mais prazerosos. Que o Senso Comum negará ambas suposições, e com toda a razão, me parece indubitável. Tem-se, comumente, que certas do que seriam chamadas de formas mais inferiores de prazer sexual, por exemplo, são positivamente más, embora não seja, de modo algum, claro que elas não sejam os estados mais agradáveis que já tenhamos experimentado. O Senso Comum não os consideraria com certeza, como justificação suficiente para o estudo do que o professor Sidgwick chama de "prazeres refinados" aqui e agora, que eles são os melhores meios para a futura conquista de um céu no qual não existiriam prazeres mais refinados — nenhuma contemplação da beleza, nenhuma afeição pessoal —, mas no qual, possivelmente, o maior de todos os prazeres seria obtido por uma indulgência perpétua na bestialidade. Mesmo assim, o prof. Sidgwick estaria inclinado a sustentar que, se o maior prazer possível pudesse ser obtido desta forma, e se ele fosse atingível, tal estado de coisas seria realmente um céu e todos os esforços humanos seriam devotados à sua realização. Eu arrisco o pensamento de que este ponto de vista é tão falso quanto paradoxal.

57. Parece-me, então, que se colocarmos diante de nós a questão: é a consciência do prazer o único bem? a resposta deve ser: não. E com isso a última defesa do hedonismo está rompida. A fim de colocar a questão com justeza, devemos isolar a consciência do prazer. Devemos perguntar: suponha que estivéssemos cônscios apenas do prazer e de nada mais, nem mesmo que *estivéssemos* cônscios, esse estado de coisas, conquanto grande em quantidade, seria desejável? Ninguém, creio, pode supor que sim; por outro lado, parece bem claro que consideramos como algo muito desejável vários estados mentais complicados nos quais a consciência do prazer está combinada com a consciência de outras coisas — estados que chamamos de "fruição disso e daquilo". Se isso for correto, segue-se, então, que a consciência do prazer não é o único bem e que muitos outros estados, nos quais se incluem como partes, lhe são muito melhores do que isso. Uma vez que reconheçamos o princípio das unidades orgânicas, qualquer objeção a essa conclusão fundada na suposição de que outros elementos de tais estados não têm valor em si mesmos, deve desaparecer. E ignoro se preciso dizer mais alguma coisa na refutação do hedonismo.

58. Só resta dizer algo das duas formas nas quais a doutrina hedonista é sustentada comumente – egoísmo e utilitarismo.

O egoísmo, como forma de hedonismo, é a doutrina que sustenta que cada um de nós deve buscar nossa maior felicidade como nosso fim essencial. A doutrina admitirá, certamente, que às vezes o melhor meio para este fim será dar prazer aos outros. Devemos, então, procurar para nós mesmos os prazeres da simpatia da liberdade de interferência e auto-estima. E esses prazeres, que podemos procurar, visando diretamente à felicidade de outras pessoas, podem ser maiores que os obtidos de outras maneiras. Egoísmo neste sentido deve ser cuidadosamente distinguido de Egoísmo em outro sentido, no sentido em que o Altruísmo é seu oposto direto. Egoísmo do modo como é comumente oposto ao Altruísmo está apto a denotar meramente egocentrismo ou egoísmo puro e simples. Nesse sentido, um homem é um egoísta se todas as suas ações só se dirigem para a obtenção de prazer para si mesmo, mesmo que mantenha que deva agir assim, porque, assim, conseguirá para si próprio a maior de todas as possíveis felicidades, ou não. O egoísmo pode, outrossim, ser usado para denotar a teoria de que devemos, sempre, visar ao prazer para nós mesmos, porque este é o melhor meio para o fim essencial máximo, quer o fim essencial seja nosso maior prazer ou não; o altruísmo, por outro lado, pode denotar a teoria de que devemos sempre visar à felicidade dos outros, com base em que esse é o melhor *meio* de garantir nossa própria felicidade e a deles. Assim sendo, um Egoísta, no sentido que estou agora dando ao Egoísmo, um Egoísta que sustenta que sua maior felicidade é o fim máximo, essencial, pode, ao mesmo tempo, ser um Altruísta: ele pode argumentar que deve "gostar de seu próximo" como o melhor meio para sua felicidade. E reciprocamente, um Egoísta, em outro sentido, pode ao mesmo tempo ser um Utilitarista. Ele pode sustentar que ele dirige, sempre, seus esforços em obter prazer para si mesmo na suposição de que ele está, assim, contribuindo para a soma total da felicidade.

59. Tecerei outros comentários a respeito desta segunda espécie de Egoísmo, este antialtruístico Egoísmo, este Egoísmo como uma doutrina de meios. O que me interessa, agora, é a distinção essencial deste outro tipo de Egoísmo que sustenta que cada homem deve racionalmente manter: minha maior felicidade é a única coisa que existe; minhas ações só podem ser bons meios, na medida em que me ajudam a conseguir isso. Esta é uma doutrina que não é muito considerada pelos escritores de hoje. Ela foi sustentada largamente pelos hedonistas ingleses nos séculos XVII e XVIII: é, por exemplo, a base da Ética de Hobbes. Mas até a escola inglesa parece ter dado um passo adiante, neste século: a maioria deles, hoje, é utilitarista. Reconhecem que se minha própria felicidade é um bem, seria estranho que a felicidade de outras pessoas não fosse também um bem.

A fim de expor totalmente o absurdo desta espécie de Egoísmo, é necessário examinar certas confusões de cuja plausibilidade depende.

A principal delas é a confusão envolvida na concepção de *meu próprio bem* como distinto *do bem de outros*. Esta é uma concepção que usamos todos os dias. É uma das primeiras a que o homem comum está apto a apelar na discussão de qualquer questão ética: e o egoísmo é comumente advogado particularmente porque o seu significado não é claramente percebido. Realmente, está claro que o nome Egoísmo se aplica, mais adequadamente, à teoria de que meu *próprio bem é* o único bem do que aquela em que meu prazer também é. Um homem pode, muito bem, ser um egoísta, mesmo que não seja um hedonista. A concepção que é, talvez, mais intimamente associada ao egoísmo é a que é denotada pelas palavras *meu próprio interesse*. O egoísta é o homem que sustenta que uma tendência em promover seu próprio interesse é a única e suficiente justificativa possível de todas as suas ações. Porém esta concepção de *meu próprio interesse* inclui claramente, no geral, muito mais que meu próprio prazer. É, na verdade, somente porque e até o ponto em que *meu próprio interesse* tem sido cogitado em consistir somente no meu prazer que os egoístas foram levados a manter que meu próprio prazer é o único bem. O curso de seu raciocínio é o seguinte: a única coisa que devo assegurar é o meu próprio interesse. Porém meu próprio interesse consiste no meu maior prazer possível. E, assim, a única coisa de que devo perseguir é meu próprio prazer. Isso é muito natural, em reflexão portanto, para identificar meu próprio prazer com meu próprio interesse; e que isso tem sido geralmente feito pelos *moralistas* modernos pode ser admitido; porém, quando o professor Sidgwick aponta isso (III.XIV.§ 5, Div. III), devia, também, salientar que esta identificação não foi feita pelo pensamento ordinário, de modo algum. Quando o homem comum diz *meu próprio interesse* – ele *não* quer dizer, comumente, *meu próprio prazer* – ele nem sequer inclui isso, comumente – ele quer dizer meu próprio progresso, minha própria reputação, a obtenção de melhor renda etc. etc. Que o prof. Sidgwick não tenha notado isso e que ele tenha dado as razões que deu para o fato de os antigos *moralistas* não identificarem *meu próprio interesse* com meu próprio prazer, parece ser devido a ele ter falhado em notar aquela confusão típica na concepção de *meu próprio bem* que estou, agora, destacando. Essa confusão, talvez, tenha sido percebida mais claramente por Platão que qualquer outro moralista e indicá-la é suficiente para refutar o ponto de vista do prof. Sidgwick de que o Egoísmo é racional.

O que, então, se quer dizer por *meu próprio bem?* Em que sentido pode uma coisa ser boa, *para mim?* É óbvio, se ponderarmos, que a única coisa que pode me pertencer, ser *minha, é* algo que é bom e não o fato de que seja boa. Portanto, quando falo de alguma coisa que obtenho como *meu próprio bem,* devo querer dizer que a coisa que obtenho é boa ou que minha posse dela é boa. Em ambos os casos é somente a coisa ou a posse da coisa que é *minha e não a bondade* daquela coisa ou daquela posse. Não existe mais nenhum significado em atribuir o meu ao nosso predicado e dizer: a posse disto *por mim é meu bem.* Mesmo se interpretarmos isto por *Minha posse disto é o que eu acho bom,* o mesmo se mantém: pois o *que* eu acho é que a minha posse *é simplesmente* bom; e, se raciocino corretamente, então a verdade é que a minha posse disso é simplesmente boa – não em qualquer sentido, *meu* bem; e, se raciocino erradamente, não é boa de modo algum. Em suma, quando falo de uma coisa como *meu próprio bem,* tudo o que quero dizer é que alguma coisa será exclusivamente minha, assim como meu próprio prazer é meu (sejam lá quais forem os vários sentidos denotados por esta *posse*), é também *absolutamente bom;* ou que minha posse é *boa absolutamente.* O *bem* dela não pode em nenhum sentido possível ser *privado* ou me pertencer mais que uma coisa que *exista* privadamente ou *para* uma pessoa apenas. A única razão que tenho para visar *meu próprio bem* é que é *absolutamente bom* aquilo que chamado assim me pertence – *bom absolutamente* que eu *tenho* algo, que, se o possuo, outros não podem tê-lo. Mas se é *absolutamente bom* que deva tê-lo, então qualquer um tem a mesma razão para querer tal posse, como eu a tenho. Portanto, se é verdade que o *interesse* ou *felicidade* de *qualquer* indivíduo que ele deva ser seu fim essencial, isso só pode significar que o *interesse* ou *felicidade daquele* homem é *o único bem,* o Deus Universal e a única coisa a que alguém deve visar. O que o Egoísmo sustenta é que a felicidade de *cada* indivíduo é o único bem – que muitas coisas diferentes são *cada* uma delas a única coisa boa que existe – uma contradição absoluta! Nenhuma refutação mais completa e exaustiva de qualquer teoria pode ser desejada.

60. Ainda assim, o prof. Sidgwick sustenta que o egoísmo é racional. E será usada brevemente para considerar as razões que ele dá para essa conclusão absurda. O Egoísta, diz ele (último Cap. § 1), "pode evitar a prova do utilitarismo, declinando em afirmar que, implícita ou explicitamente, sua felicidade maior não é o fim essencial racional para si mesmo, mas uma parte do Deus Universal". E na passagem à qual ele nos refere, como tendo "visto" isso, ele diz: "Não pode ser provado que a diferença entre sua própria felicidade e a de outrem não é para ele muito importante" (IV.II. § 1). O que o prof. Sidgwick quer dizer com frases como "o fim essencial racional para si mesmo" e *"para ele* muito importante"? Ele não tenta defini-las e é, largamente, o uso de tais frases indefinidas que causa os absurdos que se cometem na filosofia.

Existe algum sentido em que uma coisa possa ser um fim essencial racional para uma pessoa e não para outra? Por *essencial deve-se* querer dizer que aquele fim é bom em si mesmo – bom no nosso sentido indefinível. E por racional, no mínimo, que é verdadeiramente bom. Que uma coisa deva ser um fim essencial racional significa, então, que é realmente boa em si mesma e que é realmente boa em si mesma significa que é uma parte do Bem Universal. Podemos determinar àquela qualificação "para si mesmo" qualquer significado que a faça deixar de ser uma parte do Bem Universal? Isso é impossível: a felicidade egoísta deve *ou* ser boa em si mesma e portanto uma parte do Bem Universal *ou então* não pode, de forma alguma, ser boa em si mesma: não há como escapar desse dilema. E se não é boa de forma alguma, que razão ele pode ter em visá-la? Como pode ela ser um fim racional para ele? A qualificação "para si mesmo" não tem significado, a menos que implique *"não* para outrem"; e se implica nisso "não para outrem" então não pode ser um fim racional para ele, já que não pode ser verdadeiramente boa em si mesmo . A frase "um fim essencial racional para si mesmo" é uma contradição em termos. Dizer que uma coisa é um fim para uma determinada pessoa, ou boa para ela, só pode significar uma de quatro coisas: (1) que o fim em questão é algo que pertencerá exclusivamente a ele; mas, nesse caso, deve-lhe ser racional visá-lo que a sua posse exclusiva tem que ser uma parte do Bem Universal. Ou (2) pode significar que é a única coisa que ele deve buscar; mas isso só pode ser, porque, ao agir assim, ele fará o máximo possível para compreender o Bem Universal: e isso, em nosso caso, só fará ao egoísmo uma doutrina *de meios.* Ou (3) pode significar que a coisa é o que ele deseja ou pensa ser bom; então, se pensar erradamente, não é um fim racional de modo algum e, se pensar corretamente, é uma parte do Bem Universal. Ou (4) pode significar que é peculiarmente apropriado que uma coisa que lhe pertencerá exclusivamente deva também ser aprovada ou buscada por ela; só que, neste caso, ela deve lhe pertencer e que ele deva buscá-la devem ser partes do Bem Universal: todas as duas. Ao dizer que uma certa relação entre duas coisas é adequada ou apropriada, podemos apenas significar que a existência dessa retração é absolutamente boa em si mesma (a menos que seja como meio, que é o caso [2]). Não há nenhum significado possível, então, que dado à frase que sua própria felicidade é o fim essencial racional em si mesmo, que possa, em hipótese alguma, fazer o egoísta escapar da implicação de que sua própria felicidade é absolutamente boa; e ao dizer que isso é *o* fim essencial racional, deve significar que é a única coisa boa – o todo do Bem Universal e, se ele continua sustentando que a felicidade de cada homem é o fim essencial racional para *ele*, temos a contradição fundamental do egoísmo – que um número imenso de coisas diferentes são, *cada* uma delas, *o único bem* – E é fácil ver que as mesmas considerações aplicam-se à frase que "a diferença entre sua própria felicidade e a de outro *é para ele* totalmente importante". Isso só pode significar que (1) sua própria felicidade é o único fim que o afetará ou (2) que a única coisa importante para ele (como um meio) é visar sua própria felicidade ou (3) que é a sua própria felicidade a única coisa com a qual se preocupa ou (4) que é bom que a felicidade de cada indivíduo seja a única preocupação daquele homem. Nenhuma dessas proposições reais como possam ser, têm a menor tendência possível para mostrar que se sua própria felicidade é desejável, de alguma forma, não é parte do Bem Universal. Ou sua própria felicidade é uma coisa boa ou não é; e, em qualquer sentido que possa ser totalmente importante para ele, deve ser verdade que, se não é bom, ele não tem justificativa para buscá-la, e que, se é bom, todo mundo tem razão igual para buscá-la, tanto quanto estejam aptos e tanto quanto não excluam suas ligações com outras partes mais valiosas do Bem Universal. Em suma, é claro que a adição de "para ele", "para "mim" a tais palavras como "fim essencial racional", "bom" "importante" pode nada introduzir, a não ser confusão. A única razão possível que pode justificar qualquer ação é que por ela a maior quantidade possível do que é absolutamente bom pode ser realizada. E se alguém diz que a obtenção de sua própria felicidade justifica suas ações, ele deve querer dizer que isso é a maior quantidade possível de Bem Universal que ele pode realizar. Novamente, isso só pode ser verdade porque ele não tem poder para realizar mais quando, então, ele tem o Egoísmo como uma doutrina de meios; ou, então, porque sua própria felicidade é a maior quantidade de Bem Universal que possa ser realizada e neste caso temos o próprio Egoísmo e a flagrante contradição de que a felicidade de cada pessoa *é simplesmente* a maior quantidade possível de Bem Universal que se possa realizar.

61. Deve-se observar que, desde que isso é assim, "a relação do Egoísta Racional com a Benevolência Racional", que o prof. Sidgwick considera "como o problema mais profundo da Ética (III.xiii § 5, n. l), aparece sob uma luz bem diferente daquela na qual ele a apresenta. "Mesmo se um homem", diz ele, "admite a auto-evidência do princípio da Benevolência Racional, ele ainda pode sustentar que sua própria felicidade é um fim que lhe é irracional sacrificar a qualquer outro; e que, portanto, uma harmonia entre o máximo da Prudência e o máximo da Benevolência Racional deve ser demonstrado de alguma forma, se a moralidade deve ser tornada completamente racional. Este último ponto de vista é aquele que sustento" (último Cap. § 1). O prof. Sidgwick parte então para demonstrar "que a inseparável conexão entre o Dever Utilitário e a maior felicidade do indivíduo que se conforma a isso não pode ser satisfatoriamente demonstrado em bases empíricas" (*idem,* § 3). E o parágrafo final de seu livro nos diz que, desde que "a reconciliação do dever e do interesse pessoal deve ser considerada como uma hipótese logicamente necessária para evitar uma *contradição* em um departamento central de nosso pensamento, permanece o fato de perguntar-se até que ponto essa necessidade constitui razão suficiente para se aceitar esta hipótese" (*ib.*, § 5). "Assumir a existência disso de um tal Ser, como Deus, no *consenso* dos teólogos, pode ser concebível", garantida, ele já afirmou, a requerida reconciliação; desde que as Sanções Divinas de um tal Deus "sejam, por certo, suficientes para tornar, sempre, o interesse de cada um promover a felicidade universal ao máximo de seu conhecimento" (ib. § 5).

O que é que essas Sanções Divinas poderiam garantir em relação à "reconciliação do dever e interesse pessoal?" Consistiria no mero fato de que a mesma conduta que produziu a maior felicidade possível para o maior número produziria sempre, também, a maior felicidade possível do agente. Se esse fosse o caso (e nosso conhecimento empírico mostra que não é o caso, neste mundo), "moralidade" seria, pensa o prof. Sidgwick, "completamente racional". Devemos evitar uma contradição essencial e fundamental em nossas aparentes intuições do que é razoável em conduta. Vale dizer, devemos evitar a necessidade de pensar que se trata de uma manifesta obrigação assegurar nossa maior Felicidade (máximo de Prudência), como estando assegurando a maior Felicidade possível no todo (máximo de Benevolência). Mas está perfeitamente evidenciado que não devemos. Aqui, o prof. Sidgwick comete a característica falácia do Empirismo – a falácia de se pensar que uma alteração *nos fatos* pode fazer com que uma contradição deixe de ser uma contradição. Que a felicidade de um só homem deve ser o *único bem* e que a felicidade de todo mundo deve ser o *único bem,* é uma contradição que não pode ser resolvida pela assunção de que a mesma conduta garantirá ambas: seria igualmente contraditório, conquanto certos estivéssemos que essa assunção se justificasse. O prof. Sidgwick tenta apanhar um mosquito e engole um camelo. Ele acha que a Onipotência Divina pode ser chamada para participar da segurança de que o que dá prazer a outros deva-lhe dar também – que só assim a Ética pode ser tornada racional; ele ignora o fato de que mesmo esse ato da Onipotência Divina deixaria a Ética em contradição, por comparação com o que suas dificuldades são um sopro – uma contradição, que reduziria toda a Ética a simples tolice e ante a qual a Onipotência Divina deve ser impotente por toda a eternidade. Que a felicidade de *cada* homem deva ser o *único bem,* que já vimos ser o princípio do Egoísmo, é em si mesmo uma contradição; e que deva, também, ser verdade que a Felicidade de todos é *o único bem,* que é o princípio do hedonismo universalista, introduziria outra contradição. E que essas proposições devam ser todas verdadeiras pode, muito bem, ser chamada de "o mais profundo problema da Ética"; seria, necessariamente, um problema insolúvel. Mas *não podem* ser todos verdadeiros e não há razão, só confusão, para a suposição de que o sejam. O prof. Sidgwick confunde esta contradição com o mero fato (no qual não há contradição) que a nossa maior felicidade e a de todos não parece sempre obtenível pelos mesmos meios. Este fato, se a Felicidade fosse o único bem, seria, realmente, de alguma importância. Porém não passam de exemplos de um fato importante que, neste mundo de quantificação de bem que é conseguido, é ridiculamente pequeno comparado com o que é imaginável. Que eu não posso conseguir o maior prazer possível para mim, se eu produzir o maior prazer possível no todo, deixa de ser o mais profundo problema da Ética, que aquele que, em qualquer caso, não posso conseguir tanto prazer juntamente como seria desejável. Isso apenas afirma que, se conseguirmos tanto mais bem quanto possível em um lugar, poderemos obter menos no todo, porque a quantidade de bem obtenível é limitada. Dizer que tenho de escolher entre meu próprio bem e aquele de *todos* é uma antítese falsa: a única questão racional é como escolher entre o meu próprio e o *dos outros* e o princípio no qual isso deve ser respondido é exatamente o mesmo no qual devo escolher se devo dar prazer a esta pessoa ou a outra.

62. Está claro, pois, que a doutrina do Egoísmo é autocontraditória; e uma razão pela qual isso não é percebido é uma confusão relativa ao significado da frase "meu próprio bem". E pode ser observado que esta confusão e a negligência desta contradição estão necessariamente envolvidas na transição do hedonismo naturalista, como é comumente considerado, para o utilitarismo. Mill, por exemplo, como vimos, declara: "Cada pessoa, enquanto acreditar ser isso possível de ser obtido, deseja sua própria felicidade" (p. 53). E oferece isso como uma razão de por que a felicidade geral é desejável. Já vimos que considerá-la como tal envolve, em primeiro lugar, a falácia naturalista. Mas, mais ainda, mesmo que essa falácia não fosse uma falácia, poderia ser apenas uma razão para o egoísmo e não para o utilitarismo. O argumento de Mill é o seguinte: Um homem deseja sua própria felicidade; conseqüentemente, sua própria felicidade é desejável. E mais: um homem deseja somente sua felicidade; assim sua felicidade é desejada sozinha. Devemos agora nos lembrar de que todo mundo, segundo Mill, também deseja sua própria felicidade; segue-se, então, que a felicidade de todo mundo é isoladamente desejável. E isso é simplesmente uma contradição em termos. Consideremos apenas seu significado. A felicidade de cada homem é a única coisa desejável; várias coisas diferentes são *cada* uma delas a *única* coisa desejável. Esta é a contradição fundamental do egoísmo. A fim de pensar que seus argumentos tendem a provar não o egoísmo mas o utilitarismo, Mill deve pensar que ele pode inferir da proposição "A felicidade de cada homem é seu próprio bem", a proposição "A felicidade de todos é o bem de todos"; ao passo que, de fato, se entendemos o que "seu próprio bem" significa, é claro que a última só pode ser inferida de "A felicidade de todos é o bem de cada um". O hedonismo naturalista, então, leva, logicamente, apenas ao egoísmo. Certamente, um naturalista pode sustentar que aquilo a que visamos foi simplesmente "prazer" não o nosso prazer; *e que,* sempre assumindo a falácia naturalista, daria um campo sem objeção para o utilitarismo. Mas, mais comumente, ele sustentará que é o seu próprio prazer que ele deseja, ou no mínimo, confundirá este com o outro; então será levado, logicamente, a adotar o egoísmo e não o utilitarismo.

63. A segunda causa que tenho de dar por que razão o egoísmo deve ser considerado razoável é simplesmente sua confusão com a outra espécie de egoísmo – o egoísmo como uma doutrina de meios. Esse segundo egoísmo tem todo o direito de dizer: "Você deve procurar sua própria felicidade, às vezes em todos os acontecimentos". Pode até dizer: "Sempre". Quando o encontramos dizendo isso ficamos aptos a esquecer sua condição, o que significa somente como um meio para outra coisa qualquer. O fato é que estamos num estado imperfeito; não podemos obter o ideal imediatamente. Assim, é sempre nosso dever; freqüentemente nós *devemos absolutamente* fazer coisas que são boas somente ou especialmente como meios: temos de fazer o melhor que pudermos, o que é absolutamente "certo", mas não o que é absolutamente bom. Retornarei a isso posteriormente. Apenas o mencionei aqui porque acho muito mais plausível dizer que devemos procurar nosso prazer antes como um meio que como um fim, e que esta doutrina, pela confusão, cede um pouco de sua plausibilidade à totalmente diferente doutrina do egoísmo propriamente dito: Meu próprio prazer máximo é a única coisa boa.

64. Chega de egoísmo. Não há muito ainda a se dizer do utilitarismo; dois pontos, porém, podem merecer atenção.

O primeiro é que este nome, como o do egoísmo, não sugere naturalmente que todas as nossas ações devam ser julgadas segundo o grau em que signifiquem um meio para o *prazer.* Seu significado natural é que o padrão de certo e errado em conduta é a sua tendência em promover o *interesse* de todo mundo. E por *interesse* entende-se comumente uma variedade de bens diferentes, classificados juntos só porque são o que o homem comumente deseja para si mesmo, enquanto seu desejo não tem aquela qualidade "psicológica" que é tida como "moral". O "útil", então, quer dizer, e foi usado na Ética antiga sistematicamente com esse significado, que é um meio para a consecução de outros bens que não os bens morais. Uma assunção bem injustificável é que esses bens são apenas bons como meios para o prazer ou que sejam assim, comumente, considerados. A razão principal para se adotar o nome "Utilitarismo" foi, na verdade, meramente a de enfatizar o fato de que condutas certas ou erradas devem ser julgadas por seus resultados – como meios em oposição ao ponto de vista estritamente intuicionista de que certos modos de ação estavam certos e outros errados, quaisquer que fossem o seu resultado. Insistindo nisso, em que o que é direito, ou certo, deve ser o que produz o melhor resultado possível, o utilitarismo está, portanto, plenamente justificado. Mas com esta posição correta foi associado, histórica e muito naturalmente, um duplo erro. (1) Assume-se que os melhores resultados possíveis consistem apenas numa classe limitada de bens, coincidindo tenuemente com os agora distinguidos popularmente como o resultado de ações meramente "úteis" "interessadas". Novamente, isso foi assumido apressadamente como sendo bom apenas como meio para o prazer. (2) Os utilitaristas tendem a considerar tudo como meio apenas, desconsiderando o fato de que algumas coisas que são boas como meios, também são boas como fins. Assim, por exemplo, assumindo que o prazer seja um bem, existe uma tendência em valorizar o prazer presente somente como meio para o prazer futuro e não, como é estritamente necessário se o prazer é bem como um fim, também *pesá-lo contra* possíveis prazeres futuros. Muitos argumentos utilitaristas envolvem o absurdo lógico que o que está aqui e agora, nunca tem valor algum por si mesmo, mas é, apenas, para ser julgado por suas conseqüências; o que, novamente, por certo, quando acontecem, não teriam valor algum em si mesmas, seriam, apenas, meios para um futuro ainda distante e por aí a fora *ad infinitum.*

O segundo ponto merecedor de atenção, em relação ao utilitarismo é que, quando o nome é usado para uma forma de hedonismo, comumente, mesmo na descrição de seus *fins,* não distingue com exatidão entre meios e fim. Sua fórmula melhor conhecida é que o resultado pelo qual ações devem ser julgadas é "a maior felicidade para o maior número". Mas é certo que, se o prazer é o único bem, desde que a quantidade seja igualmente grande, um resultado igualmente desejável teria sido obtido quer fosse desfrutado por poucos ou por muitos ou mesmo se por ninguém. Está claro que, se devemos buscar a maior das felicidades para o maior número, no princípio hedonista, isso só pode ser por que a existência do prazer para um grande número de pessoas parece ser o melhor *meio* disponível para conseguir-se a existência da maior quantidade possível de prazer. Este pode, na verdade, ser o caso. Mas é justo suspeitar que os utilitaristas tenham sido influenciados na sua adoção do princípio hedonista, por esta falha em distinguir claramente entre prazer e consciência do prazer e sua posse por uma pessoa. É ainda mais fácil considerar a posse do prazer por multas pessoas como o único bem, que considerar a mera existência de um número igualmente grande de prazer. Se, realmente, tivéssemos de aceitar o princípio utilitarista estritamente, e assumi-lo como significando a posse do prazer por muitas pessoas como sendo um bem em si mesmo, o princípio não é hedonista: ele inclui, como parte necessária do fim essencial, a existência de um número de pessoas e isso incluirá muitíssimo mais do que mero prazer.

Como é em geral considerado, o Utilitarismo deve ser entendido como sustentando que a mera consciência do prazer ou a consciência do prazer, juntamente com um mínimo adjunto que possa ser considerado pela existência de tal consciência em no mínimo por uma *pessoa*, é o *único bem.* Esta é a sua significância como doutrina ética; e como tal já foi contestada na minha refutação ao hedonismo. O máximo que se pode dizer a seu favor é que não conduz ao engano, seriamente, em suas conclusões práticas, com apoio em que, como fato empírico, o método de agir que traz o maior bem no todo também traz o maior prazer. Os utilitaristas, realmente, devotam geralmente a maior parte de seus argumentos a mostrar que o curso da ação que trará o maior prazer é, no geral, o que o senso comum aprovará. Já vimos que o prof. Sidgwick apela a este fato para tentar mostrar que o prazer é o único bem; e nós também já vimos que não tende a demonstrar isso. Vimos como são frágeis os demais argumentos avançados para esta proposição; e que, se considerados adequadamente por si mesmos, parecem bem ridículos. E ademais que as ações que produzem o maior bem no todo venham também a produzir o maior prazer, é extremamente duvidoso. Os argumentos tendentes a demonstrar isso são todos mais ou menos viciados pela assunção de que o que parece serem as condições necessárias para a realização do prazer maior em futuro próximo, continuarão, sempre, a ser assim. Mesmo com esta assunção viciosa, só conseguem construir um caso altamente problemático. Como, portanto, este fato será explicado, se houver um tal fato, não deve nos preocupar. É suficiente termos mostrado que vários estados mentais complexos são muito mais valiosos que os prazeres que contêm. Se isso é assim, *nenhuma forma de hedonismo pode ser verdadeira*. E desde que a orientação prática propiciada pelo prazer como um *critério* é pequena em proporção às tentativas calculadas para ser precisa, podemos muito bem, aguardar investigações futuras, antes de adotar uma orientação, cuja utilidade é muito duvidosa e de cuja confiança temos toda razão para suspeitar.

65. Os pontos mais importantes a que me dediquei a estabelecer neste capítulo são os que seguem. (1) O hedonismo deve ser definido estritamente como uma doutrina de que o "Prazer é a única coisa que é boa em si mesma": esta visão parece dever sua prevalência principalmente à falácia naturalista e os argumentos de Mill podem ser tidos como um tipo daqueles que são falaciosos neste sentido; Sidgwick, sozinho, o tem defendido sem cometer essa falácia e sua refutação final deve, portanto, indicar os erros em seus argumentos (36-38). (2) O "utilitarismo" de Mill é criticado por ter mostrado (*a*) que ele comete a falácia naturalista ao identificar "desejável" com "desejado"; (*b*) que o prazer não é o único objeto do desejo. Os argumentos comuns a favor do hedonismo parecem repousar nestes dois erros (39-44). (3) O hedonismo é considerado como uma "intuição" e tem indicado (*a*) que a permissão de Mill de que alguns prazeres são inferiores em qualidade a outros implica que é uma intuição e "uma intuição e uma intuição falsa (46-48); (*b*) que Sidgwick falha no distinguir "prazer" da "consciência do prazer" e que é um absurdo considerar o primeiro, de todas as maneiras, como o único bem (49-52); (*c*) que parece igualmente absurdo considerar "a consciência do prazer" como o único bem, desde que, se assim fosse, um mundo onde nada mais existisse deveria ser absolutamente perfeito. Sidgwick falha em se colocar esta questão que é a única decisiva e clara (53-57). (4) O que é comumente considerado como sendo os dois tipos principais de hedonismo, especialmente egoísmo e utilitarismo, não são somente diferentes um do outro mas estritamente contraditórios; desde que o primeiro afirma "Meu maior prazer é o *único* bem", o último "O maior de todos os prazeres é o *único* bem. O egoísmo parece dever sua plausibilidade, em parte, à falha no observar-se esta contradição – uma falha que é exemplificada por Sidgwick: em parte devido a uma confusão do egoísmo com uma doutrina de fim, com o mesmo como uma doutrina de meios. Se o hedonismo é verdadeiro, o Egoísmo não pode sê-lo; se o hedonismo é falso, com menos razão, ainda, pode sê-lo. O *fim* do utilitarismo, por outro lado, se o hedonismo fosse verdadeiro, "o seria, realmente, o melhor concebível, mas o melhor possível para ser promovido por nós; mas é refutado pela refutação do hedonismo (58-64).

CAPÍTULO IV

ÉTICA METAFÍSICA

66. Neste capítulo, proponho lidar com um tipo de teoria ética que é exemplificada pelo ponto de vista ético dos estóicos, de Spinoza, de Kant e especialmente de muitos escritores modernos, cujos pontos de vista a este respeito são, na maioria, influenciados poderosamente por Hegel. Estas teorias éticas têm isto em comum: usam alguma proposição *metafísica* como suporte para inferirem alguma proposição fundamental da Ética. Todas sugerem, e muitas sustentam expressamente, que a verdade ética segue logicamente as verdades metafísicas – que a Ética deveria ser baseada na *Metafísica*. E o resultado é que todos eles descrevem o Bem Supremo em termos *metafísicos*.

O que, então, deve-se entender por "metafísico"? Uso o termo, como explicado no Capítulo II, em oposição a "natural". Chamo esses filósofos preeminentemente "metafísicos" por terem reconhecido mais claramente que nem tudo que é, *é* um "objeto natural". Os "metafísicos" têm, portanto, o grande mérito de insistirem que nosso conhecimento não está confinado às coisas que podemos tocar, ver e sentir. Eles sempre estiveram muito ocupados, não só com aquela outra classe de objetos naturais que consistem de fatos mentais, mas, também, com a classe de objetos ou propriedades de objetos que certamente não existem no tempo, não são, portanto, parte da Natureza e que, de fato, não *existem* de modo algum. A esta classe, como já disse, pertence o que queremos dizer pelo adjetivo "bom". Não é *bondade*, mas somente as coisas ou qualidades que são boas, que podem existir no tempo – podem ter duração e começar e deixar de existir – podem ser objetos de *percepção*. Porém os membros mais proeminentes desta classe são, talvez, números. É indubitável que dois objetos naturais possam existir; é, também, igualmente certo que *dois*, de essência idêntica em si mesmos, existam ou possam existir.

Dois e dois *são* quatro. Só que isso não significa que dois ou quatro existam. Contudo, certamente significam *alguma coisa*. De alguma forma dois *é*, embora não exista. E não são, apenas, simples termos de proposições – os objetos pelos quais conhecemos a verdade – que pertencem a esta classe. As verdades que conhecemos a seu respeito formam, talvez, uma subdivisão ainda mais importante. Nenhuma verdade, de fato, existe, mas esta é uma peculiaridade do óbvio em relação a verdades como "dois e dois são quatro", na qual os objetos, a respeito dos quais são verdades, também não existem. É com o reconhecimento de verdades como estas – chamadas de universais – e de sua dessemelhança essencial com o que podemos ver, sentir e tocar, que a metafísica propriamente dita começa. Essas verdades "universais" sempre tiveram uma imensa participação no raciocínio dos metafísicos desde o tempo de Platão e têm chamado a atenção para a diferença entre essas verdades e o que chamei "objetos naturais"; é sua contribuição principal para o conhecimento que os distingue da outra classe de filósofos – filósofos "empíricos" – à qual a maioria dos ingleses tem pertencido.

No entanto, se temos de definir a "metafísica" pelas contribuições que já fez ao conhecimento, deveremos dizer que ela enfatizou a importância de objetos que de qualquer modo não existem; os próprios metafísicos não reconhecem isso. Eles, realmente, reconheceram e insistiram que existem, ou podem existir, objetos de conhecimento que não *existem no tempo*, ou, no mínimo, que não podemos perceber; e no reconhecimento da *possibilidade* destes, como um objeto de investigação, têm, pode-se admitir, prestado um serviço à humanidade. Mas, em geral, supuseram que seja lá o que for que não exista no tempo, deve, no mínimo, *existir* em outro lugar, deve *ser* de algum modo – que, o que quer que não exista na Natureza, deve existir em alguma realidade supra-sensível, seja ela infinita ou não. Conseqüentemente, sustentam que as verdades com as quais têm se ocupado, acima dos objetos de percepção, eram, de certa forma, verdades a respeito de alguma realidade supra-sensível. Se, portanto, devemos definir "metafísica", não pelo que realizou, mas pelo que tem tentado, devemos dizer que consiste na tentativa de obter conhecimento através dos processos de raciocínio, daquilo que existe mas *não* faz parte da Natureza. Os metafísicos têm realmente sustentado que poderiam nos dar tal conhecimento de existência não natural. Afirmam que sua ciência consiste em nos dar tal conhecimento, mas que pode ser amparado pela razão, daquela realidade supra-sensível da qual a religião professa nos dar um conhecimento mais completo, sem razão alguma que o justifique. Portanto, quando falo das proposições "metafísicas", falo de proposições a respeito da existência de algo supra-sensível – de algo que não é um objeto de percepção e que não pode ser inferido do que é objeto de percepção através das mesmas regras de inferência pelas quais inferimos o passado e o futuro do que chamamos "Natureza". E quando falo de termos "metafísicos", quero dizer termos que se referem às qualidades de tal realidade supra-sensível, que não pertencem a coisa alguma "natural". Admito que a "metafísica" deva investigar que as razões podem existir para se acreditar em tal realidade supra-sensível, uma vez que afirmo que seu campo de estudo peculiar é a verdade a respeito de todos os objetos que não são objetos naturais. Acho que a característica mais proeminente da metafísica, na história, tem sido sua dedicação em *provar* a verdade a respeito de *existentes* não-naturais. Logo, defino *metafísica* por uma referência à *realidade* supra-sensível, embora eu ache que os únicos objetos não-naturais em relação aos quais ela teve sucesso em obter verdades, são exatamente os objetos sem existência alguma.

Tudo isso, espero, será suficiente para explicar o que quero dizer com o termo *metafísica* e mostrar que ele se refere a uma distinção clara e importante. Não foi necessário para meus propósitos tornar a definição exaustiva ou demonstrar que ela corresponde na essência ao uso estabelecido. A distinção entre "Natureza" e a realidade supra-sensível é bem familiar e muito importante, e já que a metafísica dedica-se a *provar* coisas relacionadas a uma realidade supra-sensível, e desde que cuide amplamente de verdades que *não* são meros fatos naturais, é claro que seus argumentos e erros (se houver algum), serão de uma espécie mais sutil que aquelas das quais tenho tratado com o nome de "Naturalismo". Por estas duas razões parece conveniente tratar da *Ética Metafísica* por si mesma.

67. Já disse que aqueles sistemas da Ética, que proponho chamar de "Metafísicos", se caracterizam pelo fato de descreverem o Bem Supremo em termos "metafísicos"; e isto foi agora explicado como significando que eles o descrevem em termos de alguma coisa que (dizem eles) existe, mas não se encontra na Natureza – em termos de uma realidade supra-sensível. Uma *Ética Metafísica* é marcada pelo fato de fazer a asserção: O que seria perfeitamente bom é algo que existe, mas não é natural; aquilo que tem alguma característica possuída por uma realidade supra-sensível. Tal asserção foi feita pelos estóicos quando afirmaram que uma vida de acordo com a Natureza era perfeita. Só que eles não entendiam "Natureza" no mesmo sentido que a defini, mas como algo supra-sensível cuja existência inferiram e que sustentam ser perfeitamente bom. Tal asserção, mais uma vez é feita por Spinoza, que nos diz que somos mais ou menos perfeitos, na proporção em que estejamos, mais ou menos, intimamente ligados à Sustância Absoluta pelo "amor intelectual" de Deus. Tal asserção é feita por Kant quando nos diz que seu *Reinado dos Fins* é o ideal. E o mesmo, finalmente, é feito pelos escritores modernos que nos dizem que o fim perfeito e último é compreender nosso *verdadeiro* eu – um eu diferente de todo e qualquer parte do que existe aqui e agora na Natureza.

Agora, está claro que tais princípios éticos têm um mérito que o naturalismo não possui, o de reconhecer que para bondade perfeita se exige muito mais do que qualquer quantidade do que existe aqui e agora ou pode ser inferido como provavelmente existente no futuro. E, além disso, é bem possível que suas afirmações sejam verdadeiras, se somente as compreendermos como afirmando que algo que é real possui todas as características necessárias para a bondade perfeita. Mas isso não é tudo o que afirmam. Eles também concluem, como já disse, que esta proposição ética *decorre* de alguma proposição que é metafísica: que a questão "O que é real?" tem algum suporte lógico sobre a questão "O que é bom?". Foi por essa razão que descrevi a "Ética Metafísica", no Capítulo II, como estando baseada na falácia naturalista. Mantendo-o à parte de qualquer proposição que afirme "A realidade é desta natureza", podemos inferir que, ou obter confirmação de que, qualquer proposição afirmando "Isto é bom por si mesmo", incide na falácia naturalista. E que um conhecimento do que é real supre razões para sustentar certas coisas como boas em si mesmas está implícito ou afirmado por tudo que define o Bem Supremo em termos metafísicos. Esta contenção é parte do que significa dizer que a Ética deve se "basear" na Metafísica. Significa que algum conhecimento da realidade supra-sensível é necessário *como uma premissa* para conclusões corretas do que deve existir. Esta visão é, por exemplo, claramente externada pelas seguintes afirmações: "A verdade é que a teoria da Ética que parece mais satisfatória tem uma base metafísica. Se apoiarmos nossa visão da Ética na idéia do desenvolvimento do eu ideal ou do universo racional, o significado disso não pode ser tornado inteiramente aparente sem um exame metafísico da natureza: *nem pode sua validade ser estabelecida, exceto por uma discussão da realidade do universo racional* (J. S. Mackenzie, *A Manual of Ethics*, 4ª ed., p. 431, destaques meus)". A validade de uma conclusão ética sobre a natureza do ideal, está aqui afirmado, não pode ser estabelecida, exceto ao se considerar a questão de que seu ideal é *real*. Semelhante asserção envolve a falácia naturalista. Assenta-se na falha em perceber que qualquer verdade que afirme "Isto é bom em si mesmo" é bem única em espécie – e não pode ser reduzida a qualquer afirmação a respeito da realidade e, assim, deve permanecer intocável por quaisquer conclusões que possamos alcançar a respeito da natureza da realidade. Esta confusão quanto à natureza única da verdade ética é, tenho dito, envolvida com todas as teorias éticas que chamei de metafísicas. É claro que, exceto por certa confusão da espécie, ninguém pensaria valer a pena sequer descrever o Bem Supremo em termos metafísicos. Se, por exemplo, dizem-nos que o ideal consiste na compreensão do "eu verdadeiro", supõe que as próprias palavras sugerem que o fato de que o eu em questão é *verdadeiro* têm algum apoio no fato de que é bom. Toda verdade ética que possa ser exprimida por uma tal asserção seria, igualmente, exprimida por dizer que o ideal consistia na realização de uma espécie particular de eu, de ego, que poderia ser real ou puramente imaginário. "Ética Metafísica", então, envolve a suposição de que a Ética pode ser *baseada* na Metafísica e nossa primeira preocupação com ela é tornar claro que esta suposição deve ser falsa.

68. De que maneira a natureza de realidade supra-sensível pode ter relação com a Ética?

Distingui duas espécies de questões éticas, que são muito comumente confundidas entre si. A Ética, como é comumente entendida, tem de responder a ambas as perguntas: "O que deve ser?" e "O que devemos fazer?" A segunda destas perguntas só pode ser respondida considerando-se que efeitos nossas ações terão. Uma resposta completa a ela nos apresentaria àquele departamento da Ética que pode ser chamado de a doutrina de *meios* ou Ética prática. E com base nesse departamento de indagação ética está claro que a natureza de uma realidade supra-sensível pode ter uma relação. Se, por exemplo, a Metafísica puder nos dizer não só que somos imortais, mas também, em certo grau, que efeitos nossas ações nesta vida terão sobre nossa condição no futuro, tal informação teria, sem dúvida alguma, relação com a questão que acabamos de formular.

As doutrinas cristãs do céu e do inferno são, nesse sentido, altamente relevantes para a Ética prática. Mas vale a pena notar que as doutrinas mais características da Metafísica ou não têm relação com a Ética prática ou têm uma relação puramente negativa – envolvendo a conclusão de que não existe nada que possamos fazer, de modo algum. Elas professam dizer-nos a natureza não de uma realidade futura, mas de que é eterna e que, portanto, nenhuma de nossas ações pode ter o poder de alterar. Tal informação *pode* realmente ter relevância para a Ética prática, mas deve ser de uma espécie puramente negativa. Pois, se ela afirma não só que semelhante realidade eterna existe, mas também, como é comumente o caso, que nada mais é real – que nada tem sido, é agora, ou será real no tempo – então, realmente, decorrerá que nada que possamos fazer nos trará, jamais, bem algum a viver. Pois é certo que nossas ações só podem afetar o futuro; e se nada pode ser real no futuro, não podemos, certamente, esperar tornar qualquer bem real. Daí decorrerá, então, que não há nada que possamos fazer. Não podemos, possivelmente, fazer qualquer bem, nem nossos esforços, nem qualquer resultado que eles pareçam ter, tem qualquer existência real. Mas essa conseqüência, embora decorra estritamente de várias doutrinas metafísicas, raramente é enunciada. Ainda que um metafísico possa dizer que nada é real exceto o que é eterno, geralmente admitirá que existe alguma realidade, também no tempo, e sua doutrina de uma realidade eterna não precisa interferir na Ética prática, se admitir que, por melhor que seja a realidade eterna, algumas coisas, ainda assim, também existirão no tempo e que a existência de alguns será melhor que a de outros. É, porém, importante insistir neste ponto, porque raramente ele é totalmente compreendido.

Se se sustentar que existe alguma validade na Ética prática – que qualquer proposição que afirme "devemos fazer isto e isto" pode ter alguma verdade – esta afirmação somente pode ser consistente com a Metafísica de uma realidade eterna sob duas condições. Uma delas é (1) que a verdadeira realidade eterna, que deve nos guiar, não pode, como se infere ao chamá-la de verdadeira, ser a *única* realidade verdadeira. Pois uma regra moral, levando-nos a cumprir um certo fim, só pode ser justificada, se é possível que este fim deva, no mínimo, ser parcialmente cumprido. A menos que nossos esforços possam afetar a existência *real* de algum bem, conquanto pequeno, não temos, certamente, razão para fazê-los. E se a realidade eterna é a única realidade, então nenhum bem pode existir, possivelmente, no tempo: só nos pode ser dito para tentar trazer à existência alguma coisa que sabemos, de antemão, não ter existência possível. Se for dito que o existente no tempo só pode ser uma manifestação da verdadeira realidade, deve-se ao menos permitir que essa manifestação seja outra realidade verdadeira – um bem que podemos, realmente, tornar existente; pois a produção de algo tão irreal, mesmo se fosse possível, não pode ser um fim razoável de ação. Mas, se a manifestação daquilo que existe eternamente *é* real, então o que existe eternamente não é a única realidade.

E a segunda condição que decorre de tal princípio metafísico da Ética é (2) que a realidade eterna não pode ser perfeita – não pode ser o único bem. Pois como uma regra razoável de conduta exige que o que nos dizem para cumprir deve ser capaz de ser verdadeiramente real, assim exige que a realização do ideal seja realmente boa. É, apenas, que o que *pode* ser realizado por nossos esforços – o surgimento do eterno no tempo, ou seja lá o que se permitir conseguir – é que deve ser verdadeiramente bom, se é para valer nossos esforços. Que a realidade eterna é boa, não justificaria de modo algum visarmos suas manifestações, a menos que a própria manifestação possa ser também boa. Pois a manifestação é diferente da realidade: sua diferença é percebida quando nos dizem que ela pode tornar existente, enquanto que a própria realidade existe inalteravelmente. E a existência dessa manifestação é a única coisa que podemos esperar tornar efetiva: isso também se admite. Se, conseqüentemente, o aforismo moral deve ser justificado, é a existência dessa manifestação, enquanto distinta da existência de sua correspondente realidade, que deve ser verdadeiramente boa. A realidade pode ser boa também, mas para justificar a afirmação de que devemos produzir qualquer coisa, deve-se sustentar que exatamente aquela coisa em si mesma, e não outra coisa que possa lhe ser semelhante, é verdadeiramente boa. Se não é verdade que a existência da manifestação acrescentará algo à soma de bem no Universo, então não temos razão alguma para procurar torná-la existente; e se é verdade que trará algo para a soma de bem, então a existência daquilo que é eterno não pode ser, em si mesmo, perfeito – não pode incluir conjunto de bens possíveis.

A Metafísica, então, terá uma relação com ética prática – com a questão do que devemos fazer – se puder nos dizer alguma coisa a respeito das conseqüências futuras de nossas ações além do que pode ser estabelecido pelo raciocínio indutivo ordinário. Mas as doutrinas metafísicas mais características, as que professam nos falar não a respeito do futuro mas a respeito da natureza de uma realidade eterna, podem não ter relação alguma com esta questão prática ou, então, devem ter um efeito puramente destrutivo. Pois é claro que o que existe eternamente não pode ser afetado por nossas ações e só o que é afetado por nossas ações pode ter uma relação sobre seu valor enquanto meio. Todavia a natureza de uma realidade eterna não admite interferência nos resultados de nossas ações, exceto até o ponto em que nos possa, também, dar informações sobre o futuro (e como isso pode ser feito não está claro), ou então, se como de costume, se mantém ser a única realidade e o único bem, mostra que nenhum resultado de nossas ações pode ter qualquer valor.

69. Todavia esse efeito sobre a Ética prática, tal como é, não é o que significa comumente quando se proclama que a Ética deve se basear na Metafísica. Não é a asserção desta relação que tomei como característica da Ética Metafísica. O que os escritores metafísicos mantêm em comum não é meramente que a Metafísica pode nos ajudar a decidir que efeitos nossas ações terão, mas que ela pode nos dizer quais, entre os efeitos possíveis, serão bons e quais serão maus. Eles professam que a Metafísica é uma base necessária para uma resposta àquela outra e fundamental questão ética: O que deve ser? O que é bom por si mesmo? Que nenhuma verdade a respeito do que é real pode ter qualquer relação lógica sobre a resposta a esta questão já ficou provado no Capítulo I. Supor que tenha, implica na falácia naturalista. Tudo que nos resta fazer, portanto, é expor os erros principais que parecem ter dado plausibilidade a esta falácia em sua forma metafísica. Se perguntarmos: que efeito pode a Metafísica ter sobre a questão "O que é bom?", a única resposta possível é: óbvia e absolutamente nenhum. Podemos apenas esperar reforçar a convicção de que esta resposta é a única verdadeira, respondendo à pergunta: Por que se supõe que tenha tal relação? Verificaremos que os escritores metafísicos parecem ter falhado na distinção entre esta primeira questão ética: O que é bom? de várias outras questões, e indicar estas distinções servirá para confirmar a visão de que sua pretensão em basear a Ética na Metafísica se deve exclusivamente à confusão.

70. E, primeiramente, existe uma ambigüidade na própria questão: O que é bom? A essa questão parece ter sido atribuída alguma influência. A questão pode significar: Quais entre as coisas existentes são boas? Ou então: Que *espécie de* coisas são boas, quais são as coisas que, sejam reais ou não, devem ser reais? E destas duas questões, está claro que, para responder à primeira, devemos saber tanto a resposta para a segunda como também para a questão: O que é real? Ela nos pede um catálogo de todas as coisas boas do Universo e para responder é preciso que saibamos tanto que coisas existem no Universo como também quais delas são boas. Sobre essa questão, então, nossa Metafísica teria uma relação, se ela pudesse nos dizer o que é real. Ela nos ajudaria a completar a lista das coisas que são tanto reais quanto boas. No entanto, fazer tal lista não é da competência da Ética. Até o ponto em que indaga "O que é bom?", seu interesse termina ao completar a lista de coisas que devam existir ou não. E se nossa Metafísica deve ter qualquer relação com esta parte do problema ético, deve ser porque o fato de que algo é real dá uma razão para pensar que ele ou algo mais é bom, seja ou não real. É impossível que um tal fato possa dar qualquer dessas razões, mas pode-se suspeitar que a suposição contrária foi encorajada pela falha em distinguir entre a asserção "Isto é bom", quando significa "*Esta espécie de coisas* é boa" ou "Isto seria bom, se existisse" e a asserção "Essa coisa existente é boa". A última proposição obviamente não pode ser verdadeira, a menos que a coisa exista e, então, a prova da existência da coisa é um passo necessário para sua prova. Ambas as proposições, porém, a despeito da imensa diferença entre elas, são comumente expressas nos mesmos termos. Usamos as mesmas palavras, quando fazemos uma proposição ética a respeito de um assunto que é verdadeiramente real e quando a fazemos a respeito de um assunto considerado como meramente possível.

Nesta ambigüidade de linguagem temos, então, uma possível fonte de erro com vistas à relação de verdades que afirmam a realidade sobre aquelas que afirmam a bondade. E que esta ambigüidade é realmente negligenciada por aqueles escritores metafísicos que professam que o Bem Supremo consiste em uma eterna realidade pode ser demonstrado da seguinte maneira. Vimos, ao considerarmos a possível relação da Metafísica com a Ética Prática que, uma vez que o que existe eternamente não pode, possivelmente, ser afetado por nossas ações, nenhum aforismo prático pode, possivelmente, ser verdadeiro, se a única realidade é eterna. Este fato, como disse, é comumente negligenciado pelos escritores metafísicos; eles afirmam ambas as proposições contraditórias: que a única realidade é eterna e que sua realização no futuro é um bem também. Como vimos, o prof. Mackenzie afirma que devemos fixar à realização do "verdadeiro eu" ou "o universo racional" e, ainda assim, o prof. Mackenzie sustenta, como a palavra "verdadeiro" implica claramente, que tanto "o eu verdadeiro" como "o universo racional" são eternamente reais. Aqui temos uma contradição na suposição de que o que é eternamente real pode ser realizado no futuro e, comparativamente, não tem importância se ou não acrescentarmos a isso a contradição posterior envolvida na suposição de que o eterno é uma única realidade. Que tal contradição deva ser suposta como válida pode apenas ser explicada por uma negligência da distinção entre um objeto real e o caráter que tal objeto real possui. *O que* é eternamente real pode, de fato, ser realizado no futuro, se isso significar unicamente a *espécie de coisa* que é eternamente real. Mas quando afirmamos que uma coisa é boa, o que estamos dizendo é que a sua existência ou realidade é boa e a existência eterna de uma coisa não pode, possivelmente, ser o mesmo bem que a existência no tempo do que, em um sendo necessário, é contudo, a *mesma* coisa. Portanto, quando nos dizem que a realização futura do *verdadeiro* eu é bom, isto pode significar, no máximo, apenas que a futura realização de um eu *exatamente como* o eu, que é verdadeiro e existe eternamente, é bom. Se este fato fosse claramente apresentado, em vez de consistentemente ignorado por aqueles que advogam a visão de que o Bem Supremo pode ser definido nesses termos metafísicos, parece provável que a visão de que um conhecimento da realidade é necessário para um conhecimento de que o Bem Supremo perderia parte de sua plausibilidade. Aquilo a que devemos visar não pode, possivelmente, ser aquilo que é eternamente real, mesmo que seja exatamente igual; e que a realidade eterna não pode, possivelmente, ser o único bem – estas duas proposições parecem diminuir sensivelmente a probabilidade de que a Ética deva se basear na Metafísica. Não é muito plausível manter que pelo fato de uma coisa ser real, conseqüentemente algo que lhe seja semelhante, e que não é real, seja bom. Parece, portanto, que algo da plausibilidade da Ética Metafísica pode ser razoavelmente atribuído à falha em observar a ambigüidade verbal, pela qual "Isto é bom" pode significar tanto "Esta coisa real é boa" ou "A existência desta coisa (exista ou não) seria boa."

71. Expondo essa ambigüidade, então, estamos aptos a ver mais claramente o que deve ser entendido pela questão: pode a Ética se basear na Metafísica? E estamos, portanto, mais à vontade para encontrar a resposta correta. É claro, agora, que um princípio metafísico da Ética que diga "Esta realidade eterna é o Bem Supremo" só pode significar "alguma coisa semelhante a esta realidade eterna seria o Bem Supremo". Estamos agora prontos para entender tais princípios como tendo o único significado que podem ter, consistente e particularmente, ao descreverem a espécie de coisa que deve existir no futuro e que devemos tentar trazer à tona. E ao ser isso claramente reconhecido, parece mais evidente que o conhecimento de que tal espécie de coisa é também eternamente real, não pode nos ajudar a decidir adequadamente a questão ética: É a existência dessa coisa uma coisa boa? Se pudermos ver que uma realidade eterna é boa, podemos ver, igualmente, uma vez que a idéia de tal coisa nos tenha sido sugerida, que *seria* boa. A construção metafísica da Realidade seria, portanto, bastante útil para a finalidade da Ética, se fosse mera construção de uma Utopia imaginária: desde que a espécie de coisa sugerida seja a mesma, a ficção é tão útil quanto a verdade, por nos prover matéria sobre a qual exercitemos o julgamento de valor. Embora admitamos que a Metafísica possa servir a uma finalidade ética ao sugerir coisas, que de outra maneira não nos teriam ocorrido mas que, quando nos sugeridas, vemos que são boas, contudo, não é como Metafísica – ao pretendermos dizer o que é real – que ela tem esse uso. E, de fato, a busca da verdade deve limitar a utilidade da Metafísica a esse respeito. Por loucas e extravagantes que sejam as asserções que os metafísicos têm feito acerca da realidade, não se deve supor que não tenham sido dissuadidos de torná-las ainda mais loucas, pela idéia de que era seu compromisso nada dizer além da verdade. Mas quão mais loucas sejam e menos úteis para a Metafísica, mais úteis serão para a Ética; desde que, para termos certeza de que não neglicenciamos coisa alguma na descrição de nosso ideal, deveríamos ter ante nós um campo tão amplo quando possível de coisas sugeridas. É provável que esta utilidade da Metafísica, no sugerir ideais possíveis, pode, às vezes ser o que é tido pela asserção de que a Ética deveria se basear na Metafísica. Não é incomum descobrir que aquilo que sugere uma verdade é confundido com aquilo do qual logicamente depende; e eu já indiquei que a Metafísica tem, em geral, esta superioridade sobre os sistemas naturalistas que concebem o Bem Supremo como algo que difere mais amplamente daquilo que existe aqui e agora. Mas se for reconhecido que, neste sentido, a Ética deva, muito mais enfaticamente, ser *baseada* na ficção, os metafísicos admitirão, eu acho, que uma conexão desta espécie entre Metafísica e Ética não justificaria, em hipótese alguma, a importância que atribuem à relação de um estudo sobre outro.

72. Podemos, então, atribuir o preconceito obstinado de que um conhecimento da realidade supersensível é um passo necessário ao conhecimento do que é bom em si mesmo, parcialmente a um fracasso em perceber que o objeto do julgamento posterior não é nada *real* como tal, e em parte à falha em distinguir a causa da nossa percepção de uma verdade a partir da razão de por que ela é verdadeira. Mas estas duas causas levar-nos-ão somente a um caminho muito certo em nossa explanação do por que se supõe que a Metafísica tenha uma relação com a Ética. A primeira explicação que dei só com a suposição de que a realidade de uma coisa é uma *condição necessária* para a sua bondade. Esta suposição é, realmente, feita com muita freqüência; verificamos que geralmente se pressupõe que, a menos que se possa demonstrar que uma coisa está envolvida na constituição da realidade, ela não pode ser boa. E, portanto, vale a pena insistir que este não é o caso: que a Metafísica não é mesmo necessária ao fornecimento de *parte* da base da Ética. Porém, quando os metafísicos falam em basear a Ética na Metafísica, geralmente querem dizer muito mais que isso. Em geral dizem que a Metafísica é a *única* base da Ética – que ela supre não só uma condição necessária mas *todas* as condições necessárias à prova de que as coisas certas são boas. E esta visão pode, à primeira vista, parecer ser mantida de duas formas diferentes. Pode se afirmar que, meramente, para se provar uma coisa supra-sensivelmente real é suficiente provar que ela é boa: que o verdadeiramente real deve, por essa razão somente, ser verdadeiramente bom. Mas, mais comumente, parece afirmar-se que o real deve ser bom porque possui certas características. E podemos, acho, reduzir a primeira espécie de asserção a nada além disso. Quando se afirma que o real deve ser bom, porque é real, geralmente afirma-se também que isto é só porque, para ser real, deve ser de uma certa espécie. O raciocínio pelo qual se considera que uma indagação metafísica pode dar uma conclusão ética é da seguinte forma. Partindo da consideração do que deve ser real, podemos inferir que o que é real deve ter certas propriedades supra-sensíveis; mas ter estas propriedades é idêntico a ser bom – é o próprio significado da palavra: segue-se, portanto, que aquilo que tem essas propriedades é bom; e dessa consideração do que deve ser real, podemos, novamente, inferir o que é que têm essas propriedades. É claro que, se tal raciocínio fosse correto, qualquer resposta que se pudesse dar à pergunta "O que é bom em si mesmo?" poderia ser obtida através de uma discussão puramente metafísica e por isso tão-somente. Do mesmo modo, quando Mill supôs que "ser bom" *significa* "ser desejado", a questão "O que é bom?" poderia ser e deve ser respondida apenas por uma investigação empírica da questão do que foi desejado; da mesma forma, aqui, se ser bom significa propriedade supra-sensível, a questão ética, pode e deve ser respondida por uma investigação metafísica da questão. O que tem esta propriedade? O que, então, resta a ser feito para destruir a plausibilidade da Ética Metafísica é expor os erros principais que parecem ter levado os metafísicos a supor que ser bom *significa* possuir alguma propriedade supra-sensível.

73. Quais são, então, as razões principais que fizeram parecer plausível sustentar que ser bom deve *significar* possuir alguma propriedade supra-sensível ou estar relacionado a alguma realidade supra-sensível?

Primeiramente, podemos notar o que parece ter tido alguma influência no causar a visão de que o bom deve ser definido por *alguma* dessas propriedades, embora não sugira qualquer propriedade *particular* como a requerida. Esta razão repousa na suposição de que a proposição "Isto é bom" ou "Isto seria bom, se existisse" deve, sob certo aspecto, ser do mesmo tipo das outras proposições. O fato é que existe um tipo de proposição tão familiar a todo mundo e, portanto, tendo uma atração forte para a imaginação, que os filósofos sempre supuseram que todos os outros tipos devem ser reduzidos a ela. Este tipo é dos objetos da experiência – de todas aquelas verdades que ocupam nossa mente pela parte imensamente maior de nossas vidas: verdades como as de que alguém está na sala, que estou escrevendo ou comendo ou conversando. Todas essas verdades, conquanto muitas delas possam diferir, têm em comum que nelas tanto o sujeito gramatical quanto o predicado gramatical significam algo que existe. O tipo mais imensamente comum de verdade, então, é o que afirma uma relação entre duas coisas existentes. Verdades éticas são imediatamente sentidas como não se conformando a esse tipo e a falácia naturalista surge da tentativa de fazê-las, de algum modo tortuoso, confirma-se a ele. É imediatamente óbvio que, quando vemos uma coisa ser boa, sua bondade não é uma propriedade que possamos tomar em nossas mãos ou extraí-la, mesmo com o mais delicado dos instrumentos científicos, e transferir para outra coisa qualquer. Não é, realmente, como a maioria dos predicados que atribuímos às coisas, *uma parte* da coisa à qual o atribuímos. Porém, filósofos supõem que a razão pela qual não podemos pegar a bondade e andar com ela para todos os lados, não é porque ela é um objeto de uma espécie diferente daqueles que podem ser movimentados, mas somente que ela *necessariamente* existe juntamente com qualquer coisa com a qual existe. Explicam o tipo de verdades éticas supondo-o idêntico ao tipo de leis científicas. E é somente quando fazem isso que os propriamente ditos filósofos naturalistas – os que são empíricos – e aqueles que chamei de "metafísicos" se separam. Estas duas classes de filósofos realmente diferem em relação à natureza das leis científicas. A primeira classe tende a supor que quando diz "Isto sempre acompanha aquilo" querem dizer apenas "Isto tem acompanhado, o faz agora e acompanhará aquilo nestas situações especiais"; eles reduzem a lei científica bem simples e diretamente ao tipo familiar de proposição que salientei. Mas isso não satisfaz os metafísicos. Eles acham que quando você diz "Isto acompanharia aquilo, *se* aquilo existisse", você não quer dizer apenas que isto e que aquilo existam e existirão juntos tantas vezes. Mas está mesmo além de suas forças acreditar que o que você quer dizer é meramente o que você diz. Eles ainda pensam que você deve querer dizer, de uma forma ou de outra, que algo realmente existe, desde que isso é o que você geralmente quer dizer quando diz alguma coisa. Eles são tão incapazes quanto os empíricos de imaginar que você possa sempre querer dizer que 2 + 2 = 4. Os empíricos dizem que isso significa que tantos pares de coisas têm em cada caso sido quatro coisas; e, que por essa razão, 2 e 2 não fariam 4, a menos que essas coisas tenham precisamente existido. Os metafísicos acham que isso é errado; mas eles mesmos não têm uma avaliação melhor de seu significado para dar do que, com Leibniz, que a mente de Deus encontra-se em certo estado ou, com Kant, que a sua mente encontra-se em certo estado ou, finalmente, com Mr. Bradley, que algo está em um certo estado. Aqui, então, temos a raiz da falácia naturalista. Os metafísicos possuem o mérito de enxergarem que quando você diz "Isto seria bom, se existisse", você não pode estar querendo dizer meramente "isto existiu e foi desejado", por mais que este possa ter sido o caso. Admitirão que algumas coisas boas não existiram neste mundo e até que algumas possam não ter sido desejadas. Mas o que você pode querer dizer, exceto que *alguma coisa* existe, eles realmente não podem ver. Precisamente o mesmo erro que os leva a supor que deve *existir* uma Realidade suprasensível, leva-os a cometer a falácia naturalista em relação ao significado de "bom". Toda verdade, pensam eles, deve, de alguma forma, significar que alguma coisa existe e, diferentemente dos empíricos, desde que reconheçam algumas verdades que não significam que algo existe aqui e agora, estas, eles acham devem significar que alguma coisa existe *não* aqui e agora. Com base no mesmo princípio, uma vez que "bom" é um predicado que não existe nem pode existir, estão inclinados a supor que "ser bom" significa estar relacionado a alguma outra coisa em particular que pode existir e existe "na realidade", ou, então, apenas significa "pertencer ao mundo real" – aquela bondade é transcendida ou absorvida na realidade.

74. Que tal redução de *todas* as proposições ao tipo daquelas que afirmam que algo existe ou que algo que existe tem um certo atributo (que significa, que ambos existem numa certa relação de um com o outro), é errôneo, pode ser visto facilmente por referência à classe particular de proposições éticas. Para o que quer que possamos ter provado que existe, e quaisquer que sejam as duas existências que possamos ter provado estarem necessariamente ligadas entre si, resta ainda uma questão distinta e diferente: se o que assim existe é bom; se uma das duas ou ambas as existências são assim e se é bom que devam existir juntas. Afirmar uma *não* é clara e obviamente a mesma coisa que afirmar a outra. Compreendemos o que queremos dizer ao perguntar: Isto, que existe ou existe necessariamente, afinal das contas, é bom? E percebemos que levantamos uma questão que *não* foi respondida. Face a esta percepção direta de que as duas questões são distintas, nenhuma prova de que *devem* ser idênticas pode ter o mínimo valor. Que a proposição "Isto é bom" é, assim, distinta de toda outra proposição ficou provado no Capítulo I e posso, agora, ilustrar esse fato indicando como é diferente de duas proposições particulares com as quais tem sido comumente indicadas. Que isso e aquilo *deve ser feito* é chamado comumente de *lei* moral e esta frase sugere, naturalmente, que esta proposição é de algum modo análoga ou a uma lei natural ou a uma lei no sentido legal ou a ambas. Todas as três, de fato, são realmente análogas em um e somente em um aspecto: que elas incluem uma proposição que é *universal*. Uma lei moral afirma "Isto é bom *em todos os casos*", uma lei natural afirma "isto acontece *em todos os casos*", e uma lei, no sentido legal, "Ordena-se que isto seja feito, ou que não se faça, *em todos os casos*". Mas desde que é muito natural supor que a analogia se estenda adiante e que a asserção "Isto é bom em todos os casos" é equivalente à asserção "Isto acontece em todos os casos" ou à asserção "Ordena-se que isto seja feito ou que não se faça, em todos os casos", pode ser útil demonstrar brevemente que elas *não* são equivalentes.

75. A falácia de supor-se uma lei moral análoga à lei natural em relação à afirmação de que alguma ação é aquela que é sempre necessariamente feita está contida em uma das mais famosas doutrinas de Kant. Kant identifica o que deve ser com a lei segundo a qual uma Vontade Livre ou Pura *deve* agir – com a única espécie de ação que a ela é possível. E por esta identificação ele não quer apenas afirmar que a Vontade Livre está, *também,* sob a necessidade de fazer o que deve; ele quer dizer que o que ela deve fazer não *significa* nada exceto sua própria lei – a lei segundo a qual ela deve agir. Isso difere da vontade humana justamente em que o que *devemos* fazer é o que *ela* necessariamente faz. É "autônomo" e por isso se entende (entre outras coisas) que não existe um padrão separado pelo qual se pode julgar: que a questão "A lei pela qual esta Vontade age é boa?"', em seu caso, sem sentido. Daí decorre que o que é necessariamente desejado por esta Vontade Pura é bom, não *porque* aquela Vontade é boa, nem por qualquer outra razão; mas simplesmente porque é o que é necessariamente desejado por uma Vontade Pura.

A afirmação de Kant da "Autonomia da Razão Prática" tem, portanto, o efeito exatamente oposto daquilo que ele desejava: torna sua Ética finalmente e incorrigivelmente "heterônoma". Sua Lei Moral é "independente" da Metafísica somente no sentido em que, segundo ele, podemos *conhecê-la* independentemente; ele sustenta que podemos apenas inferir que há Liberdade a partir do fato de que a Lei Moral é verdadeira. E enquanto ele mantenha estritamente esta visão, ele evita o erro no qual a maioria dos escritores metafísicos incidem, de opinar a respeito do que é real para influenciar seus julgamentos do que é bom. Mas ele deixa de perceber que, em sua visão, a Lei Moral é dependente da Liberdade em um sentido muitíssimo mais importante do que aquele no qual a Liberdade depende da Lei Moral. Ele admite que a Liberdade é a *ratio essendi* da Lei moral, enquanto esta é apenas a *ratio cognoscendi* da Liberdade. E isso significa que, a menos que a Realidade seja tal como ele diz, nenhuma asserção de que "Isto é bom" pode, possivelmente, ser verdadeira: pode, na verdade, não ter significado algum. Assim, ele tem alimentado seus oponentes com um método conclusivo de atacar a validade da Lei Moral. Se eles pudessem, ao menos, demonstrar por algum outro meio (que ele nega ser possível, mas o deixa teoricamente aberto) que a natureza da Realidade não é como ele diz, não poderia negar que eles tivessem provado que seu princípio ético é falso. Se aquela "Isto tem que ser feito" *significa* "Isto é desejado por uma Vontade Livre", então, se se puder demonstrar que não existe "Vontade Livre" que deseja qualquer coisa, segue-se que nada deve ser feito.

76. E Kant também comete a falácia de supor que "Isto deve ser" significa "Isto é ordenado". Ele concebe a Lei Moral como um Imperativo. E este é um erro muito comum. "Isto deve ser" assume-se, deve significar "Isto é ordenado"; portanto, nada seria bom, a menos que fosse ordenado e desde que ordens neste mundo são passíveis de erro, o que deve ser em seu sentido final significa "o que é ordenado por alguma autoridade verdadeira supra-sensível". Em relação a essa autoridade, não é mais possível, então, perguntar "É correto?" Suas ordens não podem deixar de ser certas, porque estar certo significa ser o que ela ordena. Portanto, aqui supõe-se que a lei, no sentido moral, é análoga à lei no sentido legal, do que, em última instância, à lei no sentido natural. Supõe-se que a obrigação moral é análoga à obrigação legal, apenas com a diferença de que, enquanto a fonte da obrigação legal é terrena, a da obrigação moral é celestial. Contudo, é óbvio que se, por fonte de obrigação, se entende apenas uma força que o liga ou compele a fazer uma coisa, não é porque isso acontece que você deve obedecê-la. Somente se ela for, em si mesma, muito boa, que ordena e dê força somente ao que é bom, é que ela pode ser uma fonte de obrigação moral. E nesse caso, o que ela comanda e reforça seria bom, seja ou não comandado e reforçado. Certo é que o que o torna uma obrigação legal, a saber o fato de que é comandado por uma certa espécie de autoridade, é inteiramente irrelevante para uma certa espécie de autoridade, é inteiramente irrelevante para uma obrigação moral. Qualquer que seja a definição de autoridade, suas ordens serão *moralmente* obrigatórias somente se forem moralmente obrigatórias; só se nos disserem o que deve ser ou qual é o meio pelo qual deva ser.

77. Neste último erro, na suposição de que quando digo "Você deve fazer isto" quero necessariamente dizer "ordeno-lhe que você faça isto", temos uma das razões que têm levado à suposição de que a propriedade particular supra-sensível em referência à qual o bom deve ser definido como Vontade. E que conclusões éticas podem ser obtidas investigando-se a natureza de uma Vontade fundamentalmente real parecer ser, de longe, a mais comum das assunções da Ética Metafísica atualmente. Mas esta assunção parece dever sua plausibilidade, não tanto à suposição de que "deve" expressa uma "ordem", mas a um erro muitíssimo mais fundamental. Este erro consiste na suposição de que atribuir certos predicados a uma coisa é o mesmo que dizer que aquela coisa é o objeto de um certo tipo de estado psíquico. Supõe-se que dizer que uma coisa é real ou verdadeira é dizer que é conhecida de um certo modo; e que a diferença entre a asserção de que é bom e a asserção de que é real – entre, portanto, uma proposição ética e uma metafísica – *consiste* no ato de que enquanto a última afirma, sua relação com a Cognição, a anterior afirma sua relação com a Vontade.

Ora, que isso é um erro já foi demonstrado no Capítulo I. Que a asserção "Isto é bom" *não* é idêntica à asserção "Isto é desejado", seja por uma vontade supra-sensível, ou por outro lado, por nenhuma outra proposição, foi provado; nem posso acrescentar nada. Porém, face a essa prova pode-se antecipar que duas linhas de defesa podem ser assumidas. (1) Pode-se sustentar que, não obstante, elas são realmente idênticas, e podem se indicar fatos que parecem provar essa identidade. Ou então (2) pode-se dizer que uma identidade *absoluta* não é sustentada: que só significa afirmar que existe uma conexão especial entre vontade e bondade, tal como fazer de uma investigação da natureza real da primeira um passo essencial na prova de conclusões éticas. Para enfrentar essas duas possíveis objeções, proponho, primeiro, mostrar que há ou pode haver conexões possíveis entre bondade e vontade, e que nenhuma delas pode justificar nossa afirmação de que "Isto é bom" é idêntico a "Isto é desejado". Por outro lado parecerá que algumas delas podem ser confundidas facilmente com esta asserção de identidade e que, portanto, a confusão é bem provável tenha ocorrido. Esta parte do meu argumento, portanto, irá já, de algum modo, ao encontro da segunda objeção. Porém, o que deve ser conclusivo contra isso é mostrar que qualquer conexão possível entre vontade e bondade, *exceto* a identidade *absoluta* em questão, não seria suficiente para dar a uma indagação sobre a Vontade a menor relevância à prova de qualquer conclusão ética.

78. Tem sido costumeiro, desde o tempo de Kant, afirmar que a Cognição, a Volição e o Sentimento são três atitudes mentais fundamentalmente distintas em relação à realidade. São três maneiras diferentes de experimentação e cada uma delas nos informa de um aspecto distinto sob o qual a realidade pode ser considerada. O método "Epistemológico" de abordagem da Metafísica repousa na suposição de que, ao considerar-se o que está "implícito" na Cognição – que é o seu "ideal" – podemos descobrir que propriedades o mundo deve ter, se deve ser *verdadeiro*. E similarmente sustenta-se que, ao considerar-se o que está "implícito no" fato de Querer ou Sentir – que é o ideal que pressupõem – podemos descobrir que propriedades o mundo deve ter, se deve ser bom ou belo.

216

O epistemólogo idealista ortodoxo difere do sensualista ou empírico ao sustentar que o que conhecemos diretamente não é totalmente verdadeiro nem toda a verdade; para rejeitar o falso e descobrir verdades ulteriores, não devemos, diz ele, tomar a cognição meramente como ela se apresenta, mas descobrir o que está nela *implícito*. Similarmente, o eticista metafísico ortodoxo difere do mero naturalista, ao sustentar que nem tudo o que realmente desejamos é bom, nem, se for bom, completamente bom; que o que é realmente bom é o que está implícito na natureza essencial da vontade. Outros acham que o Sentimento e não a Vontade é o *datum* fundamental para a Ética. Todavia, em qualquer dos casos, concorda-se que a Ética tem alguma relação com a Vontade ou o Sentimento que não tem com a Cognição e que outros objetos de estudo têm com ela. Vontade ou Sentimento, por um lado, e Cognição, por outro, são considerados, de algum modo, como fontes e coordenadas de conhecimento filosófico, uma da filosofia prática, a outra da filosofia teórica.

O que pode, possivelmente, significar esta visão?

79. Antes de tudo, exatamente como pode significar que, por reflexo de nossa experiência perceptiva e sensorial, tornamo-nos cientes da distinção entre verdade e falsidade, assim é, por reflexo de nossas experiências em sentir e querer, que nos tornamos cientes das distinções éticas. Não deveríamos saber o que significa pensar uma coisa melhor que a outra, a menos que a atitude de nossa vontade ou sentimento em relação a uma coisa fosse diferente de sua atitude em relação à outra. Tudo isso pode ser admitido. Mas, até agora, temos somente o fato psicológico de que é apenas *porque* queremos ou sentimos coisas de uma certa maneira que sempre iremos considerá-las boas; da mesma forma que é somente porque temos certas experiências de percepção, que chegamos a considerar coisas como verdadeiras. Aqui, então, está uma conexão especial entre vontade e bondade; mas é apenas uma conexão *causal* – pois vontade é uma condição necessária à cognição de bondade.

Mas pode-se acrescentar que vontade e sentimento não são apenas a origem de cognições de vontade, mas que querer uma coisa, ou ter um certo sentimento por uma coisa, é *o mesmo* que considerá-la boa. E pode-se admitir que até isto é *geralmente* verdadeiro de certo modo. Parece ser verdade que raramente pensamos numa coisa como boa, e jamais, muito decididamente, sem que ao mesmo tempo tenhamos uma atitude especial de sentir ou querer em relação a ela; embora não seja certamente o caso de isso ser universalmente verdadeiro. E o contrário pode possivelmente ser verdade universalmente: pode ser o caso de que uma percepção de bondade esteja incluída nos fatos complexos que entendemos por querer e por possuírem certos tipos de sentimento. Admitamos, então, que considerar uma coisa boa e querê-la sejam *a mesma coisa* neste sentido, que, sempre que o último ocorre, o primeiro também ocorre como sua *parte*; e mesmo que sejam *geralmente a mesma coisa* no sentido inverso, quando o primeiro ocorre é geralmente como uma parte do segundo.

80. Estes fatos podem parecer dar apoio à asserção geral de que pensar que uma coisa é boa é preferi-la ou aprová-la, no sentido em que preferência e aprovação denotam certas espécies de querer ou sentimento. Parece ser sempre verdade, quando assim preferimos e aprovamos, que está embutido nesse fato o fato de que pensamos que é bom; e é certamente verdadeiro, em uma imensa maioria de casos, que quando pensamos que é bom, também preferimos ou aprovamos. É bastante natural, então, dizer que pensar que é bom é preferir. E o que é mais natural do que acrescentar: Quando digo que uma coisa é boa, quero *dizer* que a prefiro? Ainda assim esta adição natural envolve uma confusão enorme. Mesmo se for verdade que pensar que é bom é o mesmo que preferir (o que, como já vimos, *nunca* é verdade no sentido de que sejam absolutamente idênticos; e nem *sempre* verdadeiro, mesmo no sentido de que jamais ocorrem juntos), mesmo assim não é verdade que o *que* você pensa, quando pensa que uma coisa é boa, é *porque* a prefere. Mesmo se o seu pensamento de que a coisa é boa seja o mesmo que sua preferência, ainda assim a bondade da coisa – a *daquela* em que está pensando – exatamente pela mesma razão, *não* é o mesmo que sua preferência por ela. Tenha você ou não um certo pensamento, é uma questão; e se o que você pensa é verdade é outra questão muito diferente, sobre a qual a resposta à primeira não tem a menor relação. O fato de você preferir uma coisa não tende a mostrar que ela é boa, mesmo que mostre que você pensa assim.

Parece ser devido a esta confusão que a pergunta "O que é bom?" é tida com sendo idêntica à questão "O que é preferido?". Diz-se, com verdade suficiente, que você nunca saberia que uma coisa é boa, a menos que a preferisse, da mesma forma que jamais saberia que uma coisa existiu, a menos que a percebesse. Mas acrescenta-se, e isto é falso, que você jamais saberia como uma coisa era boa, a menos que você *soubesse* que a preferiu ou que ela existisse, a menos que você *soubesse* que a percebeu. E acresce-se, finalmente, e isto é absolutamente falso, que você não pode distinguir o fato de que uma coisa é boa do fato de preferi-la, ou o fato de que ela existe do fato de que você a percebe. Freqüentemente indica-se que, em qualquer dado momento, não posso distinguir o que é verdade do que penso que seja: e isto é verdade. Mas, embora não possa distinguir o *que* é do *que* acho que seja, posso sempre distinguir o que quero dizer ao dizer *que* é verdade do que dizer que quero dizer ao dizer *que* penso assim. Pois compreendo o significado da suposição de que o que penso ser verdade pode, assim mesmo, ser falso. Quando afirmo, portanto, que é verdade, quero afirmar algo diferente do fato de que penso assim. O *que* penso, especificamente, *que* alguma coisa é verdadeira, é sempre muito distinto do fato do que penso dela. A asserção de que é verdade não *inclui* igualmente a asserção de que a penso assim; embora, naturalmente, sempre que penso que uma coisa é verdadeira, é, de fato, também verdade que penso nela. Esta proposição tautológica que, para que uma coisa seja pensada como verdadeira, é necessário que seja pensada, é, no entanto, comumente identificada com a proposição de que, para uma coisa *ser* verdadeira, é necessário que seja pensada. Uma reflexão muito pequena deve ser suficiente para convencer qualquer pessoa de que esta identificação é errônea; e um pouco mais revelará que, se for, devemos considerar por "verdade" algo que não inclua qualquer referência ao pensamento ou qualquer outro fato psíquico. Pode ser difícil descobrir precisamente o *que* que queremos dizer – manter o objeto em questão diante de nós, a fim de compará-lo com outros objetos, mas que queremos significar algo distinto e único não comporta mais dúvida alguma. Que "ser verdadeiro" *significa* ser pensado de uma certa maneira é, portanto, certamente falso. Mesmo assim, esta afirmação desempenha a parte mais essencial na *Revolução Copérnica* de Kant, da filosofia, e torna inteiramente inútil toda a massa da literatura moderna, que brotou dessa revolução e que é chamada de Epistemologia. Kant sustenta que o que foi unificado de certa maneira pela atividade sintética do pensamento foi, *ipso facto*, verdadeiro: que esse era o verdadeiro significado da palavra. Mesmo que seja claro que a única conexão que possivelmente possa se sustentar entre ser verdadeiro e ser pensado de uma certa maneira é que o último deve ser um *critério* ou teste do primeiro. Todavia, a fim de estabelecer que assim é, seria necessário estabelecer, pelos métodos de indução, que o que era verdade foi sempre pensado de um certo modo. A Moderna Epistemologia dispensa esta longa e difícil investigação ao custo de uma assunção autocontraditória de que "verdade" e o critério de verdade são uma e a mesma coisa.

81. Então, é muito natural, embora uma suposição absolutamente falsa, que para uma coisa *ser* verdade é o mesmo que ser percebida ou pensada de uma certa maneira. E desde que – pelas razões dadas acima – o fato da preferência parece grosseiramente encontrar-se na mesma relação de pensar coisas boas, na qual o fato da percepção permanece no pensar que são verdadeiras ou existem, é muito natural que para uma coisa *ser* boa deve, por suposição, ser idêntica ao ser preferida de uma certa maneira. Mas uma vez que esta coordenação de Volição e Cognição tenha sido aceita, é novamente muito natural que cada fato que parece amparar a conclusão de que ser verdadeiro é idêntico a ser cognoscível deve conformar a conclusão correspondente que ser bom é idêntico a ser querido. Portanto, será apropriado apontar outra confusão, que parece ter tido grande influência na aceitação da visão de que ser verdadeiro é a mesma coisa que ser cognoscível.

Esta confusão é devida à falha em observar que quando dizemos que temos uma *sensação* ou *percepção* ou que *conhecemos* uma coisa, queremos afirmar não só que nossa mente é cognitiva, mas *também* que o que ela conhece é verdadeiro. Não se observa que o uso dessas palavras é tal que, se uma coisa é falsa, este fato isoladamente é suficiente para justificar que digamos que a pessoa que diz que a percebe ou conhece, não a *percebe* ou *conhece,* sem que indaguemos como, ou assumindo que, seu estado mental difere em qualquer aspecto daquela que teria sido, tivesse ela percebido ou conhecido. Por esta negação não a acusamos de erro na introspecção, mesmo que tenha havido um tal erro; não negamos que ela estivesse ciente de um certo objeto, nem mesmo que o seu estado mental fosse exatamente tal como ela queria que fosse; simplesmente negamos que o objeto, do qual tinha ciência, possuía uma certa propriedade. Porém, supõe-se comumente que quando afirmamos que uma coisa é percebida ou conhecida, estamos afirmando apenas um fato e, desde que, dos dois fatos que realmente afirmamos, a existência de um estado psíquico é de longe o mais fácil de se distinguir, supõe-se que este seja o único que afirmamos. Assim, percepção e sensação passaram a ser encaradas como se denotassem certos estados da mente e nada mais; um erro facílimo de ser cometido, já que o mais comum de todos os estados mentais, especificamente a imaginação, ao qual damos um nome que não implica que seu objeto seja verdadeiro, pode, com alguma plausibilidade, ser suposto como diferindo da sensação e percepção não só na propriedade possuída por seu objeto, mas também em seu caráter como um estado mental. Assim, chega-se a supor que a única diferença entre percepção e imaginação, pela qual podem ser definidas, deve ser meramente uma diferença psíquica; e, fosse este o caso, decorreria imediatamente que *ser* verdadeiro era idêntico a ser conhecido de um certo modo. Desde que a asserção de que uma coisa é percebida certamente *inclui* a asserção de que é verdadeira, e se, ainda assim, o que é percebido significa *somente* que a mente tem uma certa atitude em relação a ele, então sua verdade deve ser idêntica ao fato de que é considerado desta forma. Podemos, então, atribuir o ponto de vista de que ser verdadeiro *significa* ser conhecido de uma certa forma, parcialmente, à falha em perceber que certas palavras, que comumente se supõe sustentarem nada mais que uma certa espécie de estado cognitivo, de fato, incluem *também* uma referência à verdade do objeto em tais estados.

82. Agora, resumirei minha avaliação das aparentes conexões entre vontade e proposições éticas, que parecem amparar a vaga convicção de que "Isto é bom" é de algum modo idêntico a "Isto é querido de uma certa forma". (1) Pode-se sustentar, com suficiente demonstração de verdade, que é somente porque certas coisas foram originalmente adquiridas, que nos foi possível ter convicções éticas. E também muito comumente se assume que mostrar qual foi a causa de uma coisa é o mesmo que mostrar o que a própria coisa é. Porém basta apontar que este não é o caso. (2) Pode-se sustentar, ainda, com alguma plausibilidade, que pensar que uma coisa é boa e querê-la de uma certa forma são *agora* de fato idênticas. Devemos, porém, distinguir certos possíveis significados desta asserção. Pode-se admitir que, quando pensamos que uma coisa é boa, *geralmente* temos uma atitude especial de vontade ou sentimento a seu respeito; e que, talvez, quando a queremos de uma certa maneira, sempre achamos que é bom. Mas o próprio fato de que podemos, assim, distinguir a questão, embora uma seja sempre acompanhada pela outra, ainda assim esta outra pode não ser sempre acompanhada pela primeira, mostra que as duas coisas não são, no estrito senso, idênticas. O fato é que, seja lá o que queiramos dizer por vontade ou por qualquer forma de querer, o fato que representa nosso significado certamente inclui sempre algo *além* de se pensar que uma coisa é boa; e assim, quando se afirma que querer e pensar que é bom são idênticos, o máximo que se pode significar é que este outro elemento na vontade sempre se acompanhará como será acompanhado pelo pensar que é bom; e isto, como já se disse, é de uma verdade muito duvidosa. Porém, mesmo se fosse estritamente verdadeiro, o fato de que as duas coisas podem ser distinguidas é fatal para a coordenação assumida entre vontade e cognição, em um dos sentidos em que essa suposição é feita. Pois é apenas com respeito ao *outro* elemento na vontade, que volição difere de cognição; enquanto que, se for apenas com relação ao fato de que volição, ou alguma forma de volição, *inclui uma cognição* de bondade, essa vontade pode ter a mesma relação com a Ética, que a cognição tem com a Metafísica e suas proposições. Conseqüentemente, o fato da volição, *como um todo*, que é, se incluirmos nele o elemento que o torna volição e o distingue da cognição, *não* tem a mesma relação com as proposições éticas que a cognição tem com aquelas que são da Metafísica. Volição e cognição *não* são formas coordenadas de experiência, uma vez que é apenas na medida em que volição denota um fato *complexo*, que inclui nele o único fato idêntico simples, que tem o significado de *cognição*, que volição é, sob qualquer condição, um modo de experiência.

Mas, (3) se permitirmos que os termos "volição" ou vontade signifiquem "pensar que é bom", embora não signifiquem isso comumente, ainda restam as questões: Que conexão este fato estabeleceria entre volição e Ética? Poderia a indagação a respeito do que foi querido ser idêntica à indagação ética do que foi bom? É bastante claro que não poderiam ser idênticas, embora seja igualmente claro porque devam ter sido consideradas assim. A questão "que é bom?" confunde-se com a questão "O que é considerado bom?" e a questão "O que é verdade?" com a questão "O que se considera verdade?" por duas razões principais. (1) Uma destas é a dificuldade geral encontrada na distinção do que é cognoscível da cognição disso. Observa-se que eu certamente não posso conhecer coisa alguma que é verdadeira sem a conhecer. Portanto, uma vez que, sempre que eu saiba que uma coisa é verdadeira, a coisa certamente é conhecida, assume-se que para uma coisa *ser* verdadeira é preciso que seja conhecida. E (2) não se observa que certas palavras, que se supõe denotarem somente espécies peculiares de cognição, *também* denotam de fato, que o objeto conhecido é verdadeiro. Assim, se "percepção" for tomada como denotando apenas um certo tipo de fato mental, então, uma vez que seu objeto é sempre verdadeiro, torna-se fácil supor que ser verdadeiro signifique apenas ser objeto de um estado mental daquela espécie. E, similarmente, é fácil supor que ser verdadeiramente bom difere de ser falsamente pensado como tal, exclusivamente em relação ao fato de que ser o primeiro fato é ser o objeto de uma volição diferindo daquela na qual um bem aparente é o objeto, da mesma maneira na qual uma percepção (nesta suposição) difere de uma ilusão.

83. Ser bom, então, não é idêntico a ser querido ou sentido de algum modo, tanto quanto que ser verdadeiro é idêntico a ser pensado de algum modo. Mas suponhamos que isto seja admitido: É ainda possível que uma indagação a respeito da natureza da vontade ou do sentimento seja um passo necessário à prova das conclusões éticas? Se ser bom e ser querido *não* são idênticos, então o máximo que se pode sustentar em relação à conexão de bondade como vontade é que o que é bom é sempre *também* querido de certa forma, e aquilo que é querido de certa forma é sempre bom *também*. E pode-se dizer que isto é tudo o que querem dizer aqueles escritores metafísicos que professam, basear a Ética na Metafísica da Vontade. O que decorreria dessa suposição?

É claro que, se o que é querido de um certo modo fosse sempre bom *também*, então o fato de que uma coisa foi assim querida seria um *critério* de sua bondade. Porém, para estabelecer que vontade é um critério de bondade, precisamos ser capazes de mostrar primeiro e separadamente que num grande número de casos, nos quais encontramos uma certa espécie de querer, constatamos, também, que os objetos daquela vontade são bons. Poderíamos, então, talvez, termos o direito de inferir que em alguns poucos casos, onde não ficou óbvio se uma coisa era boa ou não, mas era óbvio que era querida na forma exigida, a coisa era realmente boa, uma vez que tinha a propriedade que em todos os outros casos verificamos estar acompanhada pela bondade. Uma referência à vontade poderia, assim, concebivelmente, tornar-se útil para o fim de nossas investigações éticas, quando já fôssemos capazes de mostrar, independentemente de um vasto número de objetos diferentes, que eram realmente bons e em que grau eram. E mesmo contra esta utilidade concebível pode-se sublinhar (1) Que é impossível ver por que não deve ser tão fácil (e seria certamente o modo mais seguro) provar que a coisa em questão era boa, pelos mesmos métodos que usamos para provar que outras coisas eram boas, como por referência ao nosso critério; e (2) Que se nos determinarmos seriamente a descobrir que coisas são boas, teremos razão para pensar (como se verá no Capítulo VI) que elas *não* possuem qualquer outra propriedade tanto comum quanto peculiar a elas, além de sua bondade – que, de fato, não há nenhum critério de bondade.

223

84. Mas considerar que qualquer forma de vontade é ou não é um critério de bondade é bem desnecessário para nosso propósito aqui, desde que nenhum daqueles escritores que professam basear sua Ética na investigação da vontade jamais reconheceu a necessidade de provar direta e independentemente que todas as coisas que são desejadas de um certo modo são boas. Não tentam mostrar que a vontade é um *critério* de bondade e nenhuma evidência mais forte poderia ser dada de que eles não reconhecem que isto, no máximo, é tudo que ele pode ser. Como foi justamente apontado, se temos de sustentar que o que quer que seja desejado de um certo modo é também bom, devemos em primeiro lugar estar aptos a mostrar que certas coisas têm uma propriedade "bondade", e que essas mesmas coisas *também* têm a outra propriedade de que são queridas de certo modo. E, em segundo lugar, devemos ser capazes de mostrar isto em um número muito amplo de casos, se temos direito de reivindicar alguma aceitação da proposição de que estas duas propriedades *sempre* acompanham uma à outra: mesmo quando isto foi demonstrado, ainda seria duvidoso se a inferência de "geralmente" para "sempre" seria válida, e quase certo que este princípio duvidoso seria inútil. Porém, a questão mesma que é de interesse da Ética responder é esta questão de que coisas são boas; e, enquanto o hedonismo retiver sua atual popularidade, deve-se admitir que é uma questão sobre a qual raramente existe qualquer acordo e que, portanto, requer o mais cuidadoso exame. A parte maior e mais difícil do interesse da Ética requereria já ter sido realizada antes que pudéssemos reclamar que qualquer coisa era um *critério* de bondade. Se, por outro lado, ser querido de certo modo era *idêntico* a ser bom, então, realmente, deveríamos ter o direito para começar nossas investigações éticas perguntando o que foi querido na forma requerida. Que esta é a maneira pela qual os escritores metafísicos começam suas investigações parece mostrar conclusivamente que estão influenciados pela idéia de que "bondade" é *idêntico* a "ser querido". Eles não reconhecem que a pergunta "O que é bom?" é *diferente* da pergunta "O que é querido de certo modo?". Assim encontramos Green afirmando explicitamente que *"a característica comum de bom é que satisfaz algum desejo*"*. Se temos de tomar esta afirmação estritamente, ela obviamente declara que coisas boas não têm características em

---

* *Prolegomena to Ethic*, p. 178.

comum, exceto que satisfazem algum desejo – nem mesmo, portanto, que são boas. E isto só pode ser o caso, se ser bom é *idêntico* a satisfazer desejo: se "bom" é meramente outro nome para "satisfazer desejo". Não pode haver uma instância mais clara da falácia naturalista. E não podemos tomar a afirmação como um mero escorregão verbal que não afeta a validade do argumento principal de Green. Em lugar algum ele dá ou pretende dar qualquer razão para se acreditar que qualquer coisa seja boa em qualquer sentido, excedo que é aquele que satisfaria uma espécie particular de desejo – a espécie de desejo que ele tenta mostrar como sendo a de um agente moral. Uma alternativa infeliz está diante de nós. Tal raciocínio daria razões válidas para suas conclusões, se, e somente se, ser bom e ser desejado de uma maneira particular fossem idênticos e, neste caso, como vimos no Capítulo I, suas conclusões não seriam éticas. Por outro lado, se as duas não são idênticas, suas conclusões podem ser éticas e podem até ser corretas, mas ele não nos deu uma só razão para acreditar nelas. O que se exige que a Ética científica demonstre, isto é, que certas coisas são realmente boas, ele assumiu, para começar, que coisas que são queridas de um certo modo são sempre boas. Podemos, portanto, ter tanto respeito pelas conclusões de Green como por aquelas de qualquer pessoa que detalhe suas convicções éticas; mas que qualquer de seus argumentos são de ordem a nos dar qualquer razão para sustentar que suas convicções são mais provavelmente verdadeiras do que as de outra pessoa, deve ser claramente negado. O *Prolegomena to Ethics* é tão distante da *Data of Ethics* de Spencer, ao conferir a menor de todas as contribuições para a solução de problemas éticos.

85. O objeto principal deste capítulo foi mostrar que a Metafísica, compreendida como a investigação de uma suposta realidade supra-sensível, não pode ter suporte lógico de espécie alguma sobre a resposta para a questão ética fundamental "O que é bom em si mesmo?". Que isso seja assim, decorre imediatamente da conclusão do Capítulo I, que "bom" denota um predicado essencial, não-analisável; mas esta verdade tem sido tão sistematicamente ignorada, que pareceu valer a pena discutir e distinguir, em detalhe, as relações principais que existem, ou que supõe que existam, entre a Metafísica e a Ética. Com esta visão saliento: (1) a Metafísica pode ter um apoio na Ética *prática* – a respeito da questão "O que devemos fazer? – na medida em que lhe seja possível nos dizer quais serão os efeitos futuros de nossa ação; o que *não* pode nos dizer se esses efeitos são bons ou maus em si mesmos. Um tipo particular de doutrina metafísica, muito freqüentemente defendida, indiscutivelmente tem tal apoio na Ética *prática*; pois se é verdade que a única realidade é um Absoluto eterno e imutável, então segue-se que nenhuma ação nossa pode ter qualquer efeito real, por essa razão que nenhuma proposição *prática* pode ser verdadeira. A mesma conclusão decorre da proposição ética combinada com esta, metafísica – isto é, que esta Realidade eterna é também o único bem. (2) Os autores metafísicos, onde deixam de notar a contradição já observada entre qualquer proposição *prática* e a asserção de que uma realidade eterna é o único bem, parecem freqüentemente confundir a proposição de que uma coisa existente particular é boa com a proposição de que a existência dessa espécie de coisa *seria* boa, onde quer que pudesse ocorrer. Para a prova da primeira proposição a Metafísica poderia ser relevante, mostrando que a coisa existiu; para a prova da última, ela é totalmente irrelevante: só pode servir à função *psicológica* de sugerir coisas que podem ser valiosas – uma função que seria ainda melhor executada pela ficção pura.

Porém, a fonte mais importante da suposição de que a Metafísica é relevante para a Ética parece ser a suposição de que "bom" *deve* denotar alguma propriedade *real* das coisas – uma suposição que é principalmente devida a suas doutrinas errôneas, a primeira *lógica*, a segunda *epistemológica*. Por isso (3) discuti a doutrina *lógica* que todas as proposições afirmam uma relação entre existentes; e apontei que a assimilação de proposições éticas ou a leis naturais ou de ordens são instâncias desta falácia *lógica*. E finalmente (4) discuti a doutrina *epistemológica* de que ser bom é equivalente a ser querido ou sentido de algum modo particular; uma doutrina que deriva apoio do erro análogo, que Kant considerava como ponto cardeal de seu sistema e que teve uma aceitação imensamente ampla – a visão errônea de que ser "verdadeiro" ou "real" equivale a ser pensado de modo particular. Nessa discussão, os pontos principais para os quais desejo dirigir a atenção são: (*a*) Que a Volição e o Sentir *não* são análogos à Cognição na maneira assumida; à medida em que estas palavras denotem uma atitude da mente em relação a um objeto, são em si mesmas meramente instâncias da Cognição: diferem apenas com respeito à espécie de objeto dos quais têm conhecimento e com respeito aos outros acompanhamentos mentais de tais conhecimentos; (*b*) Que, universalmente, o *objeto* de uma cognição deve-se distinguir da cognição do objeto em si, e conseqüentemente, em caso algum pode a questão de se objeto é *verdadeiro* ser idêntica à questão de como é conhecida ou se é, de qualquer modo, conhecida; decorre que, mesmo que a proposição "isto é bom" fosse sempre o objeto de certas espécies de querer ou sentir, a *verdade* daquela proposição não poderia em caso algum ser estabelecida pela prova de que era seu objeto; muito menos que a própria proposição possa ser idêntica à proposição de que seu sujeito é o objeto de uma volição ou de um sentimento.

CAPÍTULO V

ÉTICA EM RELAÇÃO À CONDUTA

86. No presente capítulo teremos, novamente, que dar um grande passo no método ético. Minha discussão até aqui submeteu-se a dois raciocínios principais. No primeiro, tentei mostrar o que "bom" – o adjetivo "bom" – *significa*. Este pareceu ser o primeiro ponto a ser estabelecido em qualquer tratamento da Ética, que tencione ser sistemático. É necessário que saibamos isto, saibamos o que bom significa antes de chegarmos a considerar o que é bom – que coisas ou qualidades são boas. É necessário que o saibamos por duas razões. A primeira razão é que "bom" é a noção da qual toda a Ética depende. Não podemos esperar compreender o que queremos dizer, quando dizermos que isto é bom ou aquilo é bom, até compreendermos bem claramente, não só o que *isto* é ou *aquilo* é (o que as ciências naturais e a filosofia podem nos dizer), mas também o que significa chamá-los de bons, um assunto reservado tão-somente à Ética. A menos que sejamos bem claros neste ponto, nosso raciocínio ético sempre tenderá a ser falacioso. Pensaremos que estamos provando que algo é *bom*, quando estamos somente provando que é algo mais; desde que, a menos que saibamos o que *bom* significa, a menos que saibamos o que se quer dizer por essa noção em si mesma como distinta do que significa qualquer outra noção, não seremos capazes de dizer quando estamos lidando com ela e quando estamos lidando com alguma coisa mais, que é, talvez, como ela, muito embora não seja a mesma. E a segunda razão porque devemos estabelecer, primeiramente, esta questão "O que significa bom?" é uma razão de método. E é isto, que nunca podemos saber em que *evidência* uma proposta ética repousa, até conhecermos a natureza da noção que torna a proposição ética. Não podemos dizer o que é possível, por meio de prova, a favor de um julgamento de que "Isto ou aquilo é bom" ou contra um outro julgamento. "Que isto ou aquilo é mau", até que tenhamos reconhecido o que a natureza de tais proposições precisa sempre ser. De fato, segue-se do significado de bom e mau, que tais proposições são todas elas, na frase de Kant, "sintéticas": todas devem se apoiar, no final, em alguma proposição que precisa ser simplesmente aceita ou rejeitada, que não pode ser logicamente deduzida de nenhuma outra proposição. Este resultado, que decorre de nossa primeira investigação, pode ser expresso de outra maneira, dizendo-se que os princípios fundamentais da Ética devem ser auto-evidentes. Mas estou ansioso para que esta expressão não seja mal interpretada. A expressão "auto-evidente" significa propriamente que a proposição assim chamada é evidente ou verdadeira, *por si mesma* apenas; que não é uma inferência de alguma proposição outra que *si mesma*. A expressão *não* significa que a proposição seja verdadeira, porque é evidente para você, para mim ou toda a humanidade, porque, em outras palavras ela nos parece ser verdadeira. Que uma proposição pareça verdadeira jamais pode ser um argumento válido de que o seja realmente. Ao dizer que uma proposição é auto-evidente queremos dizer enfaticamente que ela nos parece assim; *não* é a razão de porque é verdadeira; pois queremos dizer que ela não tem, absolutamente, razão alguma. Não seria uma proposição auto-evidente se pudéssemos dizer: Não posso pensar de forma diferente e, portanto, é verdadeira. Pois aí sua evidência ou prova não estaria em si mesma, mas em outra coisa, isto é, em nossa convicção dela. Que nos pareça verdadeira pode, realmente, ser a *causa* de nossa afirmação ou a razão por que pensamos e dizemos que é verdadeira; porém uma razão neste sentido é algo completamente diferente de uma razão lógica, ou razão por que alguma coisa é verdadeira. Além disso, obviamente não é uma razão da mesma coisa. A *evidência* de uma proposição para nós é só uma razão para *nossa sustentação* de que ela seja verdadeira; visto que uma razão lógica, ou razão no sentido em que proposições auto-evidentes não têm razão, é uma razão de porque *a proposição em si mesma* precisa ser verdadeira, não porque assim a consideramos. Mais uma vez, que uma proposição nos seja evidente pode não ser apenas a razão por que a consideramos assim ou a afirmamos, pode mesmo ser uma *razão* pela qual devemos pensá-la ou afirmá-la. Porém, uma razão, neste sentido também, não é uma *razão* lógica para a verdade da proposição, embora seja uma lógica para a correção da sustentação da proposição. Em nossa linguagem comum, contudo, esses três significados de "razão" são constantemente confundidos, sempre que dizemos "Eu tenho uma razão para pensar que é verdade". Mas, absolutamente essencial, se é para obtermos noções claras a respeito da Ética ou, de fato, a respeito de qualquer outro estudo, especialmente filosófico, que devamos distingui-las. Quando, portanto, falo do hedonismo intuicionista, não se deve entender como implicando que minha negação de que "o prazer é o único bem" *está baseada* na minha intuição de sua falsidade. Minha intuição de sua falsidade é realmente *minha* razão para *sustentar* e declará-la falsa; é realmente a única razão válida para agir assim. Mas isso é apenas porque *não* existe razão lógica para isso; porque não existe evidência própria ou razão de sua falsidade, exceto ela mesma, apenas. É falsa porque é falsa e não existe outra razão; mas *declaro-a* falsa, porque sua falsidade me é evidente e sustento que esta é uma razão suficiente para minha afirmação. Não devemos, portanto, olhar para a intuição como se fosse uma alternativa para o raciocínio. Nada pode substituir as *razões* para a verdade de qualquer proposição; a intuição só pode fornecer uma razão para a *sustentação* de que qualquer proposição seja verdadeira; isto, porém, deve ser quando qualquer proposição é auto-evidente, quando, de fato, não existem razões para provar sua veracidade.

87. Basta, então, deste primeiro passo em nosso método ético, o passo que estabeleceu que bom é bom e nada mais que isso, e que o Naturalismo era uma falácia. Um segundo passo foi tomado quando começamos a considerar princípios propostos auto-evidentes da Ética. Nesta segunda divisão, baseada em nossos resultados de que bom significa bom, começamos a discussão das proposições que afirmam que tal e tal coisa ou qualidade ou conceito era bom. Desta espécie era o princípio do hedonismo intuicionista ou ético – o princípio de que "Só o prazer é bom". Seguindo o método estabelecido por nossa primeira discussão, afirmei que a falsidade desta proposição era auto-evidente. Nada podia fazer para *provar* que era falsa; só podia apontar – tão claramente quanto possível – o seu significado e como contradiz outras proposições que parecem ser igualmente verídicas. Meu único objeto em tudo isto foi, necessariamente, convencer. Mas, mesmo que eu tenha convencido, isso não prova que estamos certos. Justifica-nos em *manter* que estamos; mesmo assim, podemos estar errados. De uma coisa, porém, podemos nos orgulhar merecidamente. É que tivemos uma oportunidade melhor de responder corretamente à nossa pergunta do que Bentham ou

Mill ou Sidgwick ou outros que nos contradisseram. Pois *provamos* que eles jamais se fizeram a pergunta que professaram responder. Confundiram-na com outra questão: não é de admirar, portanto, se sua resposta é diferente da nossa. Precisamos estar muito seguros de que a mesma questão foi colocada antes de nos preocuparmos com as diferentes respostas que lhe são dadas. Pois todos nós sabemos, o mundo inteiro concordaria conosco, se eles pudessem, ao menos uma vez, compreender claramente a questão, para a qual desejamos sua aprovação. Certo é que em todos aqueles casos em que encontramos uma diferença de opinião, verificamos também que a questão *não* tinha sido claramente compreendida. Portanto, embora não possamos provar que estamos certos, temos, contudo, razão para crer que todo mundo, a menos que esteja enganado a respeito do que pensa, pensará exatamente como nós. É como uma soma em matemática.

Se encontramos um erro grosseiro e palpável nos cálculos, não nos surpreendemos ou ficamos perturbados em descobrir que a pessoa que cometeu o erro tenha chegado a um resultado diferente do nosso. Achamos que ele admitirá que seu resultado está errado, se seu engano lhe for esclarecido. Por exemplo, se um homem tem de somar $5 + 7 + 9$, não devemos nos admirar se ele conseguir o resultado de 34, se ele começar somando $5 + 7 = 25$. O mesmo se dá com a Ética, se descobrimos, como o fizemos, que "desejável" é confundido com "desejado", ou que "fim" é confundido com "meios", não precisamos ficar desconcertados que aqueles que cometeram esses erros não concordem conosco. A única diferença é que na Ética, devido à complexidade de seu tema de estudo, é muitíssimo mais difícil persuadir alguém de que cometeu um erro ou que aquele erro afeta o seu resultado.

Nesta segunda divisão de meu tema – a divisão que está às voltas com a questão "O que é bom em si mesmo?" – tenho, até agora, apenas tentado estabelecer um resultado definido, e que é negativo, isto é, que o prazer *não* é o único bem. Este resultado, se verídico, refuta a metade ou mais da metade das teorias éticas que têm sido sustentadas, e não é, portanto, sem importância. Será, no entanto, necessário, agora, cuidarmos positivamente da questão: Que coisas são boas e em que grau?

88. Porém, antes de continuar com esta discussão, proponho, primeiro, lidar com a *terceira* espécie de questão ética: O que devemos fazer?

A resposta a esta questão constitui a *terceira* grande divisão da investigação ética e sua natureza foi brevemente explicada no Capítulo I (§ § 15-17). Ela introduz na Ética, como indiquei, uma questão inteiramente nova – a questão de que coisas estão relacionadas como *causas* aquilo que é bom em si mesmo; e esta questão só pode ser respondida por um método inteiramente novo – o método de investigação empírica; por meio da qual, causas são descobertas em outras ciências. Perguntar que espécie de ações devemos realizar ou que espécie de conduta é certa, é perguntar que espécie de efeitos tal ação e conduta produzirão. Nenhuma só questão da Ética prática pode ser respondida a não ser por uma generalização causal. Todas essas questões, na verdade, *também* envolvem um julgamento ético adequado – o julgamento de que certos efeitos são melhores, em si mesmos, que outros, Mas eles *realmente* afirmam que essas coisas melhores são efeitos – estão ligadas causalmente com as ações em questão. Cada julgamento na Ética prática pode ser reduzido à forma: Esta é uma causa daquela boa coisa.

89. Que este é o caso, que as questões "O que é certo? Qual o meu dever? O que devo fazer?" pertencem exclusivamente a este terceiro ramo da investigação ética, é o primeiro ponto para o qual desejo chamar a atenção. Todas as leis morais, desejo demonstrar, são meramente afirmações de que certas espécies de ações terão bons efeitos. A verdadeira oposição a esta visão tem prevalecido, geralmente, na Ética. Sempre se supôs que "o certo" e "o útil", no mínimo, são *capazes* de conflitarem um com o outro e, em todos os casos, de serem essencialmente distintos. Tem sido característico de uma certa escola de moralistas, como do senso moral comum, declarar que o fim jamais justificará os meios. O que desejo, primeiramente, salientar é que "certo" pode significar e significa nada mais que "causa de um bom resultado" e é assim idêntico a "útil", de onde decorre que o fim sempre justificará os meios e que nenhuma ação, não justificada por seus resultados, pode estar certa. Que possa existir uma proposição verdadeira, que se pretende que seja exprimida pela asserção "O fim não justificará os meios", admito totalmente; mas que isso, em outro sentido e um sentido muito mais fundamental para a teoria ética, é totalmente falso, precisa, primeiro, ser demonstrado.

Que a afirmação "Estou moralmente inclinado a executar esta ação" é idêntica à afirmação "Esta ação produzirá a maior quantidade possível de bem no Universo" já foi resumidamente mostrado no Capítulo I (§

17); mas é importante insistir que este ponto fundamental é demonstravelmente certo. Isso pode, talvez, ser melhor evidenciado da seguinte maneira. É claro que, quando afirmamos que uma certa ação é nosso dever absoluto, estamos afirmando que a execução dessa ação de dever pode possivelmente ter valor único no sentido em que é a única coisa de valor no mundo, uma vez que, nesse caso, *cada* uma dessas ações seria a *única* coisa boa, o que é uma contradição manifesta. E, pela mesma razão, seu valor não pode ser único no sentido de que ela tem mais valor intrínseco do que qualquer outra coisa no mundo, uma vez que *cada* ato de dever seria, então, a *melhor* coisa no mundo, o que é também uma contradição. Ele pode, portanto, ser único apenas no sentido de que todo o mundo será melhor, se ele for realizado, do que se qualquer outra alternativa fosse tomada. E a questão se isto é assim não pode possivelmente depender unicamente da questão de seu próprio valor intrínseco. Pois qualquer ação também terá efeitos diferentes daqueles de qualquer outra ação; e, se qualquer delas tiver valor intrínseco, seu valor será exatamente tão relevante para a bondade total do Universo como aquele de sua causa. De fato, é evidente que, por mais valiosa que uma ação possa ser em si mesma, devido à sua existência, a soma do bem no Universo, contudo, pode concebivelmente ser tornada menor se alguma outra ação, menos valiosa em si mesma, tiver sido realizada. Mas dizer que este é o caso é dizer que teria sido melhor que a ação não tivesse sido realizada; e, de novo, isto é obviamente equivalente à afirmação de que não devia ter existido – que não foi o que o dever requeria. "*Fiat iustitia, ruat caelum*" só pode ser justificado na base de que, fazendo-se justiça, o Universo ganha mais do que perde pela queda dos céus. É certamente, possível que este seja o caso; mas, em todo caso, afirmar que a justiça *é* um dever, apesar de tais conseqüências, é afirmar que é o caso.

Nosso "dever", portanto, só pode ser definido como aquela ação que fará mais bem existir no Universo que qualquer outra alternativa possível. E o que é "certo" ou "moralmente permissível" somente difere disso, como o que *não* causará *menos* bem do que qualquer outra alternativa possível. Assim, quando a Ética presume afirmar que certos modos de ação são "deveres", ela presume afirmar que agir desses modos produzirá sempre a maior soma possível de bem. Se nos dizem que "não matar" é um dever, dizem-nos que a ação, não importa qual seja, chamada de assassinato, em nenhuma circunstância causará tanto bem para existir no Universo quanto seu evitar.

90. Mas, se isso for admitido, inúmeras conseqüências mais importantes se seguirão, com respeito à relação da Ética com a conduta.

(1) É claro que nenhuma lei moral é auto-evidente, como tem sido sustentado pela escola intuicionista de moralistas. A visão intuicionista da Ética consiste na suposição de que certas regras, estabelecendo que certas ações precisam sempre ser executadas ou omitidas, podem ser tomadas como premissas auto-evidentes. Tenho mostrado com respeito aos julgamentos do que é *bom em si mesmo*, ser este o caso; nenhuma razão pode lhes ser dada. Mas é da essência do intuicionismo supor que regras de ação – afirmações não do que deve *ser*, mas do que devemos fazer – são no mesmo sentido intuitivamente certas. Plausibilidade foi concedida a esta visão pelo fato de que fazemos, indubitavelmente, julgamentos imediatos de que certas ações são obrigatórias ou erradas: estamos, assim, freqüente e intuitivamente certos de nosso dever, em um *sentido psicológico*. Porém, ainda assim, estes julgamentos não são auto-evidentes e não podem ser tomados como premissas éticas, uma vez que, como foi agora demonstrado, são capazes de ser confirmados ou refutados por uma investigação de causa e efeito. Na verdade, é possível que algumas de nossas intuições imediatas sejam verídicas; mas desde *que* intuímos, *que* a consciência nos diz, que certas ações sempre produzirão a maior soma de bem possível sob as circunstâncias, é claro que podem ser dadas razões que mostrarão que as opiniões da consciência são falsas ou verdadeiras.

91. (2) Para mostrar que qualquer ação é um dever, é necessário conhecer tanto quais são as outras condições que determinarão, conjuntamente com elas, seus efeitos, quanto conhecer quais serão os efeitos dessas condições *e* conhecer todos os eventos que serão de algum modo afetados por nossa ação por todo um futuro infinito. Devemos ter todo esse conhecimento causal e, além disso, devemos saber acuradamente o grau de valor da própria ação e de todos aqueles efeitos; e precisamos ser capazes de determinar como, em conjunção com as outras coisas no Universo, afetarão seu valor enquanto um todo orgânico. E não apenas isso: devemos possuir, também, todo este conhecimento em relação aos efeitos de cada alternativa possível; e precisamos, então, ser capazes de ver, por comparação, que o valor total devido à existência da ação em questão será maior que o que seria produzido por qualquer dessas alternativas. Mas é óbvio que nosso conhecimento causal sozinho é demasiadamente incompleto para nos assegurarmos sempre desse resultado. Concordantemente, segue-se que nunca temos qualquer razão para supor que uma ação seja nosso dever; nunca poderemos estar certos de que qualquer ação produzirá o maior valor possível.

Portanto, a Ética é totalmente incapaz de nos fornecer uma lista de deveres; mas ainda permanece uma tarefa mais humilde que pode ser possível à Ética Prática. Embora não possamos esperar descobrir qual, em uma dada situação, é a melhor de todas as ações alternativas possíveis, pode haver alguma possibilidade de mostrar qual, entre as alternativas *prováveis de ocorrerem a qualquer um*, produzirá a maior soma de bem. Esta segunda tarefa é certamente tudo o que a Ética pode realizar sempre e é certamente tudo o que a Ética coletou de material para provar, uma vez que ninguém jamais tentou exaurir as possíveis ações alternativas em qualquer caso particular. Os filósofos éticos, de fato, confinaram sua atenção a uma classe muito limitada de ações que foram selecionadas, porque são aquelas que mais comumente ocorrem à humanidade como alternativas possíveis. Com respeito a isso, eles podem possivelmente ter mostrado que uma alternativa é melhor, *isto é*, produz um valor total maior do que as outras. Mas parece desejável insistir que, embora tenham representado este resultado como uma determinação de *deveres*, isso jamais foi realmente assim. Pois o termo dever é certamente tão usado que, se formos, subseqüentemente, persuadidos de que qualquer ação possível teria produzido mais bem do que a que adotamos, admitimos que falhamos na realização do nosso dever. Porém, será uma tarefa útil se a Ética puder determinar, entre as alternativas *que podem ocorrer*, qual produzirá o maior valor total. Pois, embora não se possa provar que essa alternativa é a melhor possível, ainda assim ela pode ser melhor do que qualquer outro curso de ação que devêssemos adotar.

92. Uma dificuldade no distinguir esta tarefa, que a Ética pode, talvez, assumir com alguma esperança de sucesso, a partir da tarefa inútil de encontrar deveres, surge de uma ambigüidade no uso do termo "possível". Uma ação pode, num sentido perfeitamente legítimo, ser dita "impossível" somente porque a idéia de realizá-la não nos ocorre. Neste sentido, então, as alternativas que realmente ocorrem a um homem seriam as únicas alternativas *possíveis* e a melhor delas seria a melhor ação possível sob as circunstâncias, e então se conformaria com a nossa definição de *dever*. Mas quando falamos de melhor ação *possível* como nosso dever, queremos dizer com o termo qualquer ação que nenhuma *outra* circunstância evitaria, *desde que* sua idéia nos ocorresse. E este uso do termo está de acordo com o uso popular. Pois admitimos que uma pessoa possa falhar em seu dever por deixar de pensar a respeito do que *poderia* ter feito. Portanto, uma vez que dizemos que *poderia* ter feito, o que assim mesmo não lhe ocorreu, está claro que não limitamos suas *possíveis* ações àquelas que ela pensa. Poder-se-ia argumentar, com plausibilidade, que entendemos por dever de uma pessoa apenas a melhor daquelas ações a respeito das quais *poderia* ter pensado. E é verdade que não culpamos ninguém muito severamente por omitir uma ação da qual, como, "não se poderia esperar que alguém pensasse". Mas, mesmo aqui, é claro que reconhecemos uma distinção entre o que uma pessoa poderia ter feito e o que ela poderia ter pensado fazer; achamos uma pena que ela não tenha agido de outra maneira. E "dever" é certamente usado em tal sentido, que seria uma contradição em termos de dizer que foi uma pena que um homem cumpriu seu dever.

Devemos, portanto, distinguir uma ação possível de uma ação possível de ser pensada. Com a primeira estamos falando de uma ação que nenhuma causa conhecida poderia evitar, *desde que* sua idéia nos tenha ocorrido; e que uma entre tais ações, que produzirão o maior bem total, é o que queremos dizer por dever. A Ética certamente não pode esperar descobrir que espécie de ação é sempre o nosso dever neste sentido. Pode, porém, esperar decidir qual entre uma ou duas dessas possíveis ações é a melhor; e aquelas escolhidas para consideração são, na verdade, as mais importantes de todas em relação às quais as pessoas deliberam se devem ou não fazer. Uma decisão a respeito delas pode, portanto, ser facilmente confundida com uma decisão relativa a qual é a melhor ação possível. Mas deve-se notar que, muito embora nos limitemos a considerar qual a melhor dentre as alternativas possíveis de serem pensadas, o fato de que tais alternativas possam ser consideradas não está incluído; por isso que as chamamos de alternativas possíveis. Mesmo se em qualquer caso particular fosse impossível que a idéia delas tivesse ocorrido a uma pessoa, a questão, com a qual estamos preocupados, é qual, se tivesse ocorrido, teria sido a melhor alternativa? Se dizemos que o assassinato é sempre a pior alternativa, queremos afirmar que é assim, mesmo onde fosse impossível ao assassino pensar em fazer outra coisa qualquer.

O máximo, portanto, que a Ética Prática pode esperar descobrir é qual, entre umas poucas alternativas possíveis sob certas circunstâncias, produzirá, no total, o melhor resultado. Pode nos dizer qual é a melhor, nesse sentido, de certas alternativas a respeito das quais iremos provavelmente deliberar; e desde que podemos, também, saber que, mesmo que não escolhamos uma delas, o que faremos, nesse caso, é improvável que seja tão bom como uma delas, pode nos dizer qual das alternativas, entre as quais *podemos* escolher, é a melhor para ser escolhida. Se isso pudesse ser feito, seria suficiente para uma orientação prática.

93. Mas (3) é certo que mesmo isso é uma tarefa de imensa dificuldade. É difícil ver como podemos estabelecer até uma probabilidade de que, ao fazermos uma coisa, poderemos obter um resultado total melhor do que ao fazer outra. Dedicar-me-ei meramente a apontar o quanto é assumido, quando aceitamos que existe tal probabilidade, e em que linhas parece possível que esta suposição pode ser justificada. Tornar-se-á aparente que nunca foi justificada – que nenhuma razão suficiente foi alguma vez encontrada de modo a considerar uma ação mais certa ou mais errada que outra.

(*a*) Esta primeira dificuldade na maneira de estabelecer uma probabilidade que um curso de ação produzirá melhor resultado total que um outro, reside no fato de que temos de levar em consideração os efeitos de ambos por todo um futuro infinito. Não temos certeza a não ser que, se realizarmos uma ação agora, o Universo, ao longo do tempo, diferirá de algum modo daquilo que teria sido, se tivéssemos agido de outra maneira; e se existe tal diferença permanente, é certamente relevante para nossa ponderação. Mas é bem certo que o nosso conhecimento causal é totalmente insuficiente para nos dizer que efeitos colaterais diferentes resultarão provavelmente de duas ações diferentes, exceto pretender, certamente, calcular os efeitos de ações dentro do que pode ser chamado de um futuro "imediato". Ninguém – quando raciocina sobre o que considera uma reflexão racional de efeitos –, guiaria sua escolha por qualquer previsão que, no máximo, fosse além de alguns séculos; e, em geral, consideramos que agimos racionalmente, se pensarmos que garantimos um equilíbrio de bem dentro de uns poucos anos ou meses ou dias. Mesmo assim, se uma escolha guiada por tais considerações deve ser racional, devemos certamente ter alguma razão para crer que nenhuma conseqüência de nossa ação, num futuro mais distante, será geralmente de tal modo a reverter o equilíbrio do bem que é provável no futuro que podemos prever. Este grande postulado deve ser feito, se formos alguma vez afirmar que os resultados de uma ação serão até provavelmente melhores que os de outra. Nossa absoluta ignorância do futuro distante não justifica que digamos que é até provavelmente certo escolher o maior bem dentro da região sobre a qual uma provável previsão possa se estender. Assumidos, então, que é improvável que efeitos, após um certo tempo, serão, em geral, tais que possam reverter o valor comparativo dos resultados alternativos dentro daquele tempo. E que essa afirmação é justificada precisa ser demonstrado antes de podermos afirmar que demos alguma razão para agir de uma maneira em vez de outra. Ela pode, talvez, ser justificada por algumas considerações dadas a seguir. Na medida em que avançamos mais e mais, partindo do tempo em que ações alternativas nos estão abertas, os eventos dos quais uma ou outra dessas ações seriam causa parcial, tornam-se progressivamente dependentes daquelas outras circunstâncias, que são as mesmas, seja qual for a ação que adotemos. Os efeitos de qualquer ação individual parecem, após um espaço suficiente de tempo, ser encontrados somente em modificações insignificantes distribuídas por uma área muito ampla, ao passo que seus efeitos imediatos consistem em alguma modificação proeminente de uma área comparativamente estreita. Porém, visto que a maioria das coisas que têm qualquer grande importância para o bem ou para o mal são coisas desta espécie proeminente, pode haver uma probabilidade de que, após um certo tempo, todos os efeitos de qualquer ação particular tornem-se quase tão indiferentes, é bem improvável, que qualquer diferença entre seu valor e o dos efeitos de outra ação supere uma diferença óbvia no valor dos efeitos imediatos. Parece realmente ser o caso que, na maioria dos casos, qualquer que seja a ação que adotemos agora, "será a mesma dentro de uma centena de anos", na medida em que a existência naquele tempo de qualquer coisa imensamente boa ou má tenha interesse; e isto poderia, talvez, ser *demonstrado* como verídico, através de uma investigação da maneira pela qual os efeitos de qualquer evento particular tornam-se neutralizados por um lapso de tempo. Faltando tal prova, não podemos certamente ter nenhuma base racional para afirmar que uma de duas alternativas seja, até, provavelmente certa e a outra errada. Se algum de nossos julgamentos de certo e de errado pretendem ter probabilidade, precisamos ter razão em pensar que os efeitos de nossas ações no futuro distante não terão valor suficiente para exceder qualquer superioridade de um conjunto de efeitos sobre um outro num futuro imediato.

94. (*b*) Devemos assumir, então, que, se os efeitos de uma ação são geralmente melhores que os de outra, tanto no futuro distante, a ponto de sermos capazes de prever qualquer provável diferença em seus efeitos sob qualquer condição, então o efeito total sobre o Universo da primeira ação é também geralmente melhor. Certamente não podemos esperar comparar diretamente seus efeitos exceto dentro de um futuro limitado; e todos os argumentos, que já foram usados na Ética, e com base nos quais geralmente na vida comum dirigida para mostrar que um modo de ação é superior a outro, limitam-se (à parte dogmas teológicos) a apontar essas prováveis vantagens imediatas. A questão permanece, então: Podemos formular regras gerais com a finalidade de que uma entre umas poucas ações alternativas produzirá, geralmente, um total de bem maior no futuro imediato?

É importante insistir que esta questão assim limitada, é o máximo ao qual, com qualquer conhecimento que tivermos no presente ou provavelmente teremos no futuro, a Ética Prática pode ter a esperança de dar uma resposta. Já indiquei que não podemos esperar descobrir qual é a *melhor* alternativa possível em dadas circunstâncias, mas apenas qual, entre algumas, é melhor do que as outras. E também salientei que, certamente, nada mais existe do que uma probabilidade, mesmo se estivermos em posição de afirmar tanto, que o que é melhor com respeito aos seus efeitos imediatos será também melhor no todo. Resta agora insistir que, mesmo em relação a esses efeitos imediatos, só podemos esperar descobrir qual, entre poucas alternativas, produzirá *geralmente* o maior equilíbrio de bem no futuro imediato. Não podemos garantir a afirmação de que obediência a comandos tais como "Não mentirás", ou mesmo "Não matarás", é *universalmente* melhor que as alternativas de mentir e matar. Razões pelas quais nada mais que um conhecimento *geral* é possível já foram dadas no Capítulo I (§ 16); mas podem ser recapitulados aqui. Em primeiro lugar, quanto aos efeitos, que nos concernem principalmente nas discussões éticas, como tendo valor intrínseco, conhecemos tão pouco as causas, que mal podemos dizer, em relação a qualquer um, que obtivemos uma lei universal *hipotética*, como tal obtida nas ciências exatas. Não podemos sequer afirmar: Se esta ação é realizada, exatamente sob estas circunstâncias, e se nenhuma outra interferir, este efeito importante, no mínimo, será sempre produzido. Mas, em segundo lugar, uma lei ética não é meramente hipotética. Se devemos saber que será *sempre* melhor agir de um certo modo, sob certas circunstâncias, devemos saber não apenas que efeitos tais ações produzirão, *desde que* nenhuma outra circunstância interfira, mas também que nenhuma outra circunstância interferirá. E é obviamente impossível saber isso com nada mais do que uma probabilidade. Uma lei ética tem a natureza não de uma lei científica mas de uma *predição* científica; e a última é sempre meramente provável, embora a probabilidade possa ser muito grande. Um engenheiro está apto a afirmar que, se uma ponte for construída de uma certa forma, provavelmente suportará certas cargas por um certo tempo; mas jamais poderá estar absolutamente certo de que ela foi construída do modo exigido, nem que, mesmo que tenha sido, algum acidente não interferirá para falsificar sua predição. Com qualquer lei ética, tem que ser o mesmo caso; não pode ser mais do que uma generalização; e aqui, dada a ausência comparativa de um conhecimento hipotético acurado, no qual a predição deva se basear, a probabilidade é comparativamente pequena. Mas, finalmente, para uma generalização ética, precisamos saber não só que efeitos serão produzidos, mas também quais são os valores comparativos desses efeitos; e nesta questão também, deve-se admitir, considerando o que uma opinião prevalente do hedonismo tem sido, que estamos muito passíveis a estarmos enganados. É certo, então, que provavelmente não saberemos prontamente mais que uma espécie de ação produzirá *geralmente* melhores efeitos do que outra; e que mais do que isso certamente nunca foi provado. Em nenhum de dois casos *todos* os efeitos de qualquer espécie de ação serão precisamente os mesmos, porque em cada caso algumas das circunstâncias diferirão; e embora os efeitos, que são importantes para o bem ou para o mal, possam ser geralmente os mesmos, é extremamente improvável que sejam sempre assim.

95. (*c*) Se, agora, limitamo-nos a procurar por ações que são *geralmente* melhores enquanto meios que qualquer alternativa provável, parece possível estabelecer tudo isso em defesa da maioria das regras mais universalmente reconhecidas pelo senso comum. Não proponho ingressar nessa defesa em detalhes, mas simplesmente indicar o que parecem ser os principais e distintos princípios pelo uso dos quais pode-se fazer a defesa.

Em primeiro lugar, então, só podemos mostrar que uma ação é geralmente melhor do que outra enquanto um meio, desde que certas outras circunstâncias existam. Observamos, na verdade, e a propósito, seus bons efeitos sob certas circunstâncias; e pode ser facilmente visto que uma mudança suficiente nestas tornaria duvidoso o que parece ser as mais corretas universalmente das regras gerais. Assim, a desutilidade geral do assassinato só pode ser provada, desde que a maioria da raça humana persista certamente em existir. Para provar que o assassinato, se fosse adotado universalmente, para causar o extermínio acelerado da raça, não seria bom como um meio, teríamos que refutar o principal argumento de pessimismo – a saber, que a existência da vida humana como um todo é um mal. E a visão do pessimismo, conquanto fortemente possamos nos convencer de seu acerto ou erro, é uma visão que jamais foi provada ou refutada conclusivamente. Que o extermínio universal não seria uma coisa boa neste momento também não pode ser provado. Mas, na verdade, podemos e realmente assumimos com certeza que, mesmo se algumas poucas pessoas desejam matar, a maioria das pessoas não estariam igualmente desejosas. Quando, dizemos, portanto, que o assassinato é, em geral, para ser evitado, estamos apenas dizendo que é assim, enquanto a maioria da humanidade certamente não concordará com isso, mas persistirá em viver. E que é sob estas circunstâncias, geralmente errado para uma pessoa matar, parece ser capaz de prova. Desde que não há, em todos os casos, esperança no extermínio da raça, os únicos efeitos que temos que considerar são aqueles que a ação terá no aumento dos bens e diminuição dos males, da vida humana. Onde o melhor não é obtenível (supondo que o extermínio seja o melhor), uma alternativa pode ainda ser melhor que a outra. E, à parte os males imediatos que geralmente produz o fato que, se fosse prática comum, o sentimento de insegurança assim causado absorveria muito tempo, que poderia ser gasto numa finalidade melhor, é talvez conclusivo contra ela. Enquanto os homens quiserem viver, tão intensamente como o fazem, e enquanto for certo que desejarão continuar assim, qualquer coisa que os restrinja de devotar sua energia à conquista de bens positivos, parece claramente mau como um meio. E a prática geral do assassinato, tão carente de universalidade como certamente deve estar, em todas as condições conhecidas da sociedade, parece certamente ser um obstáculo dessa espécie.

Uma defesa similar parece possível para a maioria das regras, a maioria universalmente aplicadas por sanções legais, como o respeito à propriedade; e para algumas das mais comumente reconhecidas pelo senso comum, como a indústria, a temperança e o manter promessa. Em qualquer estado da sociedade no qual o homem tem esse desejo intenso de propriedade de alguma espécie, que parece ser universal, as regras legais comuns para a proteção da propriedade devem servir imensamente para facilitar o melhor dispêndio possível de energia. E similarmente: indústria é um meio de obtenção dessas necessidades, sem as quais a futura obtenção de qualquer grande bem positivo é impossível; a temperança meramente impõe o evitar desses excessos, que, prejudicando a saúde, poderia impedir que o homem contribuísse o máximo possível para a aquisição dessas coisas necessárias; e a manutenção das promessas facilita enormemente a cooperação nessa aquisição.

Todas essas regras parecem ter duas características para as quais é desejável chamar a atenção. (1) Todas parecem ser de tal forma que, em qualquer estado conhecido da sociedade, uma observação *geral* delas *seria* bom como um meio. As condições das quais sua utilidade depende, nomeadamente a tendência para preservar e propagar a vida e o desejo de propriedade, parecem tão universais e intensas, que seria impossível removê-las; e, sendo assim, podemos dizer que, sob qualquer condição que poderia realmente existir, a observação geral destas regras seria boa como um meio. Pois, se parece não existir razão para pensar que sua observância torna pior uma sociedade que outra na qual elas não são observadas, essa observância certamente necessária como um meio para qualquer estado de coisas no qual os maiores bens possíveis podem ser obtidos. E (2) essas regras, desde que possam ser recomendadas como um meio para o que é em si mesmo apenas uma condição necessária para a existência de qualquer grande bem, podem ser defendidas independentemente de visões corretas sobre a questão ética primária do que é bom em si mesmo. Em qualquer visão tomada comumente, parece certo que a preservação da sociedade civilizada, para cuja efetivação essas regras são necessárias, são um efeito necessário para a existência, em qualquer grau maior, de qualquer coisa que possa ser sustentada como boa em si mesma.

96. Mas não é por qualquer maneira que todas as regras reconhecidas em comum combinam essas duas características. Os argumentos oferecidos em defesa da moralidade do Senso Comum pressupõe muito freqüentemente a existência de condições, que não podem ser assumidas razoavelmente como sendo tão universalmente necessárias como a tendência para continuar a vida e desejar a propriedade. Tais argumentos, em consonância com isso, apenas provam a utilidade da regra, até o ponto em que certas condições, que podem alterar, permaneçam as mesmas: não se pode afirmar das regras, assim defendidas, que seriam geralmente boas como meios em todo estado da sociedade; a fim de estabelecer essa utilidade geral *universal*, seria necessário chegar a uma visão correta do que é bom ou mau em si mesmo. Este, por exemplo, parece ser o caso com a maioria das regras compreendidas sob designação de castidade. Estas regras são comumente defendidas pelos escritores utilitaristas ou escritores que assumem como seu fim a conservação da sociedade por meio de argumentos que pressupõem a existência necessária de sentimentos tais como o ciúme conjugal e a afeição paternal. Estes sentimentos são, sem dúvida, suficientemente fortes e gerais para tornar a defesa válida para muitas condições de sociedade. Mas não é difícil imaginar uma sociedade civilizada existindo sem eles; e, nesse caso, se a castidade ainda tivesse de ser defendida, seria necessário estabelecer que sua violação produziu efeitos maléficos, diferentes dos que são devidos à tendência assumida de que tais violações possam desintegrar a sociedade. Tal defesa pode, sem dúvida, ser feita, mas requereria um exame da questão ética primária do que é bom e mau em si mesmo, muito mais completo do que qualquer pensador ético já nos ofereceu. Seja isto assim, neste caso particular ou não, é certo que uma distinção, não reconhecida comumente, deve ser feita entre essas regras, de que a utilidade depende da existência de circunstâncias, de alteração mais ou menos provável, e cuja utilidade parece certa sob todas as condições.

97. É óbvio que todas as regras enumeradas acima como prováveis de serem úteis em *quase qualquer* estado de sociedade, podem *também* ser defendidas devido a resultados que produzem sob condições que existem somente em estados particulares da sociedade. E deve-se notar que estamos na condição de achar entre essas condições as sanções legais de penalidades, de desaprovação social e de remorso privado, onde existam. Essas sanções são, realmente, tratadas comumente pela Ética só como motivos para o exercício de ações cuja utilidade pode ser provada independentemente da existência dessas sanções. E pode-se admitir que sanções não *devem* ser ligadas a ações que não seriam corretas independentemente. Mesmo assim, está claro que, onde realmente existam, não são apenas motivos mas também justificações para as ações em questão. Uma das razões principais para que uma ação não deva ser realizada em qualquer estado particular de sociedade, é que ela será punida; uma vez que a punição é em geral, em si mesma, um grande mal, maior do que o que seria causado pela omissão da ação punida. Assim, a existência de uma punição pode ser uma razão adequada para considerar uma ação como geralmente errada, embora ela não tenha outros efeitos ruins, mas apenas efeitos ligeiramente bons. O fato que uma ação será punida é uma condição exatamente da mesma espécie de outras de maior ou menor permanência, o que deve ser tomado em consideração na discussão da utilidade ou desutilidade geral de uma ação em um estado particular da sociedade.

98. Está claro, então, que as regras comumente reconhecidas pelo senso comum, na sociedade em que vivemos, e comumente advogadas como se fossem todas igual e universalmente certas e boas, são de ordem muito diferente. Mesmo aquelas que parecem ser mais universalmente boas como meios, só podem mostrar ser assim, por causa da existência de condições que, talvez males, podem ser tomadas como necessárias; e mesmo estas devem suas utilidades mais óbvias à existência de outras condições que não podem ser tomadas como necessárias, exceto em períodos maiores ou menores da história, e muitos dos quais são sem males. Outras parecem ser justificáveis *exclusivamente* pela existência de tais condições mais ou menos temporárias, a menos que abandonemos a tentativa de mostrar que são meios para a preservação da sociedade, que é, em si mesma, um simples meio, e estão aptas a estabelecer que são diretamente meios para coisas boas ou más em si mesmas, mas que não são comumente reconhecidas como tais.

Se, então, perguntarmos que regras são ou seriam úteis de serem observadas na sociedade em que vivemos, parece possível provar uma utilidade definida na maioria das que, em geral, são reconhecidas e praticadas. Porém uma grande parte da exortação moral ordinária e discussão social consiste da defesa de regras, que *não* são geralmente praticadas; e com respeito a estas parece muito duvidoso que um caso para a sua utilidade geral possa ser constituído conclusivamente. Essas regras propostas sofrem comumente de três defeitos principais. Em primeiro lugar (1), as ações que advogam são muito comumente tais que tornam impossível à maioria dos indivíduos executá-las por qualquer volição. É demasiado usual encontrar classificadas junto com ações exeqüíveis, se apenas fossem desejadas, outras, cuja possibilidade depende da posse de uma disposição peculiar, que é dada a poucos e não pode sequer ser adquirida. Sem dúvida, pode ser útil que aqueles que têm a necessária disposição deveriam obedecer a essas regras; e seria, em muitos casos, desejável que todos devessem ter esta disposição. Mas deve ser reconhecido que, quando consideramos uma coisa como regra moral ou lei, queremos dizer que é algo *que quase todos podem* observar por um esforço de volição, naquele estado de sociedade ao qual supõe-se que as regras sejam aplicadas. (2) Freqüentemente são advogadas ações, das quais, embora elas mesmas sejam possíveis, ainda assim os propostos bons efeitos não são possíveis, porque as condições necessárias à sua existência não são suficientemente gerais. Uma regra, cuja observância produziria bons efeitos, se a natureza humana fosse em outros respeitos diferente do que é, é advogada como se sua observação geral produzisse os mesmos efeitos agora e imediatamente. Na verdade, porém, quando as condições necessárias para tornar sua observância útil assomam, é perfeitamente como se outras condições, tornando sua obediência desnecessária ou positivamente prejudicial, possam também surgir; e ainda assim este estado de coisas pode ser melhor do que aquele em que a regra em questão teria sido útil. (3) Mas também ocorre o caso em que a utilidade de uma regra depende de condições de provável mudança, ou das quais a mudança seria tão fácil e mais desejável que a observância da regra proposta. Pode até acontecer que a observância geral da regra proposta destruiria, ela mesma, as condições das quais depende sua utilidade.

Uma ou outra destas objeções parece geralmente aplicar-se às mudanças propostas no costume social, advogadas como sendo melhores para seguir que aquelas que são realmente seguidas; por esta razão, parece duvidoso que a Ética possa estabelecer a utilidade de quaisquer regras além daquelas geralmente praticadas. Mas sua inabilidade para que isso aconteça é, felizmente, de pouca monta prática. A questão de se a observância geral de uma regra não é geralmente observada, seria ou não desejável, não pode afetar a questão de como qualquer indivíduo deve agir; visto que, por um lado, há uma grande probabilidade de que, de nenhuma forma, será capaz de sua observância geral e, por outro lado, o fato de que sua observância geral seria útil, não poderia, de qualquer modo, dar-lhe alguma razão para concluir que ele mesmo deva observá-la, na falta de tal observância geral.

Com respeito, então, às ações comumente classificadas na Ética, como deveres, crimes, ou pecados, os pontos seguintes parecem merecer destaque: (1) Ao classificá-las queremos dizer que são ações possíveis para um indivíduo executar ou evitar, se ele simplesmente *quiser* fazê-lo; e que são ações que *todos* devem realizar ou evitar, quando surge a ocasião. (2) Não podemos, certamente, provar que tal ação deva ser realizada ou evitada sob *todas* as circunstâncias; só podemos provar que sua execução ou omissão não produzirá *geralmente* melhores resultados que a alternativa. (3) Se perguntarmos, além disso, quais ações – tanto como estas – podem ser provadas, só parece possível prová-las com respeito àquelas que são real e geralmente praticadas entre nós. E destas somente algumas são tais que sua prática geral seria em qualquer estado de sociedade que parece possível; de outras a utilidade depende das condições existentes agora, mas que parecem ser mais ou menos alteráveis.

99. (*d*) Chega, então, de regras morais ou leis, no sentido ordinário – regras que afirmam que é geralmente útil, sob circunstâncias mais ou menos comuns, *todos* fazerem ou omitirem alguma espécie explícita de ação. Resta dizer algo com respeito aos princípios pelos quais o *indivíduo* deveria decidir o que deve fazer (α) com respeito àquelas ações, bem como alguma regra geral, é certamente verdadeira, e (β) com respeito àquelas onde uma certa regra é lacunar.

(α) Como tenho tentado mostrar, uma vez que é impossível estabelecer que qualquer espécie de ação produzirá um resultado total melhor que suas alternativas em *todos* os casos, segue-se que em alguns casos a negligência de uma regra estabelecida será provavelmente o melhor modo possível de ação. Surge, então, a questão: pode o indivíduo receber justificativa na suposição de que o seu é um dos casos excepcionais? E parece que esta questão pode ser respondida definitivamente na negativa. Pois se é certo que numa larga maioria de casos o cumprimento de uma certa regra é útil, segue-se que já uma grande probabilidade que seria um erro violar a regra em qualquer caso particular; e a incerteza de nosso conhecimento dos efeitos e de seu valor, em casos particulares, é tão grande, que parece duvidoso que o julgamento individual de que os efeitos serão provavelmente bons em seu caso pode, alguma vez, ser colocado contra a probabilidade geral de que essa ação está errada. Somado a esta ignorância geral está o fato de que, se a questão surge, de alguma maneira, nosso julgamento ficará geralmente condicionado pelo fato de que desejamos fortemente um dos resultados que esperamos obter violando a regra. Parece, então, que com respeito a qualquer regra que é *geralmente* útil, podemos afirmar que deve ser *sempre* observada, não com base de que em *cada* caso particular ela será útil, mas com base de que em *qualquer* caso particular a probabilidade de ela ser assim é maior do que a probabilidade de sermos passíveis de decidir corretamente de que temos diante de nós um exemplo de sua desutilidade. Em suma, embora possamos estar certos de que existam casos nos quais a regra deva ser violada, nunca poderemos saber quais são estes casos, e, portanto, não devemos jamais violá-la. É este fato que parece justificar o rigor com que as regras morais são usualmente aplicadas e sancionadas, e dar um sentido com o qual podemos aceitar como verdadeiras as máximas que "O fim nunca justifica os meios" e "Que nunca devemos praticar o mal que o bem pode trazer". Os "meios" e o "mal", pretendidos por estas máximas, são, de fato, a violação de regras morais geralmente reconhecidas e praticadas, e que, portanto, podemos assumir como sendo geralmente úteis. Isto entendido, estas máximas indicam meramente que, em qualquer caso particular, embora não possamos perceber claramente qualquer equilíbrio do bem produzido pela manutenção da regra, pareça ainda assim que a regra deva ser observada. Mal há necessidade de indicar que isto é assim porque é certo que, no geral, o fim realmente *justifica* os meios em questão e que, assim, existe uma *probabilidade* de que neste caso também o fará, embora não possamos ver que o fará.

Mas, ademais, a observância universal de uma regra que é geralmente útil tem, em muitos casos, uma utilidade especial, que parece merecer nota. Isto decorre do fato de que, mesmo que se possa discernir claramente que nosso caso é que violar a regra seja vantajoso, mesmo assim, até o ponto em que nosso exemplo tem algum efeito em encorajar ação similar, tenderá certamente a encorajar brechas na regra que não são vantajosas. Podemos supor confiantemente que o que impressionará a imaginação de outros não serão as circunstâncias em que nosso caso difere de casos ordinários e que justificam nossa ação excepcional, mas sim em que ele se parece com outras ações que são realmente criminosas. Nos casos, então, que exemplos têm qualquer influência, o efeito de uma ação correta excepcional será, geralmente, encorajar as ações erradas. E este efeito será exercido, provavelmente, não só sobre outras pessoas, como também sobre o próprio agente. Pois é impossível para qualquer um manter um intelecto e sentimentos tão claros, mas, se aprovou uma vez uma ação geralmente errada, ele tenderá a aprová-la sob outras circunstâncias diversas daquelas que justificaram a ação no primeiro exemplo. Esta inabilidade de discriminar casos excepcionais oferece, certamente, uma razão ainda mais poderosa para a execução universal, por sanções legais ou sociais, de ações geralmente úteis. É indubitavelmente bom punir um homem que praticou tal ação, precisamente em seu caso, mas geralmente errado, mesmo que seu exemplo não tenha provavelmente um efeito perigoso. Pois as sanções têm, no geral, muito mais influência na conduta que o exemplo; daí que o efeito de relaxá-las em um caso excepcional seria quase certamente um encorajamento de ação similar em casos que não são excepcionais.

Pode-se, portanto, recomendar confiantemente *sempre* ao indivíduo que se conforme a regras que geralmente são úteis e geralmente praticadas. No caso de regras cuja observância geral *seria útil*, mas que não existem, ou regras que são praticadas geralmente, mas que não são úteis, nenhuma recomendação universal pode ser feita. Em vários casos, as sanções impostas podem ser decisivas a favor da conformidade de um costume existente. Mas parece valer a pena salientar que, mesmo à parte daquelas, a utilidade geral de uma ação depende, mais comumente, do fato de que é geralmente praticada; em uma sociedade onde certas espécies de furto são regra comum, a utilidade de abstinência de tais furtos da parte de um só indivíduo torna excessivamente duvidosa, apesar de a regra comum ser ruim. Há, portanto, uma forte probabilidade a favor da adesão a um costume existente, mesmo sendo este ruim. Mas não podemos, neste caso, afirmar com qualquer segurança que essa probabilidade é sempre maior que a do poder do indivíduo para julgar que uma exceção será útil; visto que estamos, aqui, supondo um certo fato relevante – especificamente, que a regra, que ele propõe *seguir*, *seria* melhor que a que ele se propõe violar, *se* fosse geralmente observada. Conseqüentemente o efeito de seu exemplo, até o ponto em que tenda a transgredir o costume existente, será aqui para o bem. Os casos onde outra regra seria certamente melhor que a geralmente observada, são, porém, segundo o que foi dito acima, muito raros; e casos de dúvida, que são aqueles que ocorrem mais freqüentemente, levam-nos para a próxima divisão de nosso estudo.

100. (β) Esta próxima divisão consiste da discussão do método pelo qual um indivíduo deveria decidir o que fazer com respeito a possíveis ações cuja utilidade geral não pode ser provada. E deve ser observado que, segundo nossas conclusões prévias, esta discussão cobrirá quase todas as ações, exceto aquelas que, no presente estado de nossa sociedade, são geralmente praticadas. Tem-se enfatizado que uma prova de utilidade geral é tão difícil, que dificilmente pode ser conclusiva salvo em alguns pouquíssimos casos. Certamente não é possível com respeito a todas as ações que *são* geralmente praticadas; embora, aqui, se as sanções forem suficientemente fortes, elas bastarão por si mesmas para provarem a utilidade geral da conformidade individual ao costume. E se é possível provar uma utilidade geral no caso de algumas ações, *não* praticadas geralmente, não é certamente possível fazer-se isso pelo método ordinário, que tenta mostrar nelas uma tendência para aquela preservação da sociedade que, em si mesma, é um simples meio, mas só pelo método, pelo qual em qualquer caso, como será frisado, o indivíduo deve guiar seus julgamentos – a saber, demonstrando sua tendência direta para produzir o que é bom em si mesmo ou prevenir o que é mau.

A extrema improbabilidade de que qualquer regra geral com respeito à utilidade de uma ação será correta parece ser, de fato, o princípio básico que deve ser levado em conta na discussão de como o indivíduo deve guiar sua escolha. Se executarmos essas regras que são tanto geralmente praticadas quanto fortemente sancionadas entre nós, parecerá existir dificilmente qualquer uma dessas espécies para as quais igualmente bons argumentos não podem ser encontrados ao mesmo tempo a favor e contra. O máximo que se pode dizer a respeito dos princípios contraditórios que são enfatizados por moralistas de diferentes escolas como deveres universais é, no geral, que destacam ações que, para pessoas de um caráter particular e em circunstâncias particulares, poderiam, e realmente conduzem a um equilíbrio do bem. Sem dúvida, é possível que as disposições particulares e circunstâncias que geralmente tornam certas espécies de ação aconselháveis, podem, até certo grau, ser formuladas. Mas é certo que isto nunca foi feito; e é importante notar que, mesmo que fosse feito, não nos daria o que se supõe que as leis morais sejam, usualmente – regras que seria desejável que todos, ou mesmo a maioria das pessoas, seguissem. Moralistas assumem comumente que na questão de ações ou hábitos de ação, usualmente reconhecidos como deveres ou virtudes, é desejável que todos devam ser semelhantes. Enquanto é certo que, sob as reais circunstâncias, é possível que, mesmo numa condição muito mais ideal de coisas, o princípio da divisão do trabalho, segundo a capacidade especial, que é reconhecida com respeito ao emprego, também produziria um resultado melhor com respeito às virtudes. Dessa forma, parece que, em caso de dúvida, em vez de seguir regras, das quais ele é incapaz de ver os bons efeitos em seu caso particular, o indivíduo prefira guiar sua escolha pela consideração direta de um valor intrínseco ou vileza dos efeitos que sua ação possa produzir. O julgamento de valor intrínseco tem esta superioridade sobre julgamentos de meios que, uma vez verdadeiros, são sempre verdadeiros; enquanto o que é um meio para um bom efeito em um caso, não o será em outro. Por essa razão o departamento da Ética, que seria mais útil para elaborar orientação prática, é o que discute que coisas têm valor intrínseco e em que grau; e este é precisamente aquele setor que tem sido mais uniformemente negligenciado, a favor das tentativas de formular-se regras de conduta. Temos, no entanto, de considerar não só a bondade relativa de efeitos diferentes, mas também a probabilidade relativa de serem obtidos. Um bem menor, que é mais provável de ser obtido, deve ser preferido a um maior, que é menos provável, se a diferença na probabilidade for suficientemente grande para superar a diferença em bondade. E este fato parece nos posicionar para afirmar a verdade geral de três princípios, que as regras morais ordinárias estão aptas a negligenciar. (1) Que um bem menor, pelo qual qualquer indivíduo tem uma forte preferência (se for apenas um bem, e não um mal), seja mais provável de ser um objeto adequado para ser buscado por ele, que um maior, que ele é incapaz de apreciar. Pois a inclinação natural torna imensamente mais fácil conseguir aquilo pelo que se tem inclinação. (2) Visto que quase todo mundo tem uma preferência muito mais forte por coisas que lhe dizem respeito mais de perto, no geral será correto para um homem visar preferentemente às coisas que o afetam e àquelas pelas quais ele tem um interesse pessoal, que tentar vantagens mais distantes. O egoísmo é, sem dúvida alguma, superior ao altruísmo como uma doutrina de meios: na imensa maioria dos casos a melhor coisa que podemos fazer é visar à obtenção de algum bem no qual estamos interessados, uma vez que por essa mesmíssima razão estejamos muito mais inclinados a consegui-lo. (3) Bens, que podem ser obtidos num futuro tão próximo a ponto de poder ser considerado "o presente" são, no geral, preferidos por aqueles que, estando num futuro mais distante, são, por essa razão, muito menos certos de serem obtidos. Se considerarmos tudo que fazemos do ponto de vista de sua correção, deve-se dizer como um simples meio para o bem, estaremos aptos a negligenciar um fato, no mínimo, que é certo: que uma coisa é realmente boa em si mesma, se ela existe agora, tem precisamente o mesmo valor de uma coisa da mesma espécie que se possa fazer existir no futuro. E regras morais, como foi dito, são, no geral, não diretamente, meios para bens positivos, mas para o que é necessário para a existência de bens positivos; e muito de nosso trabalho deve, em todo caso, ser dedicado a conseguir a continuidade do que é, assim, mero meio – as alegações da indústria e atenção à saúde determinam o emprego de uma larga parte de nosso tempo, que, em casos em que a escolha está aberta, a certa consecução de um bem atual exercerá, no geral, a mais forte reivindicação sobre nós. Se não fosse assim, a vida toda seria gasta meramente no garantir sua continuidade; e até o ponto em que a mesma regra continue no futuro, isto para o que valha a pena possuir, nunca existiria de forma alguma.

101. (4) Uma quarta conclusão, que decorre do fato de que o que é "certo" ou o que é nosso "dever" tem em todos os casos de ser definido como o que é um meio para o bem, é, como já apontado acima (§ 89), que a distinção comum entre estes e "o expediente" ou "útil" desaparece. Nosso "dever" é meramente aquilo que será um meio para o melhor possível, e o expediente, se é mesmo um expediente, tem que ser justamente o mesmo. Não podemos distingui-los dizendo que o primeiro é algo que devemos fazer, enquanto do último não podemos dizer que *devemos*. Em suma, os dois conceitos não são, como é comumente assumido por todos, exceto os moralistas utilitaristas, simples conceitos distintos em última instância. Não há tal distinção na Ética. A única distinção fundamental é entre o que é bom em si mesmo e o que é bom como um meio, o último implicando no primeiro. Mas tem sido demonstrado que a distinção entre "dever" e "expediente" não corresponde a isto: ambos precisam ser definidos como meios para o bem, embora ambos *possam também* ser fins em si mesmos. A questão permanece, então: Qual é a distinção entre dever e expediente?

Uma distinção à qual essas palavras distintas se referem é bastante clara. Certas classes de ação comumente excitam os sentimentos especificamente morais, enquanto outras classes, não. E a palavra "dever" é comumente aplicada só para a classe de ações que excitam aprovação moral, ou cuja omissão excita a reprovação moral – especialmente para a última. Por que este sentimento moral ficou ligado a algumas espécies de ações e não a outras é uma questão que pode certamente não ter sido respondida ainda; mas pode ser observado que não temos razão para pensar que as ações às quais foi ligado eram ou são, em todos os casos, como as que ajudam à sobrevivência de uma raça: é provável que, originalmente tenha sido ligado a vários ritos e cerimônias religiosos que não tinham a menor utilidade a este respeito. Parece que entre nós, todavia, as classes de ação às quais está ligado também têm duas outras características em bastante casos para terem influenciado o significado das palavras "dever" e "expediente". Uma dessas é que "deveres" são, no geral, ações que um número considerável de indivíduos estão fortemente tentados a omitir. O segundo é que a omissão de um "dever" geralmente traz conseqüências marcadamente desagradáveis para *alguém* mais. A primeira destas é uma característica mais universal que a segunda: uma vez que os efeitos desagradáveis em outra pessoas dos "deveres de auto-estima", prudência e temperança, não são tão marcados como o do futuro do próprio agente, enquanto que as tentações para a imprudência e a intemperança são muito fortes. Todavia, no todo, a classe de ações chamadas deveres exibe ambas as características: não são apenas ações, sendo que em sua contra-execução existem fortes inclinações naturais; mas também ações cujos efeitos óbvios, comumente considerados bens, produzem efeitos em outras pessoas. Ações de expediente, por outro lado, são ações para as quais fortes inclinações naturais nos agilizam quase universalmente, e das quais todos os efeitos mais óbvios, comumente considerados bons, são efeitos sobre o agente. Podemos, então, distinguir a grosso modo "deveres" das ações de expediente, como ações em relação às quais existe um sentimento moral, que somos freqüentemente tentados a omitir, e das quais os efeitos mais óbvios são sobre outros que não o agente.

Mas deve-se notar que nenhuma dessas características, pelas quais um "dever" se distingue de uma ação de expediente, nos dá razão para inferir que a primeira classe de ações é mais útil que a última – que elas tendem a produzir um equilíbrio maior de bem. Nem, quando fazemos a indagação: "Este é o meu dever?" queremos perguntar, com isso, se a ação em questão tem essas características: estamos perguntando, simplesmente, se ela produzirá o melhor resultado possível no todo. E se fizéssemos a pergunta com respeito às ações de expediente, deveríamos bem freqüentemente responder pela afirmativa como quando perguntamos com respeito às ações que possuem as três características de "deveres". É verdade que quando perguntamos "Isto é expediente?", estamos fazendo uma pergunta diferente – a saber se ela terá certas espécies de efeito, com respeito ao qual não inquirimos se são boas ou não. Ainda assim, caso se tivesse que duvidar, em qualquer caso particular, se esses efeitos eram bons, essa dúvida é entendida como um lançar de dúvida sobre o expediente das ações: se nos requerem *provar* o expediente de uma ação, só podemos fazê-lo formulando precisamente a mesma pergunta pela qual devemos prová-lo um dever – especificamente, "Tem ela o melhor efeito possível sobre o todo?".

Coerentemente, a questão de se uma ação é um dever ou um mero expediente, não encontra apoio na questão ética de se devemos fazê-la. No sentido de que o dever ou o expediente são tomados como *razões* últimas para se realizar uma ação, elas são tomadas exatamente no mesmo sentido: se pergunto se uma ação é *realmente* meu dever ou *realmente* expediente, o predicado do qual questiono a aplicabilidade para a ação em questão é exatamente o mesmo. Em ambos os casos estou perguntando: "Este é o melhor evento que posso efetuar no todo?"; e se o evento em questão tem algum efeito sobre o que é *meu* (como ocorre usualmente, quando faltamos de expediente) ou algum outro evento (como é usual, quando falamos de dever), esta distinção não tem maior relevância para minha questão que a distinção entre dois efeitos diferentes sobre mim ou dois diferentes efeitos nos outros. A verdadeira distinção entre deveres e ações de expediente não é que os primeiros são ações, em todos os sentidos, mais úteis ou obrigatórias ou melhores, para executar, mas que são ações que é mais útil de se louvar e cumprir por sanções, visto que são ações onde existe a tentação da omissão.

102. Com respeito a ações "interessadas", o problema é um tanto diferente. Quando fazemos a pergunta "Isto é mesmo do meu interesse?", parecemos estar perguntando exclusivamente se seus *efeitos sobre mim* são os melhores possíveis e pode muito bem acontecer que o que me afetará dessa maneira, que é realmente a melhor possível, não produzirá o melhor resultado possível no total. Em função disso, *meu interesse verdadeiro* pode ser diferente do modo de agir que é realmente expediente e de dever. Afirmar que uma ação é "para o meu interesse" é, realmente, como foi salientado no Cap. III (§§ 59/61), afirmar que seus efeitos são realmente bons. "Meu próprio bem" apenas denota algum evento me afetando, que é bom absoluta e objetivamente; é a coisa e não sua bondade, que é *minha*; tudo deve ser "uma parte do bem universal" ou então não é bem de forma alguma; não existe terceira alternativa na concepção "bom para mim". Mas "meu interesse", embora deva ser algo verdadeiramente bom, é somente um entre possíveis bons efeitos; e, conseqüentemente, no realizá-lo, embora estejamos fazendo *algum* bem, podemos estar fazendo menos bem no todo do que se tivéssemos agido de outra maneira. O auto-sacrifício pode ser um dever real, tanto quanto o sacrifício de qualquer simples bem, seja nos afetando, ou a outrem, pode ser necessário a fim de obter um resultado total melhor. Conseqüentemente, o fato de uma ação ser realmente do meu interesse, jamais pode ser razão suficiente para realizá-la; demonstrando que não é um meio para o melhor possível, não demonstramos que não é do meu interesse, como mostramos que não é expediente. Assim mesmo, não há um conflito necessário entre dever e interesse; o que é do meu interesse pode também ser um meio para o melhor possível. E a distinção principal suscitada pelas palavras distintas "dever" e "interesse" não parece ser esta uma fonte de possível conflito, mas o mesmo que é suscitado pelo contraste entre "dever" e "expediente". Por ações "interessadas" são entendidas *principalmente* aquelas, que sendo um meio para o melhor possível ou não, são tais que têm seus efeitos mais óbvios no agente; que ele, geralmente, não se sente tentado a omitir; e com respeito ao que não sentimos como sentimentos morais. Isto é, a distinção não é primariamente ética. Aqui também "deveres" não são, geralmente, mais úteis ou obrigatórios que ações interessadas; são apenas ações que é mais útil louvar.

103. (5) Uma quinta conclusão, de alguma importância em relação à Ética Prática, diz respeito à maneira como as "virtudes" devem ser julgadas. O que significa chamar uma coisa de "virtude"?

Não pode haver dúvida de que a definição de Aristóteles está certa, no geral, até onde diz que é uma "disposição habitual" para realizar certas ações; esta é uma das marcas pela qual devemos distinguir uma virtude de outras coisas. Mas "virtude" e "vício" são também expressões éticas; quer dizer, quando as usamos seriamente, queremos transmitir louvor por uma e censura pela outra. E louvar uma coisa é afirmar que é boa em si mesma ou que constitui um meio para o bem. Devemos, então, incluir em nossa definição de virtude que ela deve ser uma coisa boa em si mesma?

Ora, parece certo que as virtudes são comumente consideradas como boas em si mesmas. O sentimento de aprovação moral com o qual geralmente consideramos as virtudes consiste parcialmente em atribuirlhes valor intrínseco. Mesmo um hedonista, quando sente um sentimento moral por elas, as está considerando como boas em si mesmas; e a virtude tem sido o principal competidor do prazer na posição de *único* bem.

Ainda assim, não penso que possamos considerar como parte da definição de virtude que ela deva ser boa em si mesma. Pois o nome, até agora, tem tido um significado independente, que se em qualquer caso particular uma disposição comumente considerada virtuosa fosse provada não ser boa em si mesma, não deveríamos considerar uma razão suficiente para dizer que não *era* uma virtude, mas apenas assim *considerada*. O teste para a conotação ética da virtude é o mesmo que o de dever: o que devemos exigir como prova a respeito de uma instância particular a fim de dizermos que o nome foi aplicado a ela erradamente? E o teste, assim aplicado, tanto nas virtudes como nos deveres, e considerado como final, é a questão: É ele um meio para o bem? Se pudesse ser mostrado de qualquer disposição particular, comumente considerada virtuosa, que foi geralmente prejudicial, deveríamos dizer imediatamente: Então não é realmente virtuoso. Em conformidade com isto, uma virtude pode ser definida como uma disposição habitual para executar certas ações, que produzem, geralmente, os melhores resultados. Nem existe qualquer dúvida a respeito da espécie de ações que seja habitualmente "virtuoso" executar. São, geralmente, aquelas que são deveres, com a modificação de que também incluímos aquelas que *seriam* deveres, se fosse apenas possível para as pessoas em geral executá-las. Em consonância, com respeito às virtudes, a mesma conclusão é válida com respeito aos deveres. Se são realmente virtudes têm que ser geralmente boas como meios; nem desejo disputar que a maioria das virtudes, comumente consideradas como tais, bem como a maioria dos deveres, são realmente meios para o bem. Mas não se conclui que sejam um pouco mais úteis que aquelas disposições e tendências que nos levam a realizar as ações interessadas. Como deveres das ações de expediente, as virtudes se distinguem de outras disposições úteis, não por qualquer utilidade superior, mas pelo fato de que são disposições, o que é particularmente útil para o louvor e a sanção, porque existem tentações poderosas e comuns para negligenciar as ações a que levam.

Virtudes, portanto, são disposições habituais para executar ações que são deveres, ou que seriam deveres se uma volição fosse suficiente da parte da maioria dos homens para garantir sua execução. E deveres são uma classe particular dessas ações, das quais a execução tem, pelo menos geralmente, resultados totais melhores que a omissão. São, deve-se dizer, ações geralmente boas como meios: mas nem todas essas ações são deveres; o nome está confinado àquela classe particular que é freqüentemente difícil executar, porque há tentações poderosas para o contrário. Segue-se que, a fim de decidir se alguma disposição particular ou ação é uma virtude ou um dever, devemos encarar todas as dificuldades enumeradas na seção (3) deste capítulo. Não deveremos estar qualificados para afirmar que qualquer disposição ou ação é uma virtude ou dever exceto como um resultado de uma investigação, como a que descrevemos. Devemos estar aptos a provar que a disposição ou ação em questão é geralmente melhor como um meio que quaisquer alternativas possíveis e que possam ocorrer; e isto só poderemos estar aptos para provar em determinados estados de sociedade: o que é uma virtude ou um dever em um estado de sociedade pode não o ser em outro.

104. Mas existe outra questão com respeito a virtudes e deveres que deve ser estabelecida somente pela intuição – pelo método propriamente salvaguardado que foi explicado na discussão do hedonismo. Esta é a questão se as disposições e ações, comumente consideradas (corretamente ou não) como virtudes ou deveres, são boas em si mesmas; se possuem valor intrínseco. A virtude ou o exercício da virtude têm muito comumente sido afirmados pelos moralistas ou como sendo o único bem ou, ao menos, o melhor dos bens. Realmente, até onde os moralistas discutiram a questão do que é bom em si mesmo, eles assumiram, geralmente, que tem que ser virtude ou prazer. Dificilmente teria sido possível que uma tão grande diferença de opiniões devesse existir, ou que devesse ser assumida a discussão; tem que ser limitada a duas alternativas, se o significado da questão tivesse sido claramente apreendido. E já vimos que o significado da questão dificilmente tem sido apreendido com clareza. Quase todos os pensadores éticos cometeram a falácia naturalista – não conseguiram perceber que a noção do valor intrínseco é simples e única; e quase todos falharam, em conseqüência, no distinguir claramente entre meios e fim – discutiram, como se fosse uma questão simples e sem ambigüidade, a questão: "O que devemos fazer?" ou "O que deve existir agora?", sem distinguir se a razão pela qual uma coisa deva ser feita, ou existir agora, é a que está possuída ela mesma de valor intrínseco, ou que é um meio para o que tem valor intrínseco. Deveremos, portanto, estar preparados para descobrir que a virtude goza de tão pouca sustentação para ser considerada o único ou principal bem como o prazer; mais especialmente após ver que, até onde a definição vai, chamar uma coisa de uma virtude é meramente declarar que é um meio para o bem. Os advogados da virtude têm, veremos, esta superioridade sobre os hedonistas, que embora as virtudes sejam fatos mentais complexos, nelas estão incluídos várias coisas que são boas em si mesmas e boas em um grau muito mais alto que o prazer. Os advogados do hedonismo, por outro lado, têm a superioridade de que seu método enfatiza a distinção entre meios e fins; embora eles não tenham apreendido a distinção de forma suficientemente clara para perceberem que o predicado ético especial, que eles atribuem ao prazer como *não* sendo simples meio, tem também que ser aplicado a várias outras coisas.

105. Com respeito, então, ao valor intrínseco da virtude, pode-se afirmar de modo amplo: (1) que a maioria das disposições que chamamos por esse nome, e que realmente se conformam com a definição, até o ponto em que sejam disposições geralmente valiosas como meios, pelo menos em nossa sociedade, não têm valor intrínseco de natureza alguma; e (2) que nenhum elemento contido na minoria, nem mesmo todos os elementos diferentes reunidos, podem ser considerados como único bem sem grosseiro absurdo. Quanto ao segundo ponto, pode-se observar que mesmo aqueles que sustentam a opinião de que o único bem deve ser encontrado na virtude, quase invariavelmente sustentam outras opiniões contraditórias a esta, devido principalmente a uma falha na análise do significado dos conceitos éticos. A instância mais marcante desta incoerência é encontrada na concepção cristã comum de que a virtude, embora o único bem, pode, contudo, ser remunerada por algo que não a virtude. O céu é comumente considerado como a recompensa da virtude; e todavia, é também ordinariamente considerado que, para ser uma tal recompensa, deve conter algum elemento, chamado felicidade, que não é certamente idêntico completamente ao mero exercício daquelas virtudes que ele recompensa. Mas, se for assim, então algo que não é virtude tem que ser ou bom em si mesmo ou um elemento no qual existe muito valor intrínseco. Não é comumente observado que, se uma coisa deve ser realmente uma recompensa, deve ser algo bom em si mesmo: é um absurdo pensar em recompensar uma pessoa dando-lhe algo que é menos valioso do que aquilo que ela já possui ou que não tenha valor algum. Portanto, a visão de Kant segundo a qual a virtude nos torna dignos da felicidade está em flagrante contradição com a visão que ele tem implícita, e que está associada ao seu nome, de que uma Boa Vontade é a única coisa que tem valor intrínseco. Isso, na verdade, não nos habilita a fazer a acusação feita algumas vezes de que Kant é, incoerentemente, um eudemonista ou hedonista: pois isso não implica que a felicidade seja o único bem. Mas implica realmente que a Boa Vontade *não* é o único bem: que um estado de coisas no qual somos tanto virtuosos quanto felizes é melhor em si mesmo que aquele em que a felicidade está ausente.

106. A fim de considerar, entretanto, justamente as pretensões da virtude ao valor intrínseco, é necessário distinguir vários estados mentais muito diferentes, todos eles caindo sob uma definição geral de que são disposições habituais para executar deveres. Podemos, então, distinguir três estados bastante diferentes, todos eles sujeitos a se confundirem entre si, sobre cada um dos quais diferentes sistemas morais têm dado grande ênfase, e para cada um dos quais pretendeu-se que só ele constitui virtude, e, implicitamente, que é o único bem. Podemos, primeiramente, distinguir entre (*a*) que a característica permanente da mente, que consiste no fato de que uma atuação do dever tornou-se em sentido estrito um hábito, como muitas das operações de vestir a roupa, e (*b*) que a característica permanente, que consiste no fato de que o que pode ser chamado de bons motivos habitualmente ajuda a produzir a execução de deveres. E na segunda divisão podemos distinguir entre a tendência habitual de ser acionado por um motivo, especificamente, o desejo de cumprir o dever pelo dever apenas, e todos os outros motivos, como o amor, a benevolência, etc. Obtemos assim as três espécies de virtude, das quais devemos agora considerar o intrínseco valor.

(*a*) Não há dúvida alguma de que o caráter de um homem pode ser tal que ele execute habitualmente certos deveres, sem jamais lhe ocorrer o pensamento, quando os deseja, de que se tratam de deveres, ou que algum bem decorrerá deles. De um tal homem não podemos e não recusamos dizer que possui a virtude que consiste na disposição de realizar esses deveres. Eu, por exemplo, sou honesto no sentido de que me abstenho de qualquer ação legalmente qualificada como furto, mesmo onde outras pessoas seriam fortemente tentadas a cometê-los. Seria grosseiramente contrário ao uso comum negar que, por esta razão, possuo realmente a virtude da honestidade: é absolutamente certo que tenha uma disposição habitual de cumprir um dever. E que tanta gente quanto possível deva ter uma disposição semelhante, é, sem dúvida, de grande utilidade: é bom como meio. Mesmo assim, posso afirmar seguramente que nem minhas várias atuações desse dever, nem minha disposição para realizá-las, têm o menor valor intrínseco. É porque a maioria das instâncias de virtude parece ser desta natureza que podemos nos aventurar a afirmar que as virtudes não têm, em geral, nenhum valor intrínseco. E parece boa razão pensar que quanto mais geralmente sejam desta natureza mais úteis são; visto que uma grande economia de trabalho é obtida quando uma ação útil torna-se habitual ou instintiva. Mas proclamar que uma virtude, que não inclui mais que isso, é boa em si mesma é um absurdo grosseiro. E desse absurdo, se pode observar, a Ética de Aristóteles é culpada. Pois, sua definição de virtude não exclui uma disposição para executar ações desta maneira, enquanto que suas descrições de virtudes particulares *incluem* claramente tais ações: que uma ação, a fim de exibir virtude, deve ser executada του καλου Ευ∈εκα é uma *qualificação* que ele permite freqüentemente perder de vistas. E, por outro lado, ele certamente parece considerar o exercício de *todas as virtudes como* um fim em si mesmo. Seu tratamento da Ética é, na verdade, nos pontos mais importantes, altamente não sintético, e confuso, devido à sua tentativa de ampará-la na falácia naturalista, pois somos obrigados a considerar estritamente por suas palavras que θ∈ωρία é a *única* coisa boa em si mesma, e em que caso a bondade por ele atribuída às virtudes práticas não possa ser valor intrínseco; enquanto que, por outro lado, não parece considerá-la meramente como utilidade, visto que não tenta mostrar que são meios para θ∈ωρία. Mas não existe dúvida de que no todo ele considera o exercício das virtudes práticas como um bem da mesma espécie como (*i.e.* tendo valor intrínseco) somente num grau menor que θ∈ωρία; de modo que ele não pode evitar a acusação de que recomenda, como tendo valor intrínseco, tais instâncias do exercício de virtude que discutimos presentemente – instâncias de uma disposição para desempenhar ações que, na frase moderna, têm meramente "correção externa". Que ele esteja certo em aplicar a palavra "virtude" a tal dispo-sição não se pode duvidar. Mas o protesto contra a visão de que "correção externa" é suficiente para constituir "dever" ou "virtude" – um protesto que é comumente, e com alguma justiça, atribuído como uma mérito da moral cristã – parece, principalmente, ser um modo equivocado de destacar uma verdade importante, a saber, que onde existe somente "cor-reção externa" não existe certamente valor intrínseco. É comumente assumido (embora erroneamente) que chamar uma coisa de virtude significa que tenha valor intrínseco: e nesta suposição a visão de que a virtude não consiste em uma mera disposição para executar ações externamente corretas constitui realmente um avanço na verdade ética além da Ética de Aristóteles. A inferência de que, se a virtude inclui em

260

seu significado "bem em si mesmo" e a definição de Aristóteles de virtude não é adequada e expressa um falso julgamento ético, é perfeitamente correta: só a premissa de que a virtude não inclui isto em seu significado é errônea.

107. (*b*) O caráter de um homem pode ser tal que, quando ele executa habitualmente um dever particular, existe, em cada caso de sua atuação, presente em sua mente, um amor de alguma conseqüência intrinsecamente boa que ele espera produzir por sua ação ou um ódio de alguma conseqüência intrinsecamente maléfica que ele espera evitar por ela. Em tal caso, este amor ou ódio será geralmente causa parcial de sua ação, e podemos então chamá-lo de um de seus *motivos*. Onde tal sentimento estiver presente habitualmente no desempenho de deveres, não pode ser negado que o estado da mente do homem, na execução, contém algo intrinsecamente bom. Nem pode ser negado que, onde uma disposição para realizar deveres consiste na disposição de ser motivo para eles por tais sentimentos, chamamos tal disposição de uma virtude. Aqui, portanto, temos instâncias de virtude, cujo exercício realmente contém alguma coisa que é boa em si mesma. E, no geral, podemos dizer que onde uma virtude consistir, realmente, numa disposição para ter certos motivos, o exercício dessa virtude *pode* ser intrinsecamente bom; embora o grau de bondade que ela possui possa variar indefinidamente segundo a natureza precisa dos motivos e seus objetos. Até aqui, na medida em que o cristianismo tende a enfatizar a importância dos motivos, da disposição "interna" com a qual uma ação correta é executada, podemos dizer que ele prestou um serviço à Ética. Mas deve-se notar que, quando a ética cristã, representada pelo Novo Testamento, é louvada por isto, duas distinções da máxima importância, que eles negligenciam inteiramente, são muito comumente ignoradas. Em primeiro lugar o Novo Testamento está largamente ocupado em continuar a tradição dos profetas hebreus, recomendando virtudes tais como "justiça" e "misericórdia" contra meras observâncias rituais; e enquanto faz isso, está recomendando virtudes que podem ser *meramente* boas como meios, exatamente como as virtudes aristotélicas. Esta característica de seus ensinamentos deve, portanto, ser rigorosamente distinguida daquela que consiste em sua imposição de tal ponto de vista, como ficar zangado sem razão é tão mau como cometer um assassinato. E, em segundo lugar, embora o Novo Testamento louve efetivamente algumas coisas que são boas apenas como meios e outras que o são em si mesmas, falha inteiramente em reconhecer essa distinção. Embora o estado do homem que está zangado possa ser realmente tão ruim em si mesmo como o do assassino, e até aí Cristo possa estar certo, Sua palavra nos levaria a supor que seria também tão ruim de todas as formas, que *causa também* muito mal: e isto é inteiramente falso. Em suma, quando a ética cristã aprova, ela não distingue se a sua aprovação afirma "Isto é um meio para o bem" ou "Isto é bom em si mesmo"; e assim, ela louva coisas meramente boas como meios, tanto como quanto boas em si mesmas, e coisas meramente boas em si mesmas como se fossem boas também como meios. Deve-se notar, além disso, que se a ética cristã atrai a atenção para aqueles elementos em virtudes que são boas em si mesmas, não está de forma alguma sozinha nisto. A Ética de Platão se distingue por afirmar, muito mais clara e coerentemente que qualquer outro sistema, o ponto de vista de que o valor intrínseco pertence exclusivamente àqueles estados de mente que consistem no amor do que é bom ou ódio do que é mau.

108. Mas (*c*) a Ética do cristianismo se distingue da de Platão no enfatizar o valor de um motivo particular – aquele que consiste na emoção excitada pela idéia, não de quaisquer conseqüências intrinsecamente boas da ação em questão, nem mesmo da própria ação, mas por sua correção. Esta idéia de "correção" abstrata o os vários graus da emoção específica por ela são o que constituem especificamente "sentimento moral" ou "consciência". Uma ação parece ser mais propriamente chamada "internamente certa"[1] só em virtude do fato de que o agente a considerou previamente como certa; a idéia de "correção" deve ter estado presente em sua mente, mas não precisa ter estado necessariamente entre seus motivos. E entendemos o homem "consciente" aquele que, quando delibera, sempre tem esta idéia em sua mente, e não age até acreditar que sua ação esteja certa.

A presença desta idéia e sua ação como um motivo certamente parecem ter se tornado objeto comum de atenção e recomendação devido a influência do cristianismo; mas é importante observar que não há base para a opinião de Kant, de que é o *único* motivo que o Novo Testamento considera como intrinsecamente valioso. Parece haver pouca dúvida de

---

1. Este sentido de termo deve ser cuidadosamente distinguido daquele no qual se pode dizer que a intenção do agente é "certa", se apenas os resultados de sua intenção tivessem sido os melhores possíveis.

que quando Cristo nos diz "Ama teu próximo como a ti mesmo", Ele não quis dizer meramente o que Kant chama de "amor prático" – beneficência da qual o *único* motivo é a idéia de sua correção ou a emoção causada por aquela idéia. Entre as "disposições internas" das quais o Novo Testamento inculca o valor, estão certamente incluídas o que Kant chama de "inclinações naturais", tais como piedade, etc.

Mas o que devemos dizer da virtude, quando ela consiste em uma disposição a ser movida para a atuação de deveres por essa idéia? Parece difícil negar que a emoção excitada pela correção como tal tenha algum valor intrínseco; e ainda mais difícil negar que sua presença pode elevar o valor de alguns todos nos quais penetra. Mas, por outro lado, ela certamente não tem mais valor que muitos dos motivos tratados na última seção, emoções de amor voltadas para coisas realmente boas em si mesmas. E quanto à implicação de Kant que é o único bem[2], *está incoerente* em relação a outras de suas opiniões. Pois ele, certamente, considera-o como o *melhor* para executar as ações, para o que ele sustenta que nos condiciona – especificamente, deveres "materiais" – do que omiti-la. Mas, sendo o melhor mesmo, então estas ações devem ser melhor em si mesmas ou como um meio. A primeira hipótese contraditaria diretamente a afirmação de que este motivo era o *único* bem, e a última é excluída pelo próprio Kant, já que ele sustenta que nenhuma ação pode *causar* a existência deste motivo. E pode também ser observado que a outra alegação que ele faz relativamente ela, a saber que é *sempre* boa como um meio, também não pode ser mantida. É tão certo como qualquer coisa possa ser que ações muito danosas podem ser efetivadas por motivos conscientes; e que a consciência nem sempre nos diz a verdade a respeito de que ações são certas. Nem pode ser afirmado, nem mesmo que é *mais* útil que muitos outros motivos. Tudo que pode ser admitido é que é uma das coisas que são geralmente úteis.

O que mais tenho a dizer com respeito a esses elementos em algumas virtudes que são boas em si mesmas, e com respeito a seu relativo grau de excelência, bem como a prova de que todos juntos não podem ser o único bem, pode ser transferido para o próximo capítulo.

---

2 Kant, até onde sei, nunca afirmou expressamente esta opinião, mas está implícita *e.g.* em seu argumento contra a heteronomia.

109. Os pontos principais neste capítulo, para os quais desejo dirigir a atenção, podem ser resumidos assim: (1) Primeiro indiquei como o tema que trata, a saber, os julgamentos éticos na conduta, envolve uma questão, totalmente diferente em espécie das duas questões discutidas previamente, ou seja: (*a*) Qual é a natureza do predicado peculiar à Ética? e (*b*) Que espécie de coisas em si mesmas possuem este predicado? A Ética Prática pergunta, não "O que deve ser?" mas "O que devemos fazer?"; ela pergunta que ações são *deveres*, que ações são *certas*, e quais as *erradas*: e todas estas questões só podem ser respondidas mostrando-se a relação das ações em questão, como *causas* ou *condições necessárias*, ao que é bom em si mesmo. As indagações da Ética Prática caem, assim, inteiramente sob a *terceira divisão* das questões éticas – questões que perguntam, "O que é bom como um meio?" que é equivalente a "O que é um meio para o bem – Qual é a causa ou condição necessária de coisas boas em si mesmas?" (86-88). Mas (2) ela levanta esta questão, quase exclusivamente, com respeito a ações passíveis de execução para a maioria do homens bastando que o desejem; e com respeito as estas, não pergunta meramente, qual entre elas terá *algum* resultado bom ou mau, mas qual, entre todas as ações possíveis de volição a qualquer momento, produzirá o melhor resultado *total*. Afirmar que uma ação é um dever, é afirmar que é uma tal ação possível, que produzirá, *sempre*, em certas circunstâncias conhecidas, melhores resultados que qualquer outra. Segue-se que proposições universais das quais o dever é predicado, longe de serem auto-evidentes, sempre exigem um prova que está além de nossos atuais meios de conhecimento dar (89-92). Mas (3) tudo que a Ética tem tentado ou pode tentar, é mostrar que certas ações, possíveis pela volição, *geralmente* produzem resultados totais melhores ou piores que qualquer alternativa provável; e deve ser obviamente muito difícil mostrar isto com respeito aos resultados totais mesmo num futuro relativamente próximo; enquanto o que tenha os melhores resultados num tal futuro próximo, também tem o melhor no todo, e é um ponto que exige uma investigação de que não foi ainda objeto. Se é verdade, e se, em consonância com isto, damos o nome de "dever" a ações que *geralmente* produzem resultados totais melhores em um futuro próximo que qualquer outra alternativa, pode ser possível provar que algumas das regras mais comuns de dever são verdadeiras, mas *apenas* em certas condições de sociedade, que podem ser mais ou menos universalmente apresentadas na história; e tal prova só é possível *em alguns casos* sem um julgamento correto de quais coisas são boas ou ruins em si mesmas – um julgamento que jamais foi oferecido pelos pensadores éticos. Com respeito a ações cuja utilidade *geral* fica assim provada, o indivíduo deve *sempre* executá-las; mas em outros casos em que regras são comumente oferecidas, ele deveria preferivelmente julgar os prováveis resultados em seu caso particular, guiado por uma concepção correta de que coisas são intrinsecamente boas ou más (93-100). (4) Para que se demonstre que qualquer ação é um dever, tem que se demonstrar que preenche as condições acima; porém, as ações comumente chamadas de "deveres" não as preenchem mais que "ações de expediente" ou "ações interessadas"; chamando-as "deveres" simplesmente queremos dizer que ela tem, adicionalmente, certos predicados não-éticos. Similarmente, virtude significa principalmente uma disposição permanente para executar "deveres" neste sentido restrito; e de acordo com isto uma virtude, se for mesmo uma virtude, terá que ser boa *como um meio*, no sentido que preenche as condições acima; mas não é *melhor* como um meio que disposições não-virtuosas; geralmente não tem valor em si mesma; e, quando tem, está distante de ser o único bem ou o melhor dos bens. Em conformidade, "virtude" não é, como comumente implicado, um predicado *ético* único (101-109).

CAPÍTULO VI

O IDEAL

110. O título deste capítulo é ambíguo. Quando chamamos um estado de coisas de "ideal", podemos estar dizendo três coisas distintas, que só têm isto em comum: que sempre realmente queremos dizer, do estado de coisas em questão, não só que é bom em si mesmo, mas que é bom em si mesmo em um grau muito mais elevado que muitas outras coisas. O primeiro destes significados do "ideal" é (1) aquele ao qual a frase "*O* Ideal" está mais propriamente limitada. Por isto diz-se o *melhor* estado de coisas *concebível*, o *Summum Bonum* ou Bem Absoluto. É neste sentido que uma concepção correta do Céu seria uma concepção certa do Ideal: para nós o Ideal é um estado de coisas que seria absolutamente perfeito. Mas esta concepção pode se distinguir muito claramente de uma segunda, a saber (2), aquela do melhor estado de coisas *possível* neste mundo. Esta segunda concepção pode ser identificada com a que figura freqüentemente na filosofia como "O Bem Humano", ou fim *máximo* para o qual nossa ação deveria ser dirigida. É neste sentido que se diz que as Utopias são Ideais. O construtor de uma Utopia pode supor muitas coisas como possíveis, que são, de fato, impossíveis; mas ele sempre assume que algumas coisas, ao menos, são tornadas impossíveis pelas leis naturais, e assim suas construções diferem essencialmente daquelas que possam desconsiderar *todas* as leis naturais, embora estejam certamente estabelecidas. Em todo caso, a questão *"Qual é o melhor que poderíamos possivelmente criar?"* é bem diferente da questão "Qual seria o melhor estado de coisas concebível?". Porém, em terceiro lugar, podemos estar dizendo ao chamar um estado de coisas "ideal" meramente (3) que é bom em si mesmo em um grau elevado. E é óbvio que a questão que coisas são "ideais" neste sentido deve ser respondida antes que possamos ter a pretensão de estabelecer o que é o Absoluto ou o Bem Humano. É com o Ideal, neste terceiro sentido, que estaremos principalmente preocupados neste capítulo. Seu objeto principal é chegar a alguma resposta positiva para a questão fundamental da Ética – a questão: "Que coisas são bens ou fins em si mesmas?". Para esta questão obtemos até agora somente uma resposta negativa: a resposta de que o prazer certamente não é o *único* bem.

111. Acabei de dizer que residem na resposta correta a esta questão as respostas corretas para as outras duas: "O que é o Bem Absoluto?" e "O que é o Bem Humano?"; e, antes de continuar com esta discussão, convém salientar a relação existente entre estas duas questões.

(1) É bem possível que o Bem Absoluto seja inteiramente composto de qualidades que sequer podemos imaginar. Isto é possível porque embora certamente conheçamos uma quantidade enorme de coisas que são boas em si mesmas, e boas em grau elevado, todavia, o que é melhor não contém necessariamente todas as coisas boas que existem. Que isto é assim decorre do princípio explicado no Capítulo I (§§ 18-22), no qual se propôs que a expressão "princípios das unidades orgânicas" deveria ser limitada. Este princípio é que o valor intrínseco de um todo não é idêntico nem proporcional à soma dos valores de suas partes. Segue-se daí que, embora a fim de obter a maior soma possível de valores em suas partes, o Ideal necessariamente conteria todas as coisas que possuem valor intrínseco em algum grau, mas o todo que contivesse todas essas partes poderia não ser tão valioso como algum outro todo, do qual certos bens positivos foram omitidos. Mas se um todo, que não contém todos os bens positivos, pode, ainda assim, ser melhor que um todo que os contenha, segue-se que o melhor todo *pode* ser um que não contenha *nenhum* dos bens positivos com os quais estamos acostumados.

Portanto, é *possível* que não possamos descobrir o que é o Ideal. Mas está claro que, embora esta possibilidade não possa ser negada, ninguém tem qualquer direito de afirmar que está realizada – que o Ideal *é* alguma coisa inimaginável. Não podemos julgar o valor intrínseco comparativo das coisas, a menos que as coisas que julgamos estejam diante de nossa mente. Não podemos, portanto, arrogarmos nos afirmar que qualquer coisa, que não podemos imaginar, seria melhor que algumas das coisas que podemos; embora não estejamos tampouco em posição de negar a possibilidade de que este pode ser o caso. Conseqüentemente, nossa procura pelo Ideal tem que ser limitada a uma busca, pelo que, entre os todos compostos de elementos que nos são conhecidos, o que parece melhor que todo o resto. Nunca estaremos em posição de afirmar que este todo é perfeição, mas poderemos estar em posição de afirmar que é *melhor* que qualquer outro que possa ser apresentado como um rival.

Mas, visto que qualquer coisa com relação à qual possamos nos dar qualquer razão para pensar como ideal tem que ser composta por coisas que nos são conhecidas, está claro que uma avaliação comparativa destas deve ser nosso principal instrumento para decidir o que é ideal. O melhor ideal que podemos construir será aquele estado de coisas que contém o maior número de coisas com valor positivo, e nada contém de mau ou indiferente – *desde que* a presença de nenhum desses bens, ou a ausência de coisas más ou indiferentes, pareça diminuir o valor do todo. E, de fato, o principal defeito de tais tentativas como feitas por filósofos para construírem um Ideal – para descreverem o Reino do Céu – parece consistir no fato de que omitem muitas coisas de grande valor positivo, embora seja claro que esta omissão *não* aumenta o valor do todo. Em sendo este o caso, pode ser afirmado com segurança que o ideal proposto não é ideal. E o exame de bens positivos, que estou para fazer, mostrará, espero, que nenhum ideal assim proposto é satisfatório. Grandes bens positivos, parecerá serem tão numerosos, que qualquer todo que os contenha, deve ser de uma vasta complexidade. E embora este fato torne difícil, ou humanamente impossível, decidir o que é O Ideal, qual é absolutamente o melhor estado de coisas imaginável, é suficiente condenar esses Ideais, que são formados por omissão, sem nenhum ganho visível em conseqüência dessa omissão. Os filósofos parecem ter costumeiramente procurado somente o *melhor das coisas simples, negligenciando o fato* de que um todo composto de dois grandes bens, embora um deles seja obviamente inferior ao outro, pode ainda assim ser visto como decididamente superior ao outro por si mesmo.

(2) Por outro lado, Utopias – tentativas de descrição de um Céu na Terra – sofrem comumente não só disto, mas também do defeito oposto. São comumente construídas no princípio de meramente omitir os grandes males positivos, que existem presentemente, com uma consideração extremamente inadequada para a bondade daquilo que elas retêm: os assim chamados bens, que consideram, são na maioria coisas que são, no melhor, meros meios para o bem – coisas como a liberdade, *sem* a qual, possivelmente, nada muito bom pode existir neste mundo, mas

que são de nenhum valor por si mesmas e não asseguram, de modo algum, a produção de qualquer coisa de valor. É certamente necessária para a finalidade de seus autores, cujo objeto é meramente construir o melhor que possa ser possível neste mundo, de modo a incluírem, no estado de coisas que descrevem, muitas coisas, que são em si mesmas indiferentes, mas que, segundo as leis naturais, parecem ser absoluta-mente necessárias para a existência de qualquer coisa que é boa. Mas, de fato, eles estão aptos a incluir muitas coisas cuja necessidade não está de modo algum aparente, sob a idéia errônea de que estas coisas são boas em si mesmas, e não meramente, aqui e agora, um meio para o bem: enquanto, por outro lado, omitem, também, de suas descrições grandes bens positivos, cuja consecução parece ser tão possível como muitas das mudanças que eles recomendam. Vale dizer, concepções do Bem Humano erram comumente, não só, como as do Bem Absoluto, por omitirem alguns grandes bens, mas também por incluírem coisas indiferentes; e eles tanto omitem como incluem em casos em que as limitações da necessidade natural, por cuja consideração estão legiti-madamente diferenciados das concepções do Bem Absoluto, não justi-ficarão a omissão e a inclusão. De fato, é óbvio que a fim de decidir corretamente a que estado de coisas devemos visar, não devemos consi-derar somente que resultados são agradáveis, mas também quais, entre os resultados igualmente possíveis, terão o maior valor. E esta segunda investigação, a avaliação comparativa de bens conhecidos, não tem importância menor que a investigação do Bem Absoluto.

112. O método que deve ser empregado a fim de decidir a questão "Que coisas têm valor intrínseco, e em que grau?" já foi explicado no Cap. III (§§ 55, 57). A fim de chegar a uma decisão correta na primeira parte da questão, é necessário considerar que coisas são tais que, se existissem *por si mesmas*, em isolamento absoluto, deveríamos ainda julgar sua existência como sendo boa; e, a fim de decidir sobre os *graus* relativos de valor de coisas diferentes, precisamos similarmente consi-derar que valor comparativo parece prender-se à existência isolada de cada uma. Empregando este método, nos guardaremos contra dois erros, que parecem ter sido as causas principais que viciaram conclusões prévias sobre o assunto. O primeiro destes (1) é o que consiste na suposição de que o que parece absolutamente necessário aqui e agora, para a existência de qualquer coisa boa – sem o que não podemos passar – é, portanto, bom em si mesmo. Se isolarmos essas coisas, que são meros meios para o bem, e supusermos um mundo no qual elas sozinhas, e nada a não ser elas, existisse, sua intrínseca inutilidade torna-se aparente. E, em segundo lugar, existe um erro mais sutil (2), que consiste no negligenciar o princípio das unidades orgânicas. Este erro é cometido quando se supõe que, se uma parte de um todo não tem valor intrínseco, o valor do todo deve residir inteiramente nas outras partes. Tem-se, deste modo, suposto comumente que, se todos os todos valiosos pudessem ser vistos como tendo uma e só uma propriedade comum, os todos teriam que ser valiosos exclusivamente *porque* possuem esta propriedade; e a ilusão é fortemente reforçada se a propriedade comum em questão parece, considerada por si mesma, ter mais valor que as outras partes de tais todos, considerados em si mesmos. Mas, se considerarmos a propriedade em questão, *isoladamente*, e então a comparamos com o todo, do qual faz parte, pode tornar-se facilmente aparente que, existindo por si mesma, a propriedade em questão não tem quase tanto valor, como tem o todo ao qual pertence. Assim, se compararmos o valor de uma certa quantidade de prazer, *existindo absolutamente por si mesmo*, com o valor de certos "gozos", contendo uma quantidade igual de prazer, pode tornar-se aparente que o "gozo" é muito melhor que o prazer, e também, em alguns casos, muito pior. Em tal caso está claro que o "gozo" *não* deve seu valor *exclusivamente* ao prazer que contém, embora possa facilmente ter parecido ser assim, quando apenas consideramos os outros constituintes do gozo, e parecíamos ver que, sem o prazer, não teria tido valor algum. Está aparente, agora, ao contrário, que todo o "gozo" deve seu valor igualmente à presença dos outros constituintes, *embora* possa ser verdade que o prazer é o único constituinte tendo algum valor em si mesmo. Similarmente, dizem-nos que todas as coisas devem seu valor somente ao fato de serem "realizações do eu verdadeiro"; podemos facilmente refutar esta afirmação, perguntando se o predicado significado pela "realização do eu verdadeiro", supondo que ele pudesse existir sozinho, teria qualquer valor. Ou a *coisa*, que realmente "realiza o eu verdadeiro tem ou não tem valor intrínseco; se tem, então certamente não deve seu valor exclusivamente ao fato de realizar o verdadeiro eu.

113. Se usamos, agora, este método de isolamento absoluto, e nos guardamos contra esses erros, parece que a questão que temos que responder é muitíssimo menos difícil que as controvérsias da Ética podem nos levar a esperar. Realmente, uma vez que o significado da questão está claramente compreendido, sua resposta, nos seus contornos principais, parece ser tão óbvia, que corre o risco de parecer uma banalidade. De longe, as coisas mais valiosas, que conhecemos ou podemos imaginar, são certos estados de consciência, que podem ser descritos a grosso modo como os prazeres da relação humana e o desfrutar de objetos belos. Ninguém, provavelmente, que já se perguntou a questão, já duvidou que a afeição pessoal e a apreciação do que é belo na arte e na natureza, são bons em si mesmos; nem se considerarmos estritamente que coisas vale a pena possuir *puramente por seu próprio valor*, parecerá provável que quem quer que seja pensará que qualquer coisa mais tem *aproximadamente* um valor tão grande como as coisas que estão incluídas sob esses dois títulos. Eu mesmo enfatizei no Cap. III (§ 50) que a mera existência do que é belo parece ter *algum* valor intrínseco; mas considero como indubitável que o Prof. Sidgwick estava tão certo, na opinião ali discutida, que uma tal mera existência do que é belo tem valor, tão pequeno que pode ser negligenciado, em comparação com o que se prende à *consciência* da beleza. Pode-se dizer que esta verdade simples, realmente, é universalmente reconhecida. O que *não* tem sido reconhecido é que ela é a verdade última e fundamental da filosofia moral. Que é somente para o bem destas coisas – a fim de que o máximo possível delas possa existir em algum tempo – que qualquer um possa ser justificado no desempenho de qualquer dever público ou privado; que eles são a *raison d'être* da virtude; que são eles – estes próprios todos complexos e não qualquer constituinte ou característica deles – que formam o fim último racional da ação humana e o único critério do progresso social: estas parecem ser verdades que foram ignoradas no geral.

Que sejam verdades – que afeições pessoais e gozos estéticos incluam *todos* os maiores, e *de longe* os maiores bens que podemos imaginar, parecerá, espero, mais claramente no curso dessa sua análise, que devo agora continuar. Todas as coisas, que desejei incluir nas descrições acima, são *unidades orgânicas* altamente complexas; e no discutir as conseqüências, que decorrem deste fato, e os elementos dos quais são compostas, posso esperar ao mesmo tempo confirmar e definir minha posição.

114. Proponho começar pelo exame do que tenho chamado de gozos estéticos, visto que o caso das afeições pessoais apresenta algumas complicações adicionais. É, penso, admitido universalmente, que a apreciação

272

adequada de um objeto belo é uma coisa boa em si mesma; e minha questão é: Quais são os elementos principais incluídos nessa apreciação?

(1) Está claro que nessas instâncias de apreciação estética, que reputamos extremamente valiosas, estão incluídos, não meramente uma cognição nua e crua do que é belo no objeto, mas também algum tipo de sentimento ou emoção. Não é suficiente que um ser humano vê meramente as qualidades belas em uma pintura e já sabia que são belas, para que possamos atribuir ao seu estado mental o mais elevado louvor. Nós exigimos que ele *aprecie* também a beleza do que ele vê e conhece como belo – que ele sinta e veja *sua beleza*. E por essas expressões certamente queremos dizer que ele deve ter uma emoção apropriada para com as belas qualidades que reconhece. É talvez o caso de todas as emoções estéticas terem alguma qualidade comum; mas é certo que diferenças nas emoções parecem ser apropriadas a diferenças na espécie de beleza percebida: e ao dizer que emoções diferentes são *apropriadas* a diferentes espécies de beleza, queremos dizer que o todo que é formado pela consciência dessa espécie de beleza *juntamente com* a emoção que lhe é apropriada, é melhor do que se qualquer outra emoção tivesse sido sentida no contemplar aquele objeto belo particular. Coerentemente a isto, temos uma larga variedade de emoções diferentes, cada uma das quais é um componente necessário em algum estado de consciência que julgamos ser bom. Todas essas emoções são elementos essenciais em grandes bens positivos; são partes dos todos orgânicos, que possuem grande valor intrínseco. Mas é importante observar que estes todos são orgânicos, e que, conseqüentemente, não se conclui que tivesse emoção, *em si mesma*, tivesse algum valor, nem ainda, que se fosse dirigida para um objeto diferente, o todo assim formado não pudesse ser positivamente mau. De fato, parece ser o caso que, se distinguimos o elemento emocional, em qualquer apreciação estética, do elemento cognitivo, que o acompanha e é, de fato, comumente considerado como uma parte da emoção; e se considerarmos que valor este elemento emocional teria, *existindo por si mesmo*, dificilmente podemos pensar que tenha qualquer valor importante mesmo que tenha algum. Enquanto que, se a mesma emoção for dirigida para um objeto diferente, se, por exemplo for sentida relativamente a um objeto que é positivamente feio, todo o estado de consciência é certa e freqüentemente positivamente mau em grau elevado.

115. (2) No último parágrafo indiquei os dois fatos, que a presença de alguma emoção é necessária para dar algum elevado valor a um estado de apreciação estética, e que, por outro lado, esta mesma emoção, em si mesma, pode ter pouco ou nenhum valor; segue-se que essas emoções dão ao todo, do qual fazem uma parte, um valor muito maior que o que elas mesmas possuem. O mesmo é obviamente verdadeiro quanto ao elemento cognitivo que tem que ser combinado com essas emoções a fim de formarem esses todos altamente valiosos; e neste parágrafo tentarei definir o que significa este elemento cognitivo, o suficiente para prevenir um mal-entendido. Quando falamos que vemos um objeto belo, ou mais geralmente, da cognição ou consciência de um belo objeto, podemos significar por essas expressões alguma coisa que não faz parte de nenhum todo valioso. Existe uma ambigüidade no uso do termo "objeto" que foi provavelmente responsável por tantos erros enormes na filosofia e na psicologia quanto qualquer outra causa isolada. Esta ambigüidade pode ser detectada facilmente no considerar-se a proposição de que, embora uma contradição em termos, é obviamente verdadeira. Que quando um homem vê uma pintura bonita, ele pode não ver nada que seja belo. A ambigüidade consiste no fato que, pelo "objeto" da visão (ou cognição) entenda-se como significado as qualidades ou realmente vistas *ou* todas as qualidades possuídas pela coisa vista. Assim, no nosso caso, quando se diz que a pintura é bela, quer-se dizer que ela contém qualidades que são belas; quando se diz que o homem vê a pintura, quer-se dizer que ele vê um grande número de qualidades contidas na pintura; e quando se diz que, assim mesmo, ele nada vê de belo significa que não vê essas qualidades da pintura que são belas. Quando, portanto, falo de cognição de um objeto belo, como um elemento essencial numa apreciação estética valiosa, devo ser entendido como exprimindo apenas a cognição das *belas qualidades* possuídas pelo objeto, e *não* a cognição de outras qualidades do objeto que as possui. E esta distinção deve ela mesma ser cuidadosamente diferenciada de outra distinção expressa acima pelos termos diversos "vendo a beleza de uma coisa" e "vendo suas belas qualidades". Por "vendo a beleza de uma coisa" queremos comumente dizer a posse de uma emoção relativamente a suas belas qualidades; enquanto que no "vendo suas belas qualidades" não incluímos qualquer emoção. Por elemento cognitivo, igualmente necessário com a emoção para a existência de uma apreciação valiosa, refiro-me meramente à cognição real ou consciência de alguma ou todas *belas qualidades* de um objeto – vale dizer, qualquer um ou todos aqueles elementos no objeto que possuam qualquer beleza positiva. Que um tal elemento cognitivo é essencial para um todo valioso pode ser percebido facilmente, perguntando-se: Que valor devemos atribuir à própria emoção excitada ao ouvir-se a Quinta Sinfonia de Beethoven, se essa emoção fosse inteiramente desacompanhada de qualquer consciência, das notas ou das melódicas e relações harmônicas entre elas? E que o mero *escutar* da sinfonia mesmo acompanhado da emoção apropriada, não é suficiente, pode ser percebido facilmente se considerarmos qual seria o estado de um homem, que ouvisse todas as notas, mas *não* estivesse ciente de nenhuma daquelas relações melódicas e harmônicas, necessárias para constituírem os elementos menores de beleza da sinfonia.

116. (3) Ligada à distinção acabada de ser feita entre "objeto" no sentido de qualidades realmente diante da mente, e "objeto" no sentido de coisa toda que possui as qualidades realmente diante da mente, existe outra distinção de máxima importância para uma análise correta dos componentes necessários a um todo valioso. Pensa-se, comum e corretamente, que para ver beleza em uma coisa que não tem beleza é de certo modo inferior a ver beleza naquilo que realmente a tem. Mas nesta simples descrição de "ver beleza no que não tem beleza", dois fatos bem diferentes, e fatos de valores diferentes, podem ser incluídos. Podemos querer dizer *seja* a atribuição a um objeto de qualidades realmente belas que não possui o sentimento para as qualidades que o objeto possui realmente, mas que na realidade não são belas, uma emoção apropriada somente às qualidades realmente belas. Ambos estes fatos são de ocorrência bastante freqüente; e na maioria dos exemplos de emoção ambos indubitavelmente ocorrem juntos: mas eles são obviamente bem distintos, e a distinção é de máxima importância para uma estima correta de valores. O primeiro pode ser chamado de erro de julgamento, e o último um erro de gosto; mas é importante observar que o "erro de gosto" envolve comumente um falso juízo de *valor*; enquanto o "erro de julgamento" é meramente um falso juízo *de fato*.

O caso que chamei de erro de gosto, nomeadamente quando as qualidades reais que admiramos (possuídas ou não pelo "objeto") são feias, pode em qualquer caso não ter valor algum, exceto que possa pertencer à emoção *por si mesma*; e na maior parte dos casos, se não em todos, é um considerável mal positivo. Neste sentido, então, é indiscutivelmente certo pensar que ver beleza em uma coisa que não a tem é inferior em valor a ver beleza onde ela realmente existe. Mas o outro caso é muito mais difícil. Neste caso está presente tudo que mencionei como necessário para constituir um grande bem positivo; há uma cognição de qualidades realmente belas, juntamente com uma emoção apropriada relativamente a essas qualidades. Não pode, portanto, haver dúvida de que temos aqui um grande bem positivo. Mas está presente, também, algo mais, a saber, uma crença de que essas qualidades belas existem, e que existem em uma certa relação com outras coisas – especificamente com algumas propriedades do objeto ao qual atribuímos essas qualidades; e, ademais, o objeto desta crença é falso. E podemos perguntar, com respeito ao todo assim constituído, se a presença da crença, e o fato de que o que é acreditado é falso, fazem alguma diferença para seu valor? Obtemos, assim, três casos diferentes dos quais é muito importante determinar os valores relativos. Onde tanto a cognição de belas qualidades quanto a emoção apropriada estão presentes podemos *também* ter, (1) uma crença na existência dessas qualidades, das quais o objeto, *i. e.* que elas existem, é verdadeiro; ou (2) uma simples cognição, sem crença, quando é (*a*) verdadeiro, (*b*) falso, que o objeto da cognição, *i. e.* as belas qualidades, existem; ou (3) uma crença na existência das belas qualidades, quando elas realmente não existem. A importância desses casos nasce do fato de que o segundo define os prazeres da imaginação, incluindo uma grande parte da apreciação dessas obras de arte que são *representativas*; enquanto que o primeiro contrasta com estes a apreciação do que é belo na natureza, e as afeições humanas. O terceiro, por outro lado, é contrastado com ambos, o que é principalmente exemplificado no que é chamado afeição mal direcionada; e é possível também que o amor a Deus, no caso de um crente, deva cair nesta classe.

117. Todos os três casos, como já disse, têm alguma coisa em comum, especificamente, que, em todos eles temos uma cognição das qualidades realmente belas juntamente com uma emoção apropriada dirigida para essas qualidades. Portanto, acho que não se pode duvidar (nem se duvida comumente) que todos os três incluem grandes bens positivos; são todos coisas das quais nos sentimos convencidos de que valem a pena ser possuídas por seu próprio mérito. E acho que o valor do segundo, em qualquer de suas duas subdivisões, é precisamente o mesmo valor do elemento comum a todos os três. Em outras palavras, no caso de apreciações puramente imaginativas, temos meramente a cognição de qualidades realmente belas juntamente com a emoção adequada; e a questão, se o objeto conhecido existe ou não, parece aqui, onde não existe crença em sua existência ou sua não-existência, não fazer diferença alguma para o valor do estado total. Parece-me, porém, que os dois outros casos realmente diferem em valor intrínseco tanto deste aqui quanto do outro, embora o objeto conhecido e a emoção adequada devam ser idênticos em todos os três casos. Penso que a presença adicional de uma crença na realidade do objeto torna o estado total muito melhor, se a crença for verdadeira, e pior, se for falsa. Em suma, onde exista crença, no sentido em que *acreditamos* na existência da natureza e cavalos, e *não* na existência de uma paisagem ideal e unicórnios, a *verdade* do que é acreditado faz realmente uma grande diferença para o valor do todo orgânico. Se este for o caso, teremos reivindicado a crença de que o *conhecimento*, no sentido ordinário, distinto, por um lado, da crença no que é falso, e por outro, da mera ciência do que é verdadeiro, realmente contribui para o valor intrínseco – que, no mínimo, em alguns casos, sua presença como uma parte torna um todo mais valioso que poderia ter sido sem ela.

Penso que não pode haver dúvida de que efetivamente julgamos existir uma diferença de valor, tal como indiquei, entre os três casos em questão. Pensamos realmente que a contemplação emocional de um cenário natural, supondo suas qualidades igualmente belas, é de certa forma um estado melhor de coisas que aquele de uma paisagem pintada; pensamos que o mundo seria melhorado se pudéssemos substituir pelas melhores obras da arte representativa objetos *reais* igualmente belos. Analogamente consideramos uma afeição ou admiração mal direcionada mesmo onde o erro envolvido é um mero erro de julgamento e não um erro de gosto, como de algum modo infeliz. E também, aqueles, no mínimo, que têm um forte respeito pela verdade estão inclinados a pensar que uma contemplação meramente poética do Reino do Céu *seria* superior àquela do crente religioso, *se* fosse o caso de o Reino do Céu não existir realmente no futuro. A maioria das pessoas, num julgamento sóbrio e refletido, sentiria alguma hesitação mesmo no preferir a felicidade de um louco, convencidas de que o mundo era ideal, à condição ou de um poeta imaginando um mundo ideal ou de si mesmas desfrutando e apreciando bens inferiores que existem e existirão. Mas, a fim de nos assegurar de que esses julgamentos são realmente julgamentos de valor intrínseco sobre a questão diante de nós, e para nos satisfazer de que são corretas, é necessário claramente distinguir nossa questão de duas outras que têm um peso importante sobre nosso julgamento total dos casos em questão.

118. Em primeiro lugar (*a*), é claro que, onde acreditemos, a questão se o que acreditamos é falso ou verdadeiro terá geralmente um peso muito importante sobre o valor de nossa crença *como um meio*. Onde acreditamos, estamos aptos a agir sobre nossa crença, de uma maneira que não agimos sobre nossa cognição dos eventos em um romance. A verdade do que acreditamos é, conseqüentemente, muito importante na prevenção de dores de desapontamento e conseqüências ainda mais sérias. E poder-se-ia pensar que uma ligação mal direcionada foi infeliz apenas por esta razão: que ela nos leva a contar resultados, de que a natureza real de seu objeto não é da espécie que se garanta. Assim, também, o amor a Deus, onde, como é usual, se inclui a crença de que Ele anexará a certas ações conseqüências, seja nesta vida ou na próxima, que o curso da natureza não dá razões para esperar, pode induzir o crente a executar ações cujas conseqüências, supondo que tal Deus não exista, podem ser muito piores do que ele poderia ter efetivado de outra maneira; e poder-se-ia pensar que esta foi a única razão (pois é razão suficiente) por que devamos hesitar em encorajar o amor a Deus, na ausência de qualquer prova de que Ele existe. Do mesmo modo, pode-se pensar que a única razão por que a beleza na natureza deva ser tida como superior a uma igualmente bela paisagem ou imaginação, é que sua existência garantiria maior permanência e freqüência na nossa contemplação emocional daquela beleza. É, na verdade, certo que a importância principal da maior parte do *conhecimento* – da verdade da maioria das coisas em que acreditamos – consiste realmente, neste mundo, em suas vantagens extrínsecas: é imensamente valioso *como meio*.

Em segundo lugar (*b*), pode ser o caso de que a existência daquilo que contemplamos seja ela mesma um grande bem positivo, de forma que, só por esta razão, o estado de coisas descritas no dizer-se que o objeto de nossa emoção realmente existe, seria intrinsecamente superior àquele no qual não existiu. Esta razão da superioridade é indiscutivelmente de grande importância no caso das afeições humanas, onde o objeto de nossa admiração são as qualidades mentais de uma pessoa admirável; que *duas* de tais admiráveis pessoas devam existir é enormemente melhor do que só existir uma; e também discriminaria a admiração da natureza inanimada daquela de sua representação na arte, até onde possamos admitir um pequeno valor intrínseco para a existência de um objeto belo, à parte de qualquer contemplação dele. Mas deve-se notar que esta razão não responderia por qualquer diferença em valor entre os casos nos quais acreditou-se na verdade e naquele em que foi meramente conhecida, sem crença ou descrença. Em outras palavras, até onde esta razão vai, a diferença entre as duas subdivisões de nossa segunda classe (a da contemplação imaginativa) seria tão grande como entre nossa primeira classe e a segunda subdivisão de nossa segunda classe. A superioridade de uma simples *cognição* de um belo objeto, quando acontece que tal objeto exista, sobre a mesma cognição quando o objeto não existiu, seria, desta maneira, tão grande como aquela do *conhecimento* de um belo objeto sobre a sua mera imaginação.

119. Estas duas razões para discriminar entre o valor dos três casos que consideramos, devem, digo, ser cuidadosamente distinguidas daquela de que estou agora questionando a validade, se devemos obter uma resposta correta com respeito a esta última. A questão que coloco é a seguinte: Se o *todo* constituído pelo fato de que há uma contemplação emocional de um belo objeto, que tanto se acredita ser como é *real*, não deriva algo de seu valor do fato de que o objeto é real? Pergunto se o valor deste todo, *como um todo*, não é maior que o daqueles que diferem dele, *seja* pela ausência de crença, com ou sem verdade, *ou*, estando a crença presente, pela mera ausência da verdade? Não estou perguntando se não lhes é superior como um meio (que certamente é) nem se não pode conter uma *parte* mais valiosa, especificamente, a existência do objeto em questão. Minha questão é apenas se a existência de seu objeto não constitui uma adição ao valor do todo, absolutamente distinta da adição constituída pelo fato de que este todo contém realmente uma parte valiosa.

Agora, se colocarmos esta questão, não posso me impedir de pensar que ela deve receber uma resposta afirmativa. Podemos colocá-la claramente pelo método do isolamento? E a única decisão deve repousar com nosso julgamento reflexivo a seu respeito, como colocado claramente. Podemos nos guardar contra a propensão produzida pela consideração do valor *como um meio* supondo o caso de uma ilusão tão completa e permanente como ilusões que neste mundo nunca poderão ser. Podemos imaginar o caso de uma só pessoa, desfrutando por toda a eternidade a contemplação de um cenário tão belo e a relação com pessoas admiráveis, como pode ser imaginado; enquanto a totalidade dos objetos de seu conhecimento seja absolutamente irreal. Acho que devíamos pronunciar definitivamente a existência de um universo, consistente apenas de uma tal pessoa, como sendo *enormemente* inferior em valor a um no qual os objetos, na existência em que acredita, exista em realidade justamente como ele acredita existir; e que seria, portanto, inferior *não somente* porque faltariam os bens que consistem na existência dos objetos em questão, mas *também* meramente porque sua crença seria falsa. Que seria inferior *por esta razão apenas* se conclui, se admitimos, o que também me parece certo, que o caso de uma pessoa, meramente imaginando, sem ver os belos objetos em questão, seria, *embora estes objetos existissem realmente*, ainda assim, inferiores àqueles da pessoa que também acreditasse em sua existência. Pois aqui, todo bem adicional, que consiste na existência dos objetos, está presente, e ainda assim parece haver uma grande diferença em valor entre este caso e aquele no qual se acredita em sua existência. Mas acho que minha conclusão pode, talvez, ser apresentada sob uma luz mais convincente pelas seguintes considerações. (1) Não me parece que o pequeno grau de valor que podemos conceder à existência de objetos inanimados belos seja quase igual em quantidade à diferença que sinto existir entre a apreciação (acompanhada pela crença) de tais objetos, quando eles existam realmente, e a apreciação puramente imaginativa deles quando realmente não existam. Esta desigualdade é mais difícil de verificar quando o objeto é uma pessoa admirável, visto que um *grande* valor tem que ser concedido à sua existência. Mas, ainda, penso que não é paradoxal afirmar que a superioridade de uma afeição recíproca, onde ambos os objetos sejam valiosos e existam, sobre uma afeição não-recíproca, onde ambos são valiosos mas um não existe, não está apenas no fato de que, no primeiro caso, temos duas coisas boas em vez de uma, mas também no fato de que cada uma é de tal maneira como a outra o acredita ser. (2) Parece-me que a contribuição importante para o valor feita pela crença verdadeira, pode ser vista muito claramente no seguinte caso. Suponha que um objeto digno de afeição existe de fato e acredita-se que é assim, mas que entra aí no caso este erro de fato, que as qualidades amadas, embora exatamente semelhantes, não são, entretanto, as *mesmas* que existem realmente. Este estado de coisas é facilmente imaginado, e acho que não podemos evitar pronunciar que, *embora* ambas as pessoas existam aqui, não é, contudo, tão satisfatório como onde a própria pessoa amou e acreditou existir é também quem existe realmente.

120. Se tudo isso for assim, teremos, nesta terceira seção, acrescentado aos nossos resultados anteriores, o terceiro resultado, a saber, que uma crença verdadeira na realidade de um objeto aumenta imensamente o valor de muitos todos valiosos. Exatamente como nas seções (1) e (2) sustentou-se que emoções estáticas e afetivas tinham pouco ou nenhum valor à parte da cognição de objetos adequados, e que a cognição desses objetos tinha pouco ou nenhum valor à parte da emoção adequada, de modo que o todo no qual ambos se combinaram, tinha um valor extremamente em excesso da soma dos valores de suas partes; assim, de acordo com esta seção, se for aditado a esses todos uma crença verdadeira na realidade do objeto, o novo todo assim formado tem um valor que grandemente excede a soma obtida pela adição do valor da crença verdadeira considerada em si mesma, aquele de nossos todos originais. Este novo caso só difere do primeiro nisto, que enquanto a crença verdadeira, por si mesma, tem tão pouco valor como um dos dois outros componentes tomados isoladamente, mesmo assim elas, tomadas juntas, parecem formar um todo de enorme valor, enquanto que este não é o caso com os dois todos que poderiam ser formados pela adição da crença verdadeira a qualquer uma das outras.

A importância do resultado desta seção parece repousar principalmente em duas de suas conseqüências. (1) Que comporta alguma justificação por seu imenso valor intrínseco, que parece ser comumente atribuído ao mero *conhecimento* de algumas verdades, e que foi expressamente atribuído a algumas espécies de conhecimento por Platão e Aristóteles. O conhecimento perfeito tem competido realmente como o amor perfeito pela posição de ideal. Estando os resultados desta seção corretos, parece que o conhecimento, embora tendo pouco ou nenhum valor por si mesmo, é um componente absolutamente essencial, e contribui imensamente para seu valor. E parece que esta função pode ser executada não só por aquele caso de conhecimento, que temos considerado com destaque, a saber, o conhecimento da realidade do objeto belo conhecido, mas também pelo conhecimento da identidade numérica deste objeto com que existe realmente e pelo conhecimento de que a existência daquele objeto é verdadeiramente boa. Realmente, todo conhecimento que diz diretamente respeito à natureza dos constituintes de um belo objeto pareceria capaz de somar enormemente ao valor da contemplação daquele objeto, embora, por si mesmo, tal conhecimento não tivesse valor algum. E (2) a segunda conseqüência importante, que decorre desta seção, é que a presença da verdadeira crença pode, apesar de uma grande inferioridade no valor da emoção e a beleza do seu objeto, constituir com eles um todo igual ou superior em valor aos todos, nos quais emoção e beleza são superiores, mas nos quais uma crença verdadeira está em falta ou uma crença falsa presente. Deste modo podemos justificar a atribuição de valor igual ou superior a uma apreciação de um objeto real inferior, comparado com a apreciação de um objeto grandemente superior que é uma mera criatura da imaginação. Assim, uma justa apreciação da natureza e de pessoas reais pode manter sua igualdade com uma apreciação igualmente justa dos produtos da imaginação artística, apesar de uma beleza muito maior na última. E de maneira semelhante, embora Deus possa ser admitido como um objeto mais perfeito que qualquer ser humano real, o amor a Deus pode, ainda assim, ser inferior ao amor humano, *se* Deus não existir.

121. (4) A fim de completar a discussão desta primeira classe de bens – bens que têm uma referência essencial com objetos belos – seria necessário tentar uma classificação e uma avaliação comparativa de todas as diferentes formas de beleza, uma tarefa que pertence propriamente a um estudo chamado Estética. Não proponho, porém, tentar qualquer parte desta tarefa. Que me faça apenas compreender que tenho a intenção de incluir entre os componentes essenciais dos bens que discuto, cada forma e variedade do objeto belo, se for realmente belo e, *se* isto for entendido, acho que pode-se ver que o consenso de opinião com respeito ao que é positivamente belo e o que é positivamente feio; e mesmo com respeito a grandes diferenças no grau de beleza, é absolutamente suficiente conceder-nos uma esperança de que não precisamos errar de forma tão ampla em nossos julgamentos do bem e do mal. Em qualquer coisa considerada bela por qualquer número considerável de pessoas, existe provavelmente *alguma qualidade* bela; e diferenças de opinião parecem ser bem mais freqüentes devido à atenção exclusiva, da parte de diferentes pessoas, para diferentes qualidades no mesmo objeto, do que ao erro positivo de supor uma qualidade que é feia ser realmente bela. Quando um objeto, que alguns consideram belo, não é assim considerado por outros, a verdade é que *usualmente lhe falta alguma qualidade* bela ou está deformado por alguma feia, que compromete a atenção exclusiva dos críticos.

Posso, porém, afirmar dois princípios gerais, ligados intimamente com os resultados deste capítulo, cujo reconhecimento pareceria ser de grande importância para a investigação de que coisas são verdadeiramente belas. A primeira destas é (1) uma definição de beleza, do que se entende dizer se que uma coisa é verdadeiramente bela. A falácia naturalista tem sido tão comumente cometida com respeito à beleza e ao bem quanto seu uso introduziu tantos erros na estética como na ética. Tem sido ainda mais ordinariamente suposto que o belo pode ser *definido* como aquilo que produz certos efeitos em nossos sentimentos; e a conclusão que disto se deduz – a saber, que julgamentos de gosto são meramente *subjetivos* – que precisamente a mesma coisa pode, segundo as circunstâncias, ser *tanto* bela como não – tem sido deduzida freqüentemente. As conclusões deste capítulo sugerem uma definição de beleza, que pode parcialmente explicar e remover inteiramente as dificuldades que levaram a este erro. Parece provável que a beleza deva ser *definida* como aquilo em relação ao qual a contemplação admiradora é boa em si mesma. Vale dizer: afirmar que uma coisa é bela é afirmar que a sua cognição é um elemento essencial em um dos todos intrinsecamente valiosos que estivemos discutindo; de modo que a questão de se *é* verdadeiramente belo ou não, depende da questão objetiva de se o todo em questão é ou não verda-deiramente bom, e não depende da questão de se excitaria ou não sentimentos particulares em pessoas particulares. Esta definição porta a recomendação dupla de que responde tanto pela conexão aparente entre bondade e beleza, quanto pela não menos aparente diferença entre aquelas duas concepções. Parece, à primeira vista, ser uma estranha coincidência, que devam existir dois predicados *objetivos* diferentes de valor, "bom" e "belo" que, todavia, estão tão relacionados um com o outro que o que é belo é igualmente bom. Mas se nossa definição está correta, a estranheza desaparece; visto que deixa somente um predicado de valor não-analisável, ou seja, "bom", enquanto "belo", embora não lhe seja idêntico, deve ser definido por referência a este, sendo assim, ao mesmo tempo, diferente de necessaria-mente ligado a ele. Em suma, nesta visão, dizer que uma coisa que é bela é dizer, não que é *ela mesma* boa, mas que é um elemento necessário em algo que é; provar que uma coisa é verda-deiramente bela é provar que um todo, com o qual tem uma relação como uma parte, é verdadeiramente bom e desta maneira devemos explicar a imensa predominância, entre objetos comumente considerados belos, de *objetos* materiais dos sentidos externos, exterior; visto que esses objetos, embora possuindo eles mesmos, como já se disse, pouco ou nenhum valor intrínseco, são assim mesmo componentes essenciais no vasto grupo de todos que possuem valor intrínseco. Estes próprios todos podem ser, e são, também belos; mas a relativa raridade, com a qual os consideramos eles mesmos *objetos* de contemplação, parece suficiente para explicar a associação da beleza com objetos externos.

Em segundo lugar (2) deve ser observado que objetos belos são eles mesmos, na sua maioria, unidades orgânicas, no sentido de que são todos de grande complexidade, de modo que a contemplação de qualquer parte, por si mesma, pode não ter valor, e mesmo assim, a menos que a contemplação do todo inclua a contemplação daquela parte, perderá em valor. Segue-se daí que não pode haver critério isolado de beleza. Nunca será verdadeiro dizer: este objeto deve sua beleza *somente* à presença desta característica; nem todavia, que: sempre que esta característica está presente, o objeto tem que ser belo. Tudo que pode ser verdade é que certos objetos são belos, *porque* possuem certas características, no sentido de que não seriam belos *a menos que* as tivessem possuído. E pode ser possível descobrir que certas características estão mais ou menos presentes em todos os objetos belos e são, neste sentido, condições mais ou menos importantes de beleza. Porém, é importante observar que as qualidades mesmas que diferenciam um objeto de todos os outros, são, se o objeto for verdadeiramente belo, tão *essencial* à sua beleza como aqueles que as têm em comum com tantos outros. O objeto não mais teria a beleza do que tem, sem suas qualidades específicas, que sem aquelas que são genéricas; e as qualidades genéricas, *por si* mesmas, não conseguiriam conceder, tão completamente, beleza, como as que são específicas.

122. II. Deve-se recordar que comecei este exame dos grandes bens sem mescla, dividindo todos os bens maiores que conhecemos em duas classes de gozo estético, de um lado, e de prazeres de relação humana, relação, ou afeição pessoal, do outro. Adiei a consideração da última com base em que se apresentam complicações adicionais. No que essas complicações adicionais consistem, ficará evidente agora; já necessitei tomá-lo em consideração, ao discutir a contribuição ao valor feita pela crença, verdadeira. Consiste no fato de que no caso de uma afeição pessoal, o próprio objeto não *é meramente* belo, mesmo possuindo pouco ou nenhum valor intrínseco, mas é, ele mesmo, pelo menos em parte, de grande valor intrínseco. Todos os constituintes que descobrimos ser necessários ao gozo estético mais valioso, a saber, emoção apropriada, cognição de qualidades verdadeiramente belas, e a crença verdadeira, são igualmente necessários aqui; mas aqui temos um fato adicional de que o objeto não deve ser apenas verdadeiramente belo, mas também verdadeiramente bom em elevado grau.

É evidente que esta complicação adicional somente ocorre na medida em que é incluído no objeto de afeição pessoal algumas qualidades *mentais* da pessoa por quem se sente a afeição. E acho que se pode admitir que, sempre que a afeição é mais valiosa, a apreciação das qualidades mentais tem que formar uma parte ampla dela, e que a presença dessa parte torna o todo muito mais valioso do que seria sem ela. Mas parece muito duvidoso se esta apreciação, por si mesma, pode possuir tanto valor quanto o todo no qual está combinada com uma apreciação da expressão *corpórea* adequada das qualidades mentais em questão. É certo que em todos os casos reais de afeição valiosa, as expressões corporais de caráter, seja pelo olhar ou por palavras, ou ações, formam realmente, uma parte do objeto pelo qual a afeição é sentida, e que o fato de sua inclusão parece elevar o valor de todo o estado. É, na verdade, muito difícil imaginar o que a cognição de qualidades mentais *sozinhas*, sem o acompanhamento de *qualquer* expressão corporal, seja semelhante; e, até onde tenhamos êxito em fazer esta abstração, o todo considerado certamente parece ter menos valor. Eu concluí, dessa maneira, que a importância de uma admiração de qualidades mentais reside principalmente na imensa superioridade de um todo, no qual forma uma parte, em relação a um no qual esteja ausente, e não por qualquer alto grau de valor intrínseco que possua por si mesmo. Até parece ser duvidoso se em si possuía, tanto valor como a apreciação de uma beleza simplesmente corporal possui sem dúvida alguma; vale dizer, se a apreciação de que tem grande valor intrínseco é tão valioso quanto a apreciação do que é meramente belo.

Mas, ademais, se considerarmos a natureza de qualidades mentais admiráveis, por si mesmas, parece que uma apreciação adequada delas envolve uma referência à beleza puramente material ainda em outra forma. Qualidades mentais admiráveis consistem, com efeito, se nossas conclusões prévias estão corretas, de maneira lata, em uma contemplação emocional de belos objetos; e daí a sua apreciação deles consistirá essencialmente na contemplação de tal contemplação. É verdade que a apreciação mais valiosa de pessoas parece ser a que consiste na apreciável de sua apreciação de outras pessoas: mas mesmo aqui uma referência à beleza material parece estar envolvida, *tanto* a respeito do fato que o que é apreciado em última instância pode ser a contemplação do que é meramente belo, *quanto* com respeito ao fato de que a apreciação mais valiosa de uma pessoa parece *incluir* uma apreciação de sua expressão corporal. Embora, portanto, possamos admitir que a apreciação da atitude de uma pessoa com outras, ou, para tomar um exemplo, o amor do amor, é, de longe, o bem mais valioso que conhecemos, e muito mais valioso que o mero amor da beleza, no entanto, só podemos admitir isto se entendermos que o primeiro *inclui* o último, em vários graus de orientação.

Com respeito à questão de quais *são* as qualidades mentais cuja cognição é essencial para o valor do relacionamento humano, é claro que elas incluem, em primeiro lugar, todas aquelas variedades de apreciação estética, que formaram a nossa primeira classe de bens. Conseqüentemente, incluem uma grande variedade de emoções diferentes, cada qual apropriada a alguma espécie diferente de beleza. Mas devemos adicionar a estas todo o espectro de emoções, que são apropriadas a pessoas, e que são diferentes daquelas que são apropriadas à mera beleza corporal. Deve também ser lembrado que, exatamente como essas emoções têm pouco valor em si mesmas, e como o estado mental no qual existem pode ter seu valor grandemente elevado, ou perdê-lo inteiramente e tornar-se um mal positivo em alto grau, segundo as cognições que acompanham as emoções sejam apropriadas ou não; assim também a apreciação dessas emoções, embora possa ter algum valor em si mesma, pode, de fato, fazer parte de um todo que tem muitíssimo mais valor ou nenhum valor, segundo esteja ou não acompanhada por uma percepção da conveniência das emoções em relação a seus objetos. É óbvio, portanto, que o estudo do que é valioso no relacionamento humano é um estudo de imensa complexidade; e que pode haver muito relacionamento humano que tenha pouco ou nenhum valor, ou seja positivamente mau. Entretanto, também aqui, como com a questão do que é belo, parece não haver razão para duvidar que um julgamento reflexivo fundamentalmente decidirá de modo correto tanto no que concerne ao que são bens positivos quanto mesmo o que concerne a qualquer diferença *grande* no valor entre esses bens. Em particular, pode-se salientar que as emoções, das quais a contemplação é essencial para os maiores valores, e que são elas mesmas apropriadamente excitadas por tal contemplação, parecem ser aquelas que são comumente mais altamente estimadas sob o nome de afeição.

123. Completei agora meu exame da natureza daqueles grandes bens positivos, que não parecem incluir entre seus componentes nada positivamente mau ou feio, embora incluam muito que é em si mesmo indiferente. E desejo indicar certas conclusões que parecem deduzíveis, com respeito à natureza do *Summum Bonum*, ou aquele estado de coisas que seria o mais perfeito que podemos conceber. Aqueles filósofos idealistas cuja opinião concorda muito de perto com as que são aqui advogadas, em que negam ser o prazer o único bem e considerar o que, completamente bom como tendo alguma complexidade, tem representado geralmente um estado puramente espiritual da existência como o Ideal. Considerando a matéria como essencialmente imperfeita, se não positivamente má, concluíram que a ausência total de todas propriedades materiais é necessária a um estado de perfeição. Segundo o que agora foi dito, esta opinião seria correta até o ponto em que afirma que qualquer grande bem tem que ser *mental*, e até onde afirma que uma existência puramente material, por *si mesma*, pode ter pouco ou nenhum valor. A superioridade do espiritual sobre o material tem, num certo sentido, sido amplamente reivindicada. Mas não decorre desta superioridade que o perfeito estado de coisas deva ser um, do qual todas as propriedades materiais sejam rigorosamente excluídas: ao contrário, se nossas conclusões estão corretas, pareceria ser o caso em que um estado de coisas no qual estão incluídas, deve ser sumamente melhor que qualquer estado concebível no qual estejam ausentes. A fim de verificar se assim é, a coisa principal a ser observada é *exatamente o que é* o que declaramos ser bom quando declaramos que a apreciação da beleza na arte e na natureza é assim. Que esta apreciação *é* boa, os filósofos em questão não o negam em sua maioria. Mas se a admitirmos, então devemos relembrar a máxima de Butler que: tudo é o que é, e não outra coisa. Tentei mostrar, e acho que é demasiado evidente para ser disputado, que tal apreciação é uma unidade orgânica, um todo complexo; e que em suas instâncias mais indubitáveis, parte do que está incluída neste todo, é uma *cognição de qualidades materiais,* e particularmente de uma vasta variedade do que é chamado de qualidades *secundárias.* Se, então, é *este* todo, que sabemos ser bom, e não outra coisa, sabemos, então, que qualidades materiais, embora sejam perfeitamente sem valor em si mesmas, são, ainda assim, componentes essenciais do que está longe de ser sem valor. O que sabemos ser valioso é a apreensão precisamente dessas qualidades, e não de outras; e, se propomos subtrair isso delas, então o que ficou *não* é o que sabemos ter valor, mas outra coisa. E deve-se notar que esta conclusão sustenta, mesmo se minha argumentação, que uma crença verdadeira na existência dessas qualidades soma-se ao valor do todo no qual está incluído, seja disputada. Devemos, então, estar preparados para afirmar que a *existência* de um mundo material foi totalmente imaterial para a perfeição; mas o fato de que o que sabíamos ser bom era uma cognição das *qualidades materiais* (embora puramente imaginárias) ainda permaneceria. Deve, então, ser admitido sob pena de autocontradição – sob pena de sustentar que as coisas não são o que são, mas outra coisa – que um mundo, do qual qualidades materiais fossem completamente banidas, seria um mundo onde faltassem muitas, se não todas, daquelas coisas, que sabemos com certeza ser grandes. Que poderia ser, ainda assim, um mundo muitíssimo melhor que o que reteve aqueles bens, já admiti (§ 111 [1]). Mas a fim de mostrar que um tal mundo *seria*, assim, melhor, seria necessário mostrar que a retenção destas coisas embora boas em si mesmas, prejudicou, num grau mais do que igual, o valor de algum todo, ao qual elas poderiam pertencer; e a tarefa de mostrar isto certamente nunca foi tentada. Até isso ser feito, estamos em condição de afirmar que qualidades materiais são um constituinte necessário do Ideal; que, embora algo inteiramente desconhecido poderia ser melhor que qualquer mundo contendo-as ou outro bem qualquer que conhecemos, ainda assim não temos razão para supor que qualquer coisa seria melhor que um estado de coisas onde estivessem incluídas. Negar e excluir a matéria, é negar e excluir o melhor que conhecemos. Que uma coisa possa reter seu valor, enquanto perde alguma de suas qualidades, é inteiramente falso. Tudo que é verdade é que a coisa mudada pode ter mais valor que, ou tanto valor quanto, aquela cujas qualidades se perderam. O que defendo é que nada, que *sabemos* ser bom e não contém qualquer qualidade material, tem um valor tão grande que podemos declará-lo, *por si mesmo,* ser superior ao todo que seria formado pelo acréscimo a ele de uma apreciação de qualidades materiais. Que um bem *puramente* espiritual possa ser o melhor das coisas simples, não sou muito inclinado a disputar, a despeito de que no que foi dito com respeito à natureza das afeições pessoais, tenha dado razões para duvidá-lo. Mas que ao somar a isso alguma apreciação de qualidades materiais que, embora talvez inferiores em si mesmas, são certamente um grande bem positivo, devemos obter uma soma maior de valor, sem um decréscimo correspondente no valor do todo, como um todo, podia contrabalançar – isto, insisto, não temos razão para duvidar.

124. A fim de completar esta discussão dos princípios básicos envolvidos na determinação de valores intrínsecos, os tópicos principais remanescentes, cujo tratamento é necessário, parecem ser dois. O primeiro é a natureza de grandes *males* intrínsecos, inclusive o que posso chamar de males mesclados; quer dizer, os todos maus que, ainda assim, contêm como elementos essenciais, alguma coisa positivamente boa ou bela. E o segundo é a natureza do que posso igualmente chamar de bens mesclados; quer dizer, aqueles todos que, embora intrinsecamente bons *como todos*, ainda assim contêm, como elementos essenciais, alguma coisa positivamente má ou feia. Facilitará enormemente esta discussão, se eu puder ser compreendido inteiramente no uso dos termos "belo" ou "feio", não necessariamente com referência a coisas da espécie que nos ocorrem mais naturalmente como exemplos do que é belo e feio, mas em concordância com minha proposta definição de beleza. Assim, usarei a palavra "belo" para denotar que a contemplação admiradora é boa em si mesma; e "feio" para denotar que a contemplação admiradora é má em si mesma.

I. Com respeito então a grandes males positivos, acho ser evidente que, se tomarmos todas as precauções devidas para descobrir *precisamente o que* são essas coisas, que, se *existissem absolutamente por si mesmas*, deveríamos julgar a existência como um grande mal, descobriremos que a maioria delas são unidades orgânicas exatamente da mesma natureza que aquelas que são os maiores bens positivos. Isto quer dizer que são cognições de algum objeto acompanhado de alguma emoção. Exatamente como nem uma cognição nem uma emoção *por si mesmas* pareciam capazes de ser grandemente boas (com uma exceção), nem uma cognição nem uma emoção, por si mesmas, parecem capazes de ser grandemente más. E tal como um todo formado por ambas, mesmo sem a adição de qualquer outro elemento, pareceu indiscutivelmente capaz de ser um grande bem, assim um tal todo, *por si mesmo*, parece capaz de ser um grande mal. Com respeito ao terceiro elemento, que foi discutido como capaz e somar enormemente ao valor de um bem, especificamente *crença verdadeira*, parecerá que possui relações diferentes em direção a diferentes espécies de males. Em alguns casos, o acréscimo da crença verdadeira a um mal positivo parece constituir um mal muito pior; mas em outros casos não parece que faça qualquer diferença.

Os maiores males positivos podem ser divididos nas três classes seguintes.

125. (1) A primeira classe consiste naqueles males que parecem sempre incluir um gozo ou contemplação admiradora de coisas que são elas mesmas ou más ou feias. Quer dizer que esses males se caracterizam pelo fato de incluírem precisamente a mesma emoção, que é também essencial aos maiores bens não mesclados, dos quais são diferenciados pelo fato que esta emoção está dirigida para um objeto inapropriado. Até onde esta emoção é ligeiramente boa em si mesma ou um objeto ligeiramente belo, estes males seriam, assim, casos do que chamei males mesclados; mas, como já disse, parece-me muito duvidoso se uma emoção, completamente isolada de seu objeto, tem valor ou beleza: certamente não possui muito de nenhum. É, porém, importante observar que as mesmíssimas emoções que são com freqüência tidas vagamente como os maiores ou os únicos bens, podem ser componentes essenciais dos piores de todos: que, segundo a natureza da cognição que as acompanha, podem ser condições do maior bem ou do maior mal.

A fim de ilustrar a natureza dos males desta classe, posso tomar dois exemplos – crueldade e lascívia. Que sejam grandes males intrínsecos, podemos – acho – assegurarmo-nos facilmente, imaginando o estado de um homem, cuja mente está somente ocupada por uma dessas paixões, em sua pior forma. Se, então, considerarmos que julgamentos devemos pronunciar de um universo que consistisse *somente* de mentes assim ocupadas, sem a menor esperança de que existisse nele consciência de que qualquer outro objeto que não aqueles adequados a essas paixões, ou qualquer sentimento dirigido para um tal objeto, acho que não poderíamos evitar a conclusão de que a existência de tal universo seria um mal muito pior que a inexistência de qualquer universo. Mas, sendo assim, segue-se que estes dois viciosos estados não são somente, como é comumente admitido, maus como meios, mas também maus em si mesmos. E que eles envolvem em sua natureza aquela complicação de elementos, que chamei de amor pelo que é mau ou feio, está, acredito, não menos claro. Com respeito aos prazeres sensuais, a natureza da cognição, pela presença da qual devem ser definidas, é um tanto difícil de analisar. Mas parece incluir ambas as cognições de sensações orgânicas e percepções de estados do corpo cuja fruição é certamente um mal em si mesmo. Até onde estes estejam envolvidos, a lascívia incluiria então, em sua essência uma contemplação admiradora do que é feio. Mas certamente um dos seus ingredientes mais comuns em suas piores formas, é uma fruição do mesmo estado mental em outras pessoas; e neste caso incluiria também um amor pelo que é mau. Com respeito à crueldade, é fácil ver que uma fruição da dor em outras pessoas é-lhe essencial; e, como veremos, quando considerarmos a dor, trata-se certamente de um amor do mau; enquanto que, até aqui ele também inclua um deleite nos sinais corporais da agonia, ele também compreenderia um amor ao que é feio. Em ambos os casos, deve ser observado, o mal do estado é elevado não só pelo incremento no mal ou disformidade do objeto, mas também por um incremento na fruição.

Pode-se objetar, no caso da crueldade, que nossa desaprovação a ela, mesmo no caso suposto isolado, em que nenhuma consideração de sua maldade como um meio podia nos influenciar, pode, ainda, ser realmente dirigida para a dor das pessoas, que ela assume prazer em contemplar. Esta objeção pode ser enfrentada, em primeiro lugar, pela observação de que não consegue de modo algum explicar o julgamento, que ainda, penso, ninguém que reflita será capaz de evitar fazer, que apesar da quantidade de dor contemplada ser a mesma, ainda assim quanto maior o prazer na contemplação, pior o estado de coisas; mas pode ser também, acho, enfrentada pela observação de um fato, que fomos incapazes de realçar no considerar possibilidade similar com respeito aos bens – isto é, a possibilidade de que a razão pela qual atribuímos um valor maior a uma pessoa *real*, é que tomamos em consideração o bem adicional consistente na existência dessa pessoa. Acho que podemos frisar, no caso da crueldade, que sua ociosidade intrínseca é igualmente grande, seja a dor contemplada existente ou puramente imaginária. Eu, ao menos, sou incapaz de distinguir, neste caso, que a presença de *crença verdadeira* faça qualquer diferença para o valor intrínseco do todo considerado, embora, indiscutivelmente, ele possa fazer uma diferença muito grande ao seu valor *como um meio*. Assim também com respeito a outros males desta classe; não consigo ver que uma crença verdadeira na *existência* de seus objetos faça alguma diferença no grau de seus deméritos positivos. Por outro lado, a presença de uma outra classe de crenças parece fazer uma diferença considerável. Quando desfrutamos o que é mau ou feio, apesar de sabermos que é assim, o estado de coisas parece consideravelmente pior do que se não fizermos julgamento algum do valor do objeto. E o mesmo parece ser o caso também muito estranhamente, quando fazemos um julgamento falso de valor. Quando admiramos o que é feio ou mau, acreditando que é belo e bom, esta crença parece aumentar a vileza intrínseca de nossa condição. Deve, certamente, ser compreendido que – em ambos os casos – o julgamento da questão é meramente o que chamei de um julgamento de gosto, quer dizer concernente com o valor das qualidades realmente conhecidas e não com o do objeto, ao qual essas qualidades podem ser correta ou erradamente atribuídas.

Finalmente, deve-se mencionar que males desta classe, *além* do elemento emocional (fruição e admiração) que compartilham com grandes bens não mesclados, parecem sempre incluir também alguma emoção específica que não entra do mesmo modo na constituição de qualquer bem. A presença desta emoção específica parece certamente aumentar a maldade do todo, embora não esteja claro que, por si mesmo, ele seria mau ou feio.

126. (2) A segunda classe de grandes males é, indubitavelmente, a dos males mesclados; mas cuidarei deles em seguida, porque, em certo aspecto, parecem ser o *oposto* da última classe considerada. Tal como é essencial a esta última classe que devam incluir uma emoção, apropriada à cognição do que é bom ou belo, mas dirigida a um objeto inapropriado, assim – para esta segunda classe, é essencial que lhes incluam uma cognição do que é bom ou belo, mas acompanhado de uma emoção inapropriada. Em suma, tal como a última classe pode ser descrita como casos de o amor ao que é mau ou feio, do mesmo modo esta classe pode ser descrita como casos de ódio ao que é bom ou belo.

Com respeito a esses males deve-se salientar: primeiro, que os vícios do ódio, inveja e desprezo, onde estes vícios, maus em si mesmos, parecem ser exemplos deles; e que estão freqüentemente acompanhados por males da primeira classe, por exemplo, onde um prazer é sentido na dor de uma pessoa boa. Onde estão, portanto, assim acompanhados o todo assim formado é, sem dúvida alguma, pior que se qualquer um deles existisse isoladamente.

Em segundo lugar: que em seu caso uma crença verdadeira na existência do objeto bom ou belo, que é odiado, parece, com efeito, aumentar a maldade do todo, no qual está presente. Também indubitavelmente, como na nossa primeira classe, a presença de uma crença verdadeira, quando ao *valor* dos objetos contemplados, aumenta o mal. Mas, ao contrário do que foi o caso em nossa primeira classe, um *falso* julgamento de valores parece abrandá-lo.

127. (3) A terceira classe dos grandes males positivos parece ser a classe das *dores*.

Com respeito a estas deve-se salientar primeiro que, como no caso do prazer, não é a própria dor, mas somente a consciência da dor, a meta aonde nossos julgamentos de valor se dirigem. Assim como no Capítulo III se disse que o prazer, ainda que intenso, que ninguém sentiu, não seria bom de modo algum, parece que a dor mesmo intensa, da qual não se teve consciência, não seria mal algum.

Portanto, é apenas a consciência da dor intensa que pode ser sustentada como sendo um grande mal. Mas que esta, *por si mesma*, pode ser um grande mal, é discutível. O caso da dor parece, assim, diferir do prazer, pois a mera consciência do prazer, mesmo intensa, não parece, *por si mesma*, ser um *grande* bem, mesmo que tenha algum valor intrínseco. Em suma, a dor (se entendermos, por esta expressão, a consciência da dor) parece ser um mal muito pior do que o prazer é um bem. Mas, se é assim, então a *dor* deve ser admitida como sendo uma exceção à regra que parece conter tanto todos os *outros* grandes males quanto *todos* os grandes bens, ou seja, que são todos unidades orgânicas para as quais, *tanto* uma cognição de um objeto quanto uma emoção dirigida a esse objeto, lhes são essenciais. No caso da dor e somente da dor, parece ser verdade que uma simples cognição, por si mesma, pode ser um grande mal. Na verdade, é uma unidade orgânica, visto que envolve tanto a cognição quanto o objeto, nenhum dos quais, por si mesmo, tendo mérito ou demérito. Mas é uma unidade orgânica menos complexa que qualquer outro grande mal e que qualquer grande bem, *tanto* com respeito ao fato de que não envolve, *além* da cognição, uma emoção dirigida ao seu objeto, quanto *também* com respeito ao fato de que o *objeto* pode ser, aqui, absolutamente simples, enquanto na maioria dos outros casos, se não todos, o objeto mesmo é altamente complexo. Esta carência de analogia entre a relação da dor com o mal intrínseco e com o prazer bem intrínseco, parece também estar exibida num segundo respeito. Não só é o caso de que a consciência do prazer intenso não é, por si mesma, nenhum grande bem, mas também a *diferença inversa* parece conter a contribuição que fazem ao valor do todo, quando estão combinados respectivamente com outro grande mal ou com um grande bem. Quer dizer, que, a presença do prazer (embora não em proporção à sua intensidade) parece, realmente, aumentar o valor de um todo, no qual é combinado com qualquer dos grandes bens não mesclados que consideramos; pode até ser afirmado que são *somente* todos nos quais *algum* prazer está incluído, que possui algum grande valor é certo, aconteça o que acontecer, que a presença do prazer faz contribuição para o valor de todos grandemente em excesso de seu próprio valor intrínseco. Ao contrário, se um sentimento de dor for combinado com qualquer dos estados mentais maus que estamos considerando, a diferença que essa presença faz para o valor do todo, *como um todo*, parece ser mais para o melhor que para o pior; em todos os casos, o único mal adicional que ele introduz, é aquele que ele, por si mesmo, constitui intrinsecamente. Assim, enquanto que dor é *em si mesma*, um grande mal, mas não contribui para a maldade de um todo, no qual está combinada com alguma outra coisa má, exceto naquilo que consiste em sua própria maldade intrínseca; o prazer, inversamente, não é *em si mesmo* um grande bem, mas contribui grandemente para a bondade de um todo no qual está combinado com uma coisa boa, completamente separado de seu próprio valor intrínseco.

128. Mas, finalmente, deve-se insistir que o prazer e a dor são completamente análogos nisto: que não podemos assumir seja que a presença do prazer sempre produz um estado de coisas melhor *no todo*, seja que a presença da dor sempre o torna pior. Esta é a verdade mais passível de ser ignorada com respeito a eles; e é porque isto é verdade, que a teoria comum de que o prazer é o único bem e a dor o único mal, tem suas mais grosseiras conseqüências no mau julgamento do valor. Não só a agradabilidade de um estado *não* está na proporção de seu valor intrínseco, pode até contribuir positivamente para sua vileza. Não pensamos que o ódio bem sucedido de um vilão seja menos vil e odioso, porque ele sente o maior dos deleites nele; nem há a menor necessidade, logicamente, porque devamos pensar assim, à parte de um preconceito não inteligente a favor do prazer. De fato, parece ser o caso que enquanto o prazer é acrescentado a um estado mau de qualquer de nossas duas primeiras classes, o todo, assim formado, é *sempre* pior que se nenhum prazer existisse ali. E é assim com a dor. Se a dor for acrescentada a um estado mau de qualquer de nossas duas primeiras classes, o todo, assim formado, é *sempre* melhor, *como um todo*, do que se nenhuma dor tivesse existido ali; embora, aqui, se a dor for demasiadamente intensa, visto que isto é um grande mal, o estado pode não ser melhor *no todo*. É desta maneira que a teoria da punição vingativa pode ser reivindicada. O infligir dor a uma pessoa, cujo estado mental é mau, pode, se a dor não for muito intensa, criar um estado de coisas que é melhor *no todo* como se o estado mental mau tivesse existido sem punição. Se esse estado de coisas pode constituir, alguma vez, um bem *positivo,* é outra questão.

129. II A consideração desta outra questão pertence propriamente ao segundo tópico, que foi reservado para discussão, a saber, o tópico dos bens "mesclados". Bens "mesclados" foram definidos acima como coisas que, embora positivamente boas *como todas,* contêm, assim mesmo, como elementos essenciais, alguma coisa intrinsecamente má ou feia. E certamente assim parecem ser tais bens. Mas para a sua devida consideração, é necessário levar em conta uma nova distinção – a distinção que acabou de ser expressa como estando entre o valor que uma coisa possui *como um todo,* e o que ela possui *no todo.*

Quando bens "mesclados" foram definidos como coisas positivamente boas *como todos,* a expressão foi ambígua. Quis-se dizer que eram positivamente boas *no todo;* mas deve ser observado agora que o valor que uma coisa possui *no todo* pode-se dizer ser o equivalente da soma do valor que possui *como um todo, juntamente com* os valores intrínsecos que podem pertencer a qualquer uma de suas partes. De fato, pelo "valor que uma coisa possui como um todo", pode-se estar querendo dizer duas coisas bem distintas: (1) Aquele valor que surge somente *da combinação* de duas ou mais coisas; ou então (2) O valor total formado pela adição a (1) de quaisquer valores intrínsecos que possam pertencer às coisas combinadas. O significado da distinção pode talvez ser mais facilmente visto considerando-se o suposto caso da punição vingativa. Se é verdade que a existência combinada de dois males pode constituir um mal menor do que seria constituído pela sua existência individualmente, está claro que isto só pode ser porque emerge da combinação um bem positivo que é maior que a *diferença* entre a soma dos dois males e o demérito de um ou outro isoladamente; este bem positivo seria então o valor do todo, *como um todo,* no sentido (1). Entretanto, se esse valor não for um bem tão grande quanto a soma dos dois males é um mal, estará claro que o valor de todo o estado de coisas será um mal positivo; e este valor é o valor do todo, *como um todo,* no sentido (2). Seja qual for a opinião que se assuma com respeito ao caso particular da punição vingativa, está claro que temos aqui *duas coisas distintas* com respeito às quais (uma ou outra) questão separada pode ser feita no caso de cada unidade orgânica. A primeira destas duas coisas pode ser expressa como *a diferença* entre o valor *de toda a coisa* e a soma do valor de suas partes. E é claro que onde as partes tenham pouco ou nenhum valor intrínseco (como na nossa primeira classe de bens, §§ 114, 115), esta diferença será aproximadamente, ou absolutamente idêntica ao valor da coisa toda. A distinção, portanto, só se torna importante no caso dos todos, dos quais uma ou mais partes têm um grande valor intrínseco, positivo ou negativo. O primeiro desses casos, o de um todo, no qual uma parte tem um grande valor *positivo*, é exemplificado na nossa segunda e terceira classe de grandes bens não mesclados (§§ 120, 122); e similarmente o *Summum Bonum* é um todo do qual *muitas* partes têm um grande valor *positivo*. Tais casos, pode ser observado, são também objetos muito freqüentes e muito importantes do julgamento estético; visto que a distinção essencial entre os estilos "clássico" e "romântico" consiste no fato de que o primeiro visa obter o maior valor possível para o todo, *como um todo*, no sentido (1), enquanto que o último sacrifica isto a fim de obter o maior valor possível para alguma *parte*, que é ela mesma uma unidade orgânica. Segue-se que não podemos declarar nenhum dos dois estilos como sendo necessariamente superior, visto que um resultado igualmente bom, *no todo* ou "*como um todo*" no sentido (2), *pode ser obtido por qualquer* um dos métodos; mas o temperamento distintivamente *estético* parece ser caracterizado por uma tendência a preferir um bom resultado obtido pelo clássico, a um resultado igualmente bom obtido pelo método romântico.

130. Mas o que temos que considerar agora são casos de todos, nos quais uma ou mais partes têm um grande valor *negativo* – são grandes males positivos. E, primeiramente, podemos tomar os casos *mais fortes*, como a punição retributiva, na qual temos um todo, composto exclusivamente de dois grandes males positivos – maldade e dor. Pode um tal *todo*, ser positivamente bom *no todo*?

(1) Não vejo razão para pensar que tais males, *todos*, são positivamente bons *no todo*. Mas o fato de que podem, ainda assim, ser males menores, que qualquer de suas partes tomadas separadamente, decorre que possuem uma característica que é muito importante para a decisão correta de questões práticas. Segue-se que, bem à parte de *conseqüências* ou qualquer valor que um mal possa ter como um simples meio, pode, *supondo-se* que um mal já exista, valer a pena criar um outro, desde que, pela mera criação deste segundo, pode ser constituído um todo menos mau que se o mal original tivesse sido deixado existir por si mesmo. Similarmente, com respeito a todos os todos que estou pronto a considerar, deve ser lembrado que, mesmo se não forem bons *no todo*, assim mesmo,

onde um mal já exista, como realmente males existem neste mundo, a existência de outra parte destes todos constituirá uma coisa desejável *por sua própria causa* – quer dizer, não meramente um meio para bens futuros, mas um dos *fins* que tem que ser tomado em consideração na estimativa do que é aquele melhor estado de coisas possível, para o qual toda ação certa deve ser um meio.

131. (2) Mas de fato, não posso deixar de pensar que existem todos, contendo algo positivamente mau e feio que são, ainda assim, grandes bens positivos no todo. Realmente, parece ser a esta classe que aqueles exemplos de virtude, que contêm qualquer coisa intrinsecamente boa, pertencem principalmente. Não é preciso, por certo, negar-se que está algumas vezes incluída numa disposição virtuosa mais ou menos daqueles bens não mesclados que foram discutidos antes – vale dizer, um amor real do que é bom ou belo. Mas as disposições virtuosas típicas e características, até onde não são simples meios, parecem mais ser exemplos de bens mesclados. Podemos tomar como exemplos (*a*) coragem e compaixão, que parecem pertencer à segunda das três classes de virtudes distinguidas em nosso último capítulo (§ 107); e (*b*) o sentimento especificamente "moral", por referência ao qual a terceira dessas três classes foi definida (§ 108).

Coragem e compaixão, na medida em que contêm um estado mental intrinsecamente desejável, parecem envolver essencialmente uma cognição de alguma coisa má ou feia. No caso da coragem, o objeto de cognição pode ser um mal de qualquer de nossas três classes; no caso da compaixão, o objeto próprio é a dor. Ambas estas virtudes; em conformidade, têm que conter precisamente o mesmo elemento cognitivo, essencial aos males da classe (1); e se diferenciam destes pelo fato de que a emoção dirigida a estes objetos é, em seu caso, uma emoção da mesma espécie que era essencial aos da classe (2). Em síntese, tal como os males da classe (2) pareciam consistir num ódio do que foi bom ou belo, e os males da classe (1) em um amor ao que foi mau ou feio, essas virtudes envolvem um *ódio* do que é mau ou feio. Ambas as virtudes, sem dúvida, contêm, com efeito, outros elementos, e, entre estes, cada qual contém sua emoção específica; mas que seu valor não depende somente destes outros elementos, podemos nos assegurar facilmente, considerando o que devemos pensar de uma atitude de resistência ou de desafiante desdém por um objeto intrinsecamente bom ou belo, ou do estado de um homem cuja mente estava cheia de piedade pela felicidade de uma digna admiração. Contudo, a piedade para sofrimentos não merecidos dos outros, o suportar de nossa própria dor, e um ódio desafiador das disposições más em nós mesmos ou em outros, parecem ser inquestionavelmente admiráveis em si mesmas; e, sendo assim, existem coisas admiráveis que devem se perder, se não houver cognição do mal.

Analogamente, o sentimento especificamente "moral", em todos os casos em que tem qualquer considerável valor intrínseco, parece incluir um ódio aos males da primeira e segunda classes. É verdade que a emoção é aqui excitada pela idéia de que uma ação é certa ou errada; e, conseqüentemente, o objeto da idéia que a excita não é geralmente um mal intrínseco. Mas, até onde posso descobrir, a emoção com a qual um homem consciencioso vê uma ação correta real ou imaginária contém, como elemento essencial, a mesma emoção com a qual vê uma ação errada. Parece, realmente, que este elemento é necessário para tornar sua emoção especificamente moral. E a emoção especificamente moral, excitada pela idéia de uma ação errada, parece-me conter essencialmente uma cognição mais ou menos vaga da espécie de males intrínsecos que são causados usualmente por ações erradas, sejam ou não causadas pela ação particular em questão. Sou, de fato, incapaz de distinguir, em seus aspectos principais, o sentimento moral, excitado pela idéia de correção e erro, sempre que é intenso, do estado total constituído por uma cognição de algo intrinsecamente mau junto com a emoção de ódio contra ele. Nem precisamos nos surpreender que este estado mental deva ser aquele associado principalmente com a idéia de correção, se refletirmos a respeito da natureza dessas ações que são mais comumente reconhecidas como deveres. Pois de longe, a maior parte das ações, que consideramos comumente como deveres, são *negativas*: o que sentimos ser nosso dever é *abster-nos* de alguma ação para a qual um impulso natural e poderoso nos tenta. E estas ações erradas, em cujo evitar consiste nosso dever, são geralmente de modo a produzir, muito imediatamente, alguma conseqüência, má como dor para os outros; enquanto que em vários exemplos destacados, a inclinação, que nos impele a elas, é ela mesma um mal intrínseco, contendo, onde o impulso é luxúria ou crueldade, um gozo antecipado de algo mau ou feio. Esta ação certa, que vincula assim tão freqüentemente a supressão de algum impulso mau, é necessária para explicar a plausibilidade da visão de que a virtude *consiste* no controle da paixão pela razão. Em conformidade com isto, a verdade parece ser que, sempre que uma emoção moral potente é excitada pela idéia de correção, esta emoção está acompanhada por uma vaga cognição da espécie de males usualmente suprimidos ou evitados pelas ações que mais freqüentemente nos ocorrem como exemplos de dever; e que a emoção é dirigida para esta qualidade má. Podemos então concluir que a emoção especificamente moral deve quase todo o seu valor intrínseco ao fato de incluir uma cognição de males acompanhados por um ódio a eles: mera correção, seja verdadeiramente ou não atribuída a uma ação, parece incapaz de formar o objeto de uma contemplação emocional, que será qualquer grande bem.

132. Se for assim, temos então, em muitos exemplos proeminentes de virtude, casos de um todo, grandemente bom em si mesmo, que contém, contudo, a cognição de algo, do que então a existência seria um grande mal; um grande bem está absolutamente dependente, por seu valor, de sua inclusão em algo mau ou feio, embora não deva seu valor *somente* a este elemento em si. E, no caso das virtudes, este objeto mau, no geral, existe de verdade. Mas parece não haver razão para pensar que, quando ele existe, todo o estado de coisas assim constituído seja portanto o melhor *no todo*. O que parece indubitável é somente que o sentimento de contemplação de um objeto, cuja existência *seria* um grande mal, ou que é feio, pode ser essencial para um todo valioso. Temos outro exemplo indiscutível disto na apreciação da tragédia. Mas, na tragédia, o padecimento de Lear e o vício de Iago podem ser puramente imaginários. E parece certo que, se eles existissem realmente, o mal assim existente, embora pudesse abstrair do bem consistente em um sentimento adequado em relação a eles, não traria nenhum valor positivo para aquele bem suficientemente grande para contrabalançar tal perda. Na verdade, parece que a existência de uma crença verdadeira no objeto desses bens mesclados soma efetivamente *algum* valor ao todo no qual está combinado com eles: uma compaixão consciente pelo sofrimento real parece ser melhor, *como um todo*, que uma compaixão por sofrimentos meramente imaginários; e isto pode muito bem ser o caso, embora o mal envolvido no sofrimento efetivo torne o estado total das coisas mau *no todo*. E parece certamente ser verdade que uma crença *falsa* na existência mesma de seu objeto torna um bem mesclado pior que se nosso estado mental fosse aquele com o qual normalmente consideramos a pura ficção. Em conformidade, podemos concluir que os únicos bens mesclados, que são positivamente bons *no todo*, são aqueles nos quais o objeto é algo que *seria* um grande mal, se existisse, ou que *é* feio.

133. Com respeito, então, àqueles bens mesclados, que consistem numa atitude apropriada da mente com relação a coisas más ou feias, e que incluem em seu número a maior parte dessas virtudes que têm qualquer valor intrínseco, as três seguintes conclusões parecem ser principalmente aquelas que requerem ser enfatizadas:

(1) Parece não haver razão para pensar que onde o objeto é uma coisa má em si mesma, que *existe realmente,* o estado total das coisas é sempre positivamente *bom no todo.* A atitude mental apropriada relativa a um mal realmente existente contém, por certo, um elemento que é absolutamente idêntico à mesma atitude para com o mesmo mal, onde é puramente imaginário. E este elemento, que é comum aos dois casos, pode ser um grande bem positivo, no todo. Mas parece inexistir razão para duvidar que, onde o mal é *real,* a quantidade desse mal real é sempre suficiente para reduzir a soma total do valor a uma quantidade negativa. Concordantemente, não temos razão para manter o paradoxo de que um mundo ideal seria um no qual o vício e o sofrimento devessem existir a fim de que pudesse conter os bens consistentes na emoção adequada em relação a eles. Não é um bem positivo que o sofrimento deva existir, a fim de podermos ter compaixão; ou a perversidade, para que possamos odiá-la. Não existe razão para pensar que qualquer mal real estaria contido no Ideal. Segue-se que não podemos admitir a real validade de qualquer argumento comumente usado nas teodicéias; nenhum desses argumentos consegue justificar o fato de que existe mesmo o menor de todos os muitos males que este mundo contém. O máximo que se pode dizer de tais argumentos é que, quando eles apelam para o princípio da unidade orgânica, seu apelo é válido *em princípio. Poderia* ser o caso de que a existência do mal fosse necessária não meramente como um meio, mas analiticamente para a existência do maior dos bens. Mas não temos razão para pensar que este é o caso, em qualquer exemplo.

Mas (2) *há* razão para julgar que a cognição de coisas más ou feias, que são puramente imaginárias, seja essencial para o Ideal. Neste caso a responsabilidade pela prova está em outro caminho. Não se pode duvidar que a apreciação da tragédia é um grande bem positivo; e parece quase igualmente certo que as virtudes da compaixão, coragem e auto-controle contêm esses bens. E para tudo isto a cognição de coisas que seriam más, se existissem, é analiticamente necessária. Aqui, então, temos coisas cuja existência deve agregar valor a qualquer todo, onde estejam contidas; não é possível assegurarmo-nos que qualquer todo, do qual foram omitidas, ganharia assim mais em seu valor *como um todo,* do que perderia por sua omissão. Não temos razão para pensar que qualquer todo que não as contenha seria tão bom *no todo* como algum todo no qual fossem obtidas. O argumento para sua inclusão no Ideal é forte como aquele para a inclusão das qualidades materiais (§ 123). *Contra* a inclusão desses bens nada pode ser enfatizado exceto uma possibilidade insignificante.

Finalmente (3) é importante insistir que, como dissemos acima, estas virtudes mescladas têm um valor prático grande, além daqueles que possuem, seja em si mesmas ou como simples meios. Onde males existam, como existem neste mundo, o fato de serem conhecidos e apreciados adequadamente constitui um estado de coisas que tem valor maior *como um todo* do que que a mesma apreciação de males puramente imaginários. Este estado de coisas, já foi dito, nunca é positivamente bom *no todo;* mas onde o mal, que reduz seu valor total a uma quantidade negativa, já existe inevitavelmente, para obter o valor intrínseco que lhe pertence *como um todo* produzirá obviamente um melhor estado de coisas do que se o mal tivesse existido por si mesmo, bem à parte do bom elemento em si que é idêntico à apreciação de males imaginários, e de quaisquer conseqüências ulteriores que sua existência possa trazer. O caso aqui é o mesmo da punição retributiva. Onde o mal já exista, é bom que haja piedade dele ou ódio ou que se lhe resista, segundo sua natureza; justamente como pode ser bom que alguns males devam ser punidos. Por certo, como em todos os casos práticos, acontece freqüentemente que a obtenção deste bem é incompatível com a obtenção de outro e maior ainda. Mas é importante insistir que temos aqui um valor intrínseco real, que deve ser levado em consideração no calcular aquele maior equilíbrio possível de valor intrínseco que é sempre nosso dever produzir.

134. Completei agora estas observações como sendo as mais necessárias a serem feitas com respeito a valores intrínsecos. É óbvio que para a resposta adequada a isto, a questão fundamental da ética, resta ainda um campo de investigação tão vasto e difícil como o que foi atribuído à ética prática em meu último capítulo. Existe tanto a ser dito com respeito a que resultados são intrinsecamente bons, e em que graus, quanto respeito a que resultados nos é possível trazer à tona: ambas as questões demandam, e recompensarão, uma investigação igualmente paciente. Muitos dos julgamentos que fiz neste capítulo, sem dúvida, parecerão indevidamente arbitrários; deve se confessar que algumas das atribuições do valor intrínseco que me pareceram verdadeiras não exibem qualquer simetria e sistema que se requer dos filósofos. Mas se isto for afirmado como uma objeção, devo salientar respeitosamente que não é. Não estamos credenciados de forma alguma a assumir que a verdade de qualquer matéria mostrará tal simetria que desejamos ver ou (para usar uma frase comum em voga) que possuirá qualquer forma particular de "unidade". Procurar "unidade" e "sistema" às custas da verdade, não é, admito, o trabalho correto da filosofia, conquanto tenha sido universalmente a prática dos filósofos. E que todas as verdades a respeito do Universo possuem uma relativamente para outra todas as várias relações, que podem ser entendidas como "unidade", só pode ser afirmado legitimamente quando distinguimos cuidadosamente aquelas várias relações e descobrimos quais são essas verdades. Em particular, não estamos credenciados para afirmar que as verdades éticas estão "unificadas" de qualquer maneira particular, exceto em virtude de uma investigação conduzida pelo método que me dediquei a seguir e ilustrar. O estudo da ética, sem dúvida, seria muito mais simples, e seus resultados mais "sistemáticos", se, por exemplo, a dor fosse um mal exatamente da mesma magnitude como o prazer é um bem; mas não temos razão alguma para assumir que o Universo é tal que as verdades éticas devam exibir esta espécie de simetria; nenhum argumento contra minha conclusão, que o prazer e a dor *não* correspondem, pode ter qualquer peso, sem um exame cuidadoso dos exemplos que me levaram a formá-lo. Estou contente de que os resultados deste capítulo devam ser tomados mais como uma ilustração do método que deve ser perseguido na resposta à questão fundamental da ética, e os princípios que devem ser observados, do que dando a resposta correta àquela questão. Que as coisas intrinsecamente boas ou más são muitas e várias; que a maioria delas são "unidades orgânicas", no sentido peculiar e definido ao qual limitei o termo; e que nosso único meio de decidir a respeito de seu valor intrínseco e seu grau é distinguido com cuidado, exatamente o que a coisa é, a respeito do que colocamos a questão, e então procurando ver se tem ou não o único predicado "bom" em qualquer de seus vários graus: estas são as conclusões sobre a verdade das quais desejo insistir. Do mesmo modo, em meu último capítulo, com respeito à questão "O que devemos fazer?", esforceime mais no sentido de mostrar exatamente qual o significado da questão, e que dificuldades devem conseqüentemente ser encaradas no respondê-las, e não provar que qualquer resposta particular seja verdadeira. E que estas duas questões, tendo precisamente a natureza que lhes atribuí, são *as* questões que são o objeto da ética responder, podem ser consideradas como o resultado principal dos capítulos precedentes. Estas são as questões com cujas respostas os filósofos éticos sempre se preocuparam principalmente, embora não tenham reconhecido qual era a sua questão – que predicado estavam afirmando para vincular às coisas. A prática de perguntar que coisas são virtudes ou deveres, sem distinguir o que significam esses termos; a prática de perguntar o que deve estar aqui e agora, sem distinguir se são meios ou fins – em seu próprio benefício ou pelo de seus resultados; a busca por um simples *critério de* certo ou errado, sem o reconhecimento de que a fim de descobrir um critério devemos primeiro saber que coisas são certas ou erradas; e o negligenciar-se o princípio das "unidades orgânicas" – estas fontes de erro até hoje quase tem sido universalmente predominantes na ética. A dedicação consciente em evitar todas, em aplicar a todos os objetos ordinários do julgamento ético estas duas questões e somente elas: têm valor intrínseco? É um meio para melhor possível? Esta tentativa, até onde eu saiba, é inteiramente nova; e seus resultados quando comparados com aqueles que são habituais aos filósofos morais, são por certo suficientemente surpreendentes: para o senso comum eles não parecerão tão estranhos, eu me atrevo a esperar e acreditar. É, acho, muito para ser desejado que o labor comumente dedicado a responder tais questões como se certos "fins" são mais ou menos "compreensivos" ou mais ou menos "coerentes" um com o outro – questões que, mesmo se um significado preciso lhes fosse dado, são totalmente irrelevantes para a prova de qualquer conclusão ética – deveriam ser desviadas para as investigações separadas daqueles dois claros problemas.

135. O objeto principal deste capítulo foi definir, sumariamente, a classe de coisas entre as quais podemos esperar encontrar ou grandes bens intrínsecos ou grandes males intrínsecos; e apontar particularmente que existe uma vasta variedade de tais coisas, e que as mais simples delas são, com uma exceção, todos altamente complexos, compostos de partes que têm pouco ou nenhum valor em si mesmas. Todos eles envolvem a consciência de um objeto, que é, ele mesmo, usualmente muito complexo, e quase todos envolvem também uma atitude emocional frente a esse objeto; mas, embora eles tenham características em comum, a vasta variedade de qualidades com respeito às quais diferem um do outro são igualmente essenciais a seu valor; nem o caráter genérico de todos, nem o caráter específico de cada um, é ou grandemente bom ou grandemente mau por si mesmo; devem seu valor ou demérito, em cada caso, à presença de ambos. Minha discussão cai em três divisões principais, tratando respectivamente (1) dos bens não-mesclados, (2) dos males e (3) dos bens mesclados. (1) Bens não mesclados pode-se dizer, no amor de coisas belas ou pessoas boas; mas o número de bens diferentes desta espécie é tão grande como o dos objetos belos, e eles também estão diferenciados um do outro pelas diferentes emoções apropriadas a objetos diferentes. Estes bens são indubitavelmente bons, mesmo onde coisas ou pessoas amadas sejam imaginárias; mas foi frisado que, onde a coisa ou pessoa é real e acreditada como sendo assim, aqueles dois fatos juntos, quando combinados com o mero amor das qualidades em questão, constituem um todo que é enormemente melhor que aquele mero amor, tendo um valor adicional bem distinto daquele que pertence à existência do objeto, em que o objeto seja uma boa pessoa. Finalmente, foi salientado que o amor de qualidades mentais, por si mesmas, não parece ser um bem tão grande como o das qualidades mentais e materiais juntas; e que em todos os casos, um número imenso de melhores coisas é, ou inclui, um amor pelas qualidades materiais (113-123). (2) Grandes males pode-se dizer que consistem (*a*) no amor ao que é mau ou feio, ou (*b*) no ódio ao que é bom ou belo, ou (*c*) na consciência da dor. Assim a consciência da dor, se for um grande mal, é a única exceção em regra que todos os grandes bens e grandes males envolvem tanto a cognição como uma emoção dirigidas para seu objeto (124-128). (3) Bens mesclados são aqueles que incluem algum elemento que é mau ou feio. Pode-se dizer que consistem ou no ódio ao que é feio ou aos males das classes (*a*) e (*b*), ou na compaixão pela dor. Mas onde incluam um mal, que realmente exista, seu demérito parece ser sempre bastante grande para superar o valor positivo que possuem (129-133).